Verena Carl & Christiane Kolb

QUEERE KINDER

Verena Carl & Christiane Kolb

QUEERE KINDER

Eine Orientierungshilfe für Familien von LGBTQIA+-Kindern und -Jugendlichen

BELTZ

FSC MIX Papier aus verantwortungsvollen Quellen FSC® C089473 www.fsc.org

Klimaneutral Papier ClimatePartner.com/13732-1910-1001

Dieses Buch ist erhältlich als:
ISBN 978-3-407-86768-1 Print
ISBN 978-3-407-86769-8 E-Book (EPUB)

1. Auflage 2023

Lektorat: Viktoria Hausmann, Büro Z, Wiesbaden/Petra Dorn
Sensitivity Reading: Saskia Dreßler, Noah Stoffers
Umschlag: www.sandraklostermeyer.de (Gestaltung), www.stephanengelke.de (Beratung)
Titelmotiv: Einhorn-Grundlage ©Room27/shutterstock.com;
Gesamt-Illustration: © Sandra Klostermeyer
Herstellung: Sarah Veith
Satz: Publikations Atelier, Dreieich
Gesamtherstellung: Beltz Grafische Betriebe, Bad Langensalza
Beltz Grafische Betriebe ist ein klimaneutrales Unternehmen (ID 15985-2104-100).
Printed in Germany

Weitere Informationen zu unseren Autor:innen und Titeln finden Sie unter: www.beltz.de

Für unsere Kinder

Inhalt

Einleitung

Elternsein ist eine Reise mit unbekannter Route und unbekanntem Ziel. Vom ersten Tag an begleiten wir unsere Kinder mit guten Wünschen, Hoffnungen und eigenen Vorstellungen davon, wie ihr Leben wohl verläuft und wo es hinführt. Nur um immer wieder festzustellen: Längst nicht alles, was wir uns ausgemalt haben, tritt auch ein. Denn unsere Kinder haben – hoffentlich! – ihren eigenen Kopf, ihre eigenen Ziele, eigene Leidenschaften und Sehnsüchte. Sie sind nicht das, was wir aus ihnen machen, sondern bringen unverwechselbar Eigenes mit, Gefühle und Persönlichkeit. Sicherlich erkennen wir als Reisebegleiter*innen einiges wieder, was vertrautes Terrain für uns ist, etwa, wenn sich unsere Kinder für Hobbys begeistern, die uns selbst Vergnügen bereiten, oder wir Charakterzüge an ihnen entdecken, die uns von uns selbst, unserem Partner oder unserer Partnerin vertraut sind. Aber je älter sie werden, desto wahrscheinlicher ist es, dass sie neue, andere Wege gehen, Grenzen überschreiten, Terrain erobern, das uns fremd ist und in dem unsere eigenen Ortungssysteme nicht mehr funktionieren.

Dabei hat jede Elterngeneration ihre eigenen Themen, bei denen sie innerlich ins Schleudern gerät, schlicht, weil es keine oder wenig Erfahrungen aus der eigenen Kindheit gibt, an denen man sich orientieren könnte. Zum Teil liegt das daran, dass Herausforderungen tatsächlich neu sind, etwa der digitale Wandel. Zum Teil liegt es aber auch daran, dass sich der gesellschaftliche Umgang mit Themen geändert hat. Und dass dadurch etwas sichtbar wird, was früher eher im Verborgenen stattfand, und heute eigene Ausdrucksformen und eine eigene Sprache findet.

Damit sind wir bei unserem Thema – und dem Thema dieses Buches: die Vielfalt der sexuellen Orientierungen und geschlechtlichen Identitäten. Auf einmal erklärt die 12-Jährige beim Abendessen, dass sie in ein Mädchen verliebt ist und möglicherweise bi. Der 16-jährige Sohn klebt sich Gelnägel an, trägt Crop-Tops, und wir fragen uns, ob das nur ein Style ist oder ein Statement (nur: welches?). Und von einem Nachbarskind, das wir immer für ein burschikoses Mädchen gehalten haben, hören wir, dass es seinen weiblichen Namen abgelegt hat und sich als trans* Junge definiert.* Dieses Buch will genau hier Orientierung geben: Wie gehen wir mit alldem um? Was sollten wir dazu wissen? Wie können wir unsere Kinder unterstützen, ernst nehmen, begleiten? Ist das nur eine Phase? Eine gesellschaftliche Mode? Wie finden wir überhaupt die richtigen Worte für das, worüber wir reden sollten: LGBT – wie?

Viele Eltern, die heute um 40 oder 50 Jahre alt sind, stellen spätestens mit der Pubertät ihrer Kinder fest: Die Welt hat sich weitergedreht, und plötzlich fühlen wir uns wie von gestern, auch wenn wir uns für tolerant, aufgeklärt und cool hielten. Vor allem gilt das natürlich für die Mehrheitsgesellschaft, die sich – so wie wir beiden Autorinnen auch – als heterosexuell und cis versteht, sich also in gegengeschlechtlichen Liebesbeziehungen und dem Geschlecht zu Hause fühlt, das in unserer Geburtsurkunde steht. Vielleicht erklären wir unseren Kindern, wenn sie kleiner sind, durchaus wohlmeinend, dass es völlig okay ist, wenn sie später eine Partnerin oder einen Partner des gleichen Geschlechts wählen. Und wir lassen sie wissen, dass es Menschen gibt, die sich trotz eines äußerlich männlichen Körpers als weiblich empfinden und umgekehrt oder sich keinem Geschlecht zugehörig fühlen. Aber wirklich damit rechnen,

* Wir haben uns für das Sternchen entschieden, um deutlich zu machen, dass hinter den jeweiligen Begriffen ein großes Spektrum nichtbinärer Identitäten steht – etwa Menschen, die sich als genderfluid oder agender bezeichnen. Viele Mitglieder der LGBTQIA+-Community betrachten die Begriffe trans und inter inzwischen auch ohne Sternchen als inklusiv. Solange diese Sicht nicht für alle selbstverständlich ist, wollen wir mit dem Stern auf die Vielfalt aufmerksam machen.

dass es unsere Kinder betrifft, das tun wir eher nicht. Wenn doch, sind wir im ersten Moment oft ziemlich ratlos.

Immer mehr Eltern, aber auch Patentanten und -onkel, Lehrer*innen oder Jugendtrainer*innen erleben diese Aha- und Verwirrungsmomente, das verrät allein schon die aktuelle Statistik: Schon vor einigen Jahren erhob ein Umfrageinstitut, dass sich heute mehr als 12 Prozent aller Jugendlichen und jungen Erwachsenen zwischen 14 und 29 Jahren als nicht rein heterosexuellempfinden. Das ist jeder und jede Achte der nachwachsenden Generation. In anderen europäischen Ländern sind die Werte zum Teil noch höher[1]. Und beim Thema Transidentität, also wenn Menschen sich nicht oder nicht immer mit dem bei ihrer Geburt zugewiesenen Geschlecht identifizieren, sind die Zahlen förmlich explodiert: Die Anzahl derer, die in Beratungsstellen Hilfe suchen, hat sich in den letzten Jahren etwa verdreißigfacht, wenn auch auf niedrigem Niveau.[2] Dazu kommen die trans* Jugendlichen, die niemals in einer Statistik auftauchen, weil sie keine therapeutische Hilfe in Anspruch nehmen und nichts an ihrem Körper oder ihrem amtlichen Geschlechtseintrag ändern wollen, aber sich trotzdem selbstbewusst zwischen alle gängigen Schubladen setzen. Andere outen sich als genderfluid oder nichtbinär.

Und das ist selbst für die wohlwollendsten, liebevollsten hetero und cis Eltern oft erst einmal eines: gewöhnungsbedürftig. Es macht einen Unterschied, ob wir den netten schwulen Kollegen mit seinem Mann für einen Abend zur Gartenparty einladen, von fern den interessant-androgynen Look und die außergewöhnliche Stimme einer trans* Sängerin bewundern – oder ob wir ein Kind haben, das uns täglich ganz direkt herausfordert, in unserer Toleranz, unseren eigenen Vorstellungen von Liebe und Sexualität, Männlichkeit und Weiblichkeit. Hier sind wir als Eltern gefragt. Denn wie wir darauf reagieren, kann für unsere Kinder buchstäblich lebensentscheidend sein.

Gleichzeitig ist das Thema nicht nur Stoff für private Findungsprozesse: Wir befinden uns mitten in einem Kulturkampf, der vor allem in den Medien mit harten Bandagen gefochten wird, von der Tagespresse bis Twitter. Vor allem auf der politischen Rechten wird das Thema gern negiert, ins Lächerliche gezogen, oder es werden Verschwörungstheorien konstruiert. Etwa die, dass die Generation unserer Teenager manipuliert und verwirrt werde, dass ihnen Flausen in den Kopf gesetzt würden, auf die sie von allein gar nicht kämen. Um es klar zu sagen – und wir werden es später auch ausführlich begründen: Da gehen wir nicht mit, mehr noch, das halten wir für menschenfeindlich. Aber: Obwohl wir »woke« nicht für ein Schimpfwort halten, wissen wir, dass auch von progressiver Seite gelegentlich scharf geschossen wird und Leuten reflexhaft Homo- und Transfeindlichkeit unterstellt wird, die vielleicht erst mal nur ein paar Fragen haben. Das eine ist mit dem anderen nicht zu vergleichen. Aber es kann Gräben noch vertiefen, wenn doch vor allem eines wichtig wäre: miteinander zu reden. Das ist unser Credo: Gefühle und Identitäten gilt es zu achten, zu verstehen und zu respektieren.

Das Terrain ist also herausfordernd, hindernisreich, spannend, auch horizonterweiternd – und auch wir als Autorinnen können weder jede Frage beantworten noch bei jeder Entscheidung, die Eltern und Kinder möglicherweise treffen müssen, den richtigen Weg aufzeigen. Denn dazu sind Menschen und Lebenswege zu unterschiedlich. Aber was wir können, ist: Informationen zusammentragen und aufklären, und gleichzeitig Verständnis haben für alle, die nicht so genau wissen, wie sie mit ihrem Regenbogennachwuchs umgehen sollen. Denn wir wissen sehr gut, wovon wir reden.

Verena, weil sich eines ihrer beiden Teenagerkinder schon seit vielen Jahren als genderfluid und bi definiert und viele Freund*innen mit ähnlich gelagerter Identität hat. Auch als Journalistin und

Autorin für Psychologie- und Gesellschaftsthemen hat Verena sich immer wieder mit diesen Fragen auseinandergesetzt. Und Christiane, die ebenfalls als Journalistin mit dem Schwerpunkt Sexualität arbeitet und zusätzlich vor wenigen Jahren ein Masterstudium für Angewandte Sexualwissenschaft abgeschlossen hat und als Systemische Beraterin und Referentin für Sexuelle Bildung unterwegs ist. Sie bringt also zusätzlich einen akademischen Blick auf das Thema mit und begegnet beruflich einem bunten Spektrum von Identitäten, theoretisch wie praktisch.

So ist auch unsere Arbeitsteilung in diesem Buch zu verstehen. Verena schwärmt aus, um Menschen zu treffen, die eng mit dem Thema vertraut sind. Solche, die es buchstäblich am eigenen Leib erfahren – der schwule Junge, das trans* Mädchen in einer Jugendgruppe –, solche, denen es als Eltern nahegeht, etwa als Vater einer lesbischen Tochter. An manchen Stellen sind Details verfremdet, und vieles ist anonymisiert, zum Schutz der Beteiligten. Und sie spricht mit denen, die beruflich damit zu tun haben, vom queeren Jugendtreff bis zur Endokrinologiepraxis, vom Jugendpsychiater bis zur Drehbuchautorin, deren Dialoge Kult sind bei denen, die anders lieben und sich anders fühlen als die Mehrheit. Christiane liefert den fachlichen Hintergrund aus Wissenschaft und Forschung und aus der Sicht der Sexuellen Bildung. Dazu hat sie Übungen zur Selbstreflexion, Coaching-Methoden und Guidelines für Familiengespräche auf Augenhöhe aus der Beratung im Gepäck, die Eltern und Kinder gemeinsam starkmachen. Wir beide bringen im Wechsel kapitelweise unsere Expertise ein: Verena mit persönlichen Erfahrungen, Interviews und Reflexionen, Christiane klärt und ordnet ein.

Als Mütter, Freundinnen und Kolleginnen teilen wir, Verena und Christiane, eine gemeinsame Grundhaltung, auch wenn wir nicht in jedem Detail gleich denken. Wir feiern Diversity, Selbstbestimmung, die Emanzipation von Gruppen, die lange Jahre angefeindet, geleugnet oder bestenfalls geduldet wurden und jetzt selbstbewusst volle Gleichstellung und Sichtbarkeit fordern. Denn wir wissen, wie viel Schuld, Scham und Schmerzen es in der Vergangenheit mit sich gebracht hat und noch heute bringt, wenn Menschen nicht zu dem stehen können, was sie ausmacht – etwa zu ihrer geschlechtlichen Identität –, und ihre Liebe, Leidenschaft und Verbundenheit zu anderen nicht genauso offen zeigen und ausleben können wie wir als mit Männern verheiratete cis Frauen.

Auch wir befinden uns mitten auf einer Reise, an der wir Sie als Leser*innen teilhaben lassen möchten, und erzählen deshalb kurz ein wenig von uns und unserem Zugang zum Thema, persönlich wie fachlich.

Wer wir sind und wo wir stehen – die Reiseleitung stellt sich vor

Verena, oder: bunter als gedacht

Als meine Tochter etwa acht Jahre alt war, hatten sie und ich einen gemeinsamen Lieblingsfilm. *Yentl*, eine Tragikomödie aus den 80er-Jahren, erzählt die Geschichte einer jungen Frau, die zu Beginn des 20. Jahrhunderts in einem jüdischen »Schtetl« im ländlichen Osteuropa lebt und davon träumt, auf die Thoraschule zu gehen und zu lernen. Das Hausfrauen- und Mutterdasein, das ihr vorherbestimmt ist, erscheint ihr eng, dumpf und geistlos. Schließlich gibt sie sich in ihrer Verzweiflung als Mann aus und wird als Student aufgenommen, was erwartungsgemäß zu einer Reihe von Irrungen und Wirrungen führt.

Heute weiß ich: Obwohl wir die DVD unzählige Male gemeinsam sahen, an denselben Stellen lachten und diskutierten, haben wir zwei verschiedene Filme gesehen. Ich sah die Emanzipationsgeschichte einer Frau, die alles haben will, sowohl ein geistiges, intellektuelles Leben als auch eines als sinnliche Frau. Mein Kind sah die Geschichte eines Menschen, der relativ mühelos zwischen den Geschlechtern hin- und herwechselte, sich in einen Mann verliebte, aber auch erotische Spannung zu einer Frau spürte (auch wenn das nur sehr subtil angedeutet wird). Man kann den ganzen Film auch als Parabel lesen auf uneingestandene homosexuelle Liebe und Coming-out.

Hätte man mich damals gefragt, ob es ein Problem für mich wäre, wenn meine Tochter selbst so fühlen würde, ich hätte empört verneint. Ich war doch so cool, so offen bei dem Thema! Aber die ganze Wahrheit ist: Als sie sich einige Jahre später die Haare abschnitt, nur noch Jungskleidung trug, sich erst als bisexuell outete und wenig später erklärte, dass sie sich zwischen den Geschlechtern fühlte, war ich doch nicht ganz so mit vollem Herzen dabei, wie ich es von mir erwartet hätte.

Eine kurze Zeitreise: Als ich so alt war wie meine Tochter heute, also 17, war es Mitte der 80er-Jahre. Im Strafgesetzbuch der BRD stand noch immer der Paragraf 175 – auch wenn schwuler Sex nicht mehr grundsätzlich strafbar war, sondern nur, wenn einer der Beteiligten unter 18 Jahre alt war. Es scheint aus heutiger Sicht kaum vorstellbar, aber ich selbst hatte erst durch die homophoben Schlagzeilen über Aids (»Die Schwulenseuche!«) wenige Jahre zuvor überhaupt realisiert, dass manche Menschen anders liebten, Männer wie Frauen.

Wenn Homosexualität Thema in jenen Medien war, die wir als Teenager im Prä-TikTok-Zeitalter konsumierten, dann immer mit dem Dreh: Macht euch keine Sorgen, wenn ihr so fühlt, das geht vorbei. Egal, ob *Bravo* oder *Mädchen*, homosexuelles Begehren war etwas, das auf keinen Fall mehr zu sein hatte als eine »Phase«. Meine Freundinnen und ich versicherten einander: Bei uns ist das nicht so, wir kennen auch niemanden, dem es so geht, aber falls wir je so jemanden treffen, werden wir tolerant sein. Sind ja auch nur Menschen. Was ich nicht ahnte, war: Einen von ihnen kannte ich sogar sehr gut. Denn es war der Junge, mit dem ich als Teenager meine erste feste Beziehung führte. Als er sich mir einige Jahre später anvertraute, nach vielen hektisch gerauchten Zigaretten und Rotwein an meinem WG-Küchentisch, waren wir schon getrennt. Dennoch hatte er Angst, ich würde ihn anschreien oder weinend zusammenbrechen; stattdessen umarmte ich ihn spontan, weil ich so erleichtert war. Dass er schwul war, erklärte im Nachhinein vieles.

In den 90ern wurde »schwullesbisches« Leben – das war damals noch die übliche Sammelbezeichnung – für mich wahrnehmbarer und selbstverständlicher. Der erste Männer-Filmkuss im Vorabendprogramm, 1991 in der *Lindenstraße*, mochte die Nation noch in Wallung bringen, im Münchner Glockenbachviertel sah man Menschen gleichen Geschlechts schon recht unbekümmert Händchen halten, jedenfalls im Nachtleben. Ein einziges Mal habe ich eine Frau geküsst, nachts angeschickert auf einem Balkon, merkte, dass mir das nichts gab, und beließ es dabei. Später zog ich nach Hamburg, verliebte mich in einen Mann, wir bekamen Kinder. Erst eine Tochter, zweieinhalb Jahre später einen Sohn. Aus meiner Normalo-Perspektive hatte ich damals den Eindruck: Alle gesellschaftlichen Probleme sind mehr oder weniger gelöst, jede*r kann lieben und leben, wie er oder sie möchte. Ich fand es gut, dass zur Faschingszeit ein Junge in der Kita unserer Kinder ein pinkfarbenes Prinzessinnenkleid als Kostüm wählte. Auch wenn ich zugeben muss, dass ich ganz froh war, dass es nicht *mein* Junge war, unser zweites Kind. Das ging genderkonform als Pirat und fiel damit natürlich weniger auf.

Als meine Tochter mit acht schüchtern gestand, dass sie für ihren älteren Cousin schwärmte, war ich gerührt – und, um ehrlich zu sein, auch ein bisschen beruhigt. Denn an anderer Stelle war sie deutlich weniger mädchenhaft, trug nur noch blau, grau und schwarz, wollte die Haare am liebsten kurz (wir einigten uns auf eine Art Longbob), und Kleider akzeptierte sie, wenn überhaupt, dann nur zu hohen Feiertagen. Ein paar Jahre später, als sie immer mehr zu dem stand, was sie war und ist, als sie ihre Role Models fand und die richtigen Worte für sich selbst, musste ich mir eingestehen: Damit hatte ich nicht gerechnet.

Ich hatte vielleicht nicht von einem Mini-Me geträumt, das mich kopierte vom Kleidungsstil bis zum Gefühlshaushalt, aber ich hatte mit mehr Nähe gerechnet, mehr Momenten des Wiedererkennens. Stattdessen stand hier ein Mensch, der sagte: Bei mir ist das alles ganz, ganz anders. Und nein, das ist keine Phase, keine pubertäre Rebellion. Ich meine das ernst.

Gleichzeitig merkte ich, dass ich mit meiner Mischung aus Bewunderung, Irritation und Sorge um mein Kind – wird sie in ihrem Leben anecken, sich um Chancen bringen oder sogar Opfer von Diskriminierung und Gewalt werden? – sowie Stolz auf ihr Selbstbewusstsein nicht allein war. Denn fast egal, wem ich davon erzählte: Die Leute waren weit weniger verwundert, als ich angenommen hatte. Viele Eltern hatten Ähnliches zu berichten, mal von den eigenen Kindern, mal aus der Familie oder dem Freundeskreis. Mal wirkte es eher spielerisch wie ein Kostümball mit verschiedenen Identitätsangeboten. Manchmal war auch viel Leidensdruck dabei, vor allem bei Jugendlichen, die sich dauerhaft mit einem anderen als ihrem bei der Geburt zugeordneten Geschlecht identifizieren.

Gleichzeitig wird immer sichtbarer, wie breit das Spektrum ist, sowohl für sexuelle Orientierung als auch für Geschlechtsidentität: trans* und queere Personen sind gefragte Teilnehmer*innen von Castingshows; von Plakatwänden lachen Menschen fluider Identität, werben für E-Zigaretten oder Kaufhausketten; und als ich vor drei Jahren nach der Feier zum 30-jährigen Abi-Jubiläum mit ein paar ehemaligen Mitschüler*innen in der letzten geöffneten Bar versackte, war auch eine frisch von ihrem Mann geschiedene Frau dabei, die hingebungsvoll ihre neue Partnerin küsste.

Also alles bunt und gut? Jein. Denn die Eltern, mit denen ich sprach, waren sehr unterschiedlich in ihrer Einordnung. Manche richtiggehend begeistert von der neuen Freiheit jenseits rigider Zuschreibungen bei den Themen Sexualität und Geschlecht, andere ablehnend. »Die spinnen, aber sie kriegen sich schon wieder ein!« Wieder andere waren voller Zweifel, wie sie richtig reagieren sollen. Also haben Christiane und ich uns aufgemacht, ein wenig aufzuräumen im Dickicht von Halbwissen, Vorurteilen, Befürchtungen und Ideologie. Auf den kommenden Seiten berichtet Christiane als Co-Reiseleiterin von ihrer persönlichen Annäherung an das Thema der sexuellen Selbstbestimmung.

Christiane, oder: berührt durch Nähe

Warum schreibe ich dieses Buch mit Verena? Sie ahnen es: Auch mir liegt das Thema am Herzen. Genau deswegen habe ich Angewandte Sexualwissenschaft studiert und bin darum mit vielerlei Variationen von Sexualität, mit Chancen und Risiken der gelebten Sexualität vertraut.

Mein Herz schlägt für Verständnis, weil ich immer wieder – auch am eigenen Leib – erfahren habe, dass Aufwachsen und Entwickeln rund um Sexualität nicht automatisch und von selbst rund läuft. Ich weiß, wie weh es tut, wenn es existenziell wird und wenn man mit großen Fragen zu Körper, Liebe und Sexualität alleine dasteht. Weder im hetero- noch im nichtheterosexuellen und nichtbinären Leben sind die Entwicklung der Geschlechtsidentität, von Liebesbeziehungen und gelebter Sexualität Selbstläufer. Und darum, finde ich, sind wir uns alle menschlich so nah. Wobei mir klar ist, dass Menschen, die bunter fühlen als im hetero-binären Rosa und Hellblau auf viel höhere Hürden bei der Selbstverwirklichung stoßen.

Für mich ist der logische Schluss ganz schlicht: Ich habe mir meine Gefühle des Einsseins mit Körper, Geschlecht und Orientierung im Mainstream nicht ausgesucht. Sie waren einfach da. Genau so muss es Menschen gehen, die andere Orientierungen und Identitäten fühlen. Und darum ist Respekt dafür selbstverständlich. Denn im Grunde ist jeder einzelne Mensch (s)ein eigenes sexuelles Universum.

Verständnis. Das propagiere ich auch, weil ich es selbst als mühsam erlebt habe, in die erwachsene sexuelle Identität hineinzuwachsen, ohne ausreichendes Wissen und Unterstützung von Elternhaus oder Umfeld mitzubekommen. Weil »man« darüber nicht sprach. Wie viele Jugendliche musste ich mir den souveränen Umgang mit dem Körper und der Scham, Selbstschutz und selbstbestimmte Sexualität hart erkämpfen. Genau deswegen streite ich heute so leidenschaftlich dafür, dass wir Eltern unseren Kindern und Jugendlichen eine gute Basis rund um alle Aspekte der Sexualität vermitteln[3]. Nur so können sie ein sicheres Gefühl der Identität entwickeln, ihren persönlichen Weg finden – erst recht, wenn er eine andere Wendung nimmt als die ausgetretenen Pfade des binär-heterosexuellen Erlebens.

Ich wuchs auf in der Zeit des mit groben Feindbildern arbeitenden Feminismus (und der mit groben Bildern arbeitenden Gegner*innen, denen es gelang, das Wort zu diffamieren. Ein Glück, dass Aktivist*innen es nun zurückerobern).

Ich las als Jugendliche über den Abschied von der Idee des Märchenprinzen und bekam einen progressiven Reader aus der Stadtbibliothek unserer Kleinstadt in die Finger. In einer Erzählung darin entfaltet sich eine kleine Fantasiereise im Kopf des Mädchens Pernille. Sie überlegt, wie es sich wohl anfühlen würde, Per zu sein, und denkt sich in einen männlichen Körper, bis in die Genitalien, bis in Erregung hinein. Ich glaube, das war nicht in Richtung trans* und queer gemeint – oder ich habe das damals nicht mitgedacht, weil ich davon noch nie gehört hatte. Mich faszinierte, dass hier das Schema und die Fremdheit zwischen Männer- und Frauenkörper aufgebrochen wurde. Mein jüngeres Ich versuchte zum ersten Mal zu verstehen, wie ein anders gemachter Mensch sich in seinem sexuellen Sein fühlt. Mir wurde klar: Jede Person muss mit ihrem Körper, Geschlecht und den verdammt komplizierten Gefühlen rundherum klarkommen.

Das klingt jetzt alles nett und gefühlvoll. In Wirklichkeit, und das habe ich leider auch früh miterlebt, kann es dramatisch sein, wenn Menschen aufgrund ihrer sexuellen Identität abgelehnt werden. Ich erinnere mich bis heute an das Aufschluchzen meiner Mutter: »Nein!« Ich war etwa elf Jahre und hörte das Telefonat mit: Mein Lieblingscousin, ein feinfühliger, fröhlicher und musikalisch begabter junger Mann von 20 Jahren hatte sich das Leben genommen.

Angeblich, weil er seinen Traum nicht verwirklichen konnte, Cello zu studieren. Doch als ich Anfang 20 war, hörte ich von einem weiteren entscheidenden möglichen Grund: »Er war anders. Mit Männern«, formulierte meine Mutter. Gemeint war: schwul. Ich reimte mir zusammen, wie sein Umfeld wohl reagiert hatte, im katholischen Landstrich. Vermutlich gab es keine Hilfe, kein Verständnis, nur Verurteilung. Wie unmenschlich. Wie unmenschlich ist überhaupt jede Missachtung, Ausgrenzung, Gewalt, aufgrund sexueller Identität.

Und ja: Es hat sich viel geändert. Aber längst nicht genug. Ich erlebe sie auch, die Kinder und Eltern, die viel unaufgeregter mit nichtbinärem Leben und Denken umgehen. Und trotzdem werden Menschen noch zu oft angefeindet und tätlich angegangen, verletzt, sogar getötet. Mitten in Deutschland, heute. Auch heute noch kommen meine Töchter wutschnaubend aus der Schule, weil zum Beispiel Schulkamerad*innen, Sporttrainer*innen noch alles Mögliche als schwul oder weibisch bezeichnen und entlang geschlechtlicher

Stereotype abwerten. Milla aus der Nachbarklasse möchte als Mio angesprochen werden, was die Lehrkräfte unterstützen, doch die Eltern verbieten. Wie schmerzvoll muss es sein, oft nicht mitgemeint, mitakzeptiert, komisch angesehen zu werden, in Angst vor Gewalt leben zu müssen. Und alle, die im Mainstream zu Hause sind, bemerken es oft nicht einmal.

Für mich waren in der Entwicklung zum Verständnis noch ein paar andere Begegnungen wichtig. Etwa die frühen Filme des spanischen Regisseurs Pedro Almodovar. Zu Abi-Zeiten fühlte ich mich kleinstadtmädchen-staunend ein in einen Kosmos der Vielfalt der Identitäten und Lebensgeschichten: trans*, homosexuell, die sexuellen Missbrauch erlebt hatten, voll Begehren und Selbstermächtigung.

Nach einem Auslandsjahr gründete ich eine WG mit zwei Freunden, beide Männern zugetan. Meine Mutter war beeindruckt, wie reizend die beiden waren. Und noch ordentlicher als ich! Und natürlich erlebte ich 15 Jahre weiter im Studium der Sexualwissenschaft mehr Vielfalt und selbstbestimmte Lebensentwürfe, selbstverständliche gendergerechte Sprache, mit der ich mich gelegentlich reibe und übe.

Im Journalismus hatte mich ein Zufall ins Themenfeld Partnerschaft und Sexualität geführt. Wenn ich heute an die Klischees denke, die ich damals in Texten aufrief … Produkte ihrer Zeit und ihres Umfelds. Männer vom Mars, Frauen von der Venus! Es waren aber auch viele aufklärende, selbstermächtigende Artikel darunter, auf die ich noch heute stolz bin. Jetzt kommt Systemische Beratung und viel Präventionsarbeit in der sexuellen Bildung und gegen sexuelle Gewalt hinzu. Es waren aber vor allem Austausch, Selbsterfahrungsprozesse und persönliche Begegnungen mit Menschen, die schwul, bi oder lesbisch sind, trans* oder inter*, die mich zur Erkenntnis geführt haben, dass nur mehr Wissen und Verständnis helfen, damit wir einander in Gleichheit wie Fremdheit erkennen und anerkennen können. Denn Nähe berührt.

Sie sehen es: Uns als Reiseleitung durch das für Sie vielleicht unbekannte queere Neuland ist bewusst, dass auch wir weiterhin viel zu lernen haben. Wir können niemals in der Weise Expertinnen sein wie Menschen, die sich selbst der LGBTQIA+-Community zurechnen. Aber wir glauben, dass wir Brücken bauen können. Dass wir durch unsere Erfahrung und unser Wissen Eltern und anderen Bezugspersonen helfen können, den eigenen Standpunkt zu klären, die eigenen Werte, die eigenen Muster, um gut mit ihren Schutzbefohlenen im Austausch zu bleiben. Man könnte sagen: Dieses Buch ist ein Reiseführer, der im besten Fall dafür sorgt, dass Sie weder sich selbst noch Ihre Kinder aus den Augen verlieren und sie dabei trotzdem ihren eigenen Weg gehen lassen. Damit am Ende sie auch Ihnen helfen können, sich auf fremdem Terrain zurechtzufinden.

Wir wünschen Ihnen viel Freude und neue Erkenntnisse unterwegs.

Ihre Verena Carl und Christiane Kolb

Content note

Was wir erreichen möchten, haben wir gerade beschrieben. Wir warnen dennoch kurz: Im Buch geben wir Zitate und Situationen wieder – wie gesellschaftlich weit verbreitete Vorurteile, falsche Stereotype, Klischees, ausschließende Aussagen, Ängste. Diese Beispiele können queerfeindlich oder ableistisch wirken und verletzen. Sie sollen jedoch deutlich machen, womit queere Personen von klein bis groß zu kämpfen haben. Unser Ziel ist es, negative, abwertende Haltungen und Situationen zu identifizieren und zu überwinden.

Teil 1

WARUM FÜHLST DU SO ANDERS ALS ICH?

Seele, Pubertät und sexuelle Entwicklung

LGBT – wie? Elternfragen, Teenager-Emotionen

»Meine Tochter ist 17, für sie ist Selbstfindung ein großes Thema, auch in Bezug auf Liebe und Sex. Vor einem Jahr hat sie sich in ein Mädchen verliebt, allerdings ist zwischen den beiden wohl nicht viel Erotisches passiert, und am Ende wurde es dann doch eine platonische Freundschaft. Neulich meinte sie, sie sei vielleicht doch straight, also hetero, aber dieser Freundin wollte sie es nicht sagen – sie hat Angst, ihr in den Rücken zu fallen.«

»Unser Sohn hat sich kurz vor dem Abitur als schwul geoutet, und wir haben ihm als Eltern den Rücken gestärkt. Allerdings ist das jetzt schon zwei Jahre her, und soweit wir wissen, hatte er noch nie eine Beziehung, nicht einmal eine kurze Affäre. Vielleicht ist das bisher alles nur in seinem Kopf?«

»Letzte Woche hat mir meine 16-Jährige erklärt, sie wisse überhaupt noch nicht, ob sie sexuelle oder romantische Gefühle für andere haben könne, egal welchen Geschlechts, und das sei völlig normal. Ich fand das ehrlich gesagt eine ziemlich traurige Vorstellung. Aber ich bin auch zuversichtlich, das ändert sich, wenn sie den richtigen Menschen trifft.«

»Seit einiger Zeit haben wir einen Konflikt mit unserer 14-Jährigen, in dem wir nicht wissen, wie wir uns verhalten sollen. Sie bezeichnet sich als Demigirl, als nichtbinär, und hat uns einen Brief geschrieben, in dem sie uns bittet, dass wir nicht mehr ihren Vornamen benutzen, sondern einen genderneutralen – statt Laura nennt sie sich Luca. Und dann noch diese komplizierte Sache mit den Pronomen:

»they« und »them« statt »sie« und »ihr«? Wir möchten ihre Entscheidung respektieren und gleichzeitig nicht das Gefühl haben, nach ihrer Pfeife zu tanzen, einer Laune zu folgen.«

»In der achten Klasse meiner Tochter gibt eine sehr dominante Clique von drei Mädchen den Ton an, die von sich sagen, lesbisch zu sein. Grundsätzlich erst mal kein Problem, aber ich habe den Eindruck, sie üben Druck auf andere Mädchen aus und unterziehen sie regelrechten Verhören: Bist du sicher, dass du auf Jungs stehst? Vielleicht traust du dich nur nicht, zu deinen Gefühlen zu stehen? Mir macht das Sorgen. Das ist doch auch Diskriminierung, nur unter anderen Vorzeichen.«

»Also, ich habe den Eindruck, es ist so eine Trenderscheinung, wenn Teenager sich als LGBTQ bezeichnen. Versteht mich nicht falsch, ich finde es gut, dass heute jeder Mensch zu seiner eigenen Sexualität stehen kann, aber ich finde, das Thema wird überbetont. Warum ist diese Gruppe so laut im Vergleich zu anderen, zum Beispiel Menschen mit Behinderungen?«

»Ich bin eine Frau, und ich bin es gern. Aber als Kind und auch noch als Teenager galt ich als die Wilde, die, die mehr mit Jungen spielt, immer Hosen trägt, die Haare kurz hat – das Kind, an dem, so hieß es damals, ›ein Junge verloren gegangen ist‹. Wenn ich mitbekomme, wie 15-Jährige heute über Geschlechtsidentität reden, frage ich mich manchmal: Wie hätte ich mich selbst in dem Alter gesehen, wenn ich die Begriffe, die Worte, die Definitionen gehabt hätte? Hätte ich mich als genderfluid bezeichnet, oder als trans*?«

Hier sprechen sieben Männer und Frauen zwischen Anfang 40 und Ende 50, die Kinder haben zwischen Teenageralter und jungem

Erwachsenenalter. Repräsentativ ist das nicht, und Anspruch auf Vollständigkeit haben ihre Aussagen auch nicht. Auch deshalb, weil keine Regenbogeneltern dabei sind, sondern ausschließlich Menschen, die in klassischen Konstellationen leben. Also Vater und Mutter (teils als Paar, teils getrennt) plus ein oder mehrere gemeinsame Kinder. Der Großteil der Eltern ist hetero, eine der Mütter sagt, sie habe in ihrem Leben auch Liebesbeziehungen mit Frauen gehabt.

Dennoch gibt es einen guten Grund, warum dieser Zufallschor am Anfang dieses Kapitels steht: Das alles sind Erfahrungen und Gedanken von Bekannten, Kolleg*innen, entfernten Verwandten, die uns innerhalb weniger Wochen zugeflogen sind, einfach so, ganz ohne intensive Recherche. Einfach nur, weil wir hier und da erwähnt haben, in einer Geburtstagsrunde, auf einer Fortbildungsveranstaltung oder auf unseren Social-Media-Kanälen, dass wir gerade an einem Buch für Eltern von Kindern und Jugendlichen arbeiten, die sich dem Regenbogenspektrum zuordnen. Und vermutlich haben Sie aus ähnlichen Gründen zu unserem Buch gegriffen – weil Sie selbst ein solches Thema mit Ihrem eigenen Kind haben, oder einem Teenager aus der Verwandtschaft, der Schulklasse oder dem Sportverein. Wir geben diese Äußerungen hier ungefiltert wieder, im Wissen, dass einige davon als verletzend und diskriminierend empfunden werden könnten – wie wir dazu stehen und wie wir sie einordnen, das wird an vielen Beispielen in unserem Buch klar werden.

Das Thema ist buchstäblich in (fast) aller Munde, und es scheint, dass fast jede*r dazu eine Geschichte zu erzählen hat – wenn nicht er oder sie selbst, dann von einer alten Freundin, einem Nachbarn, einem Elternpaar aus der entfernteren Verwandtschaft. Fragen nach der eigenen sexuellen Orientierung und geschlechtlichen Identität, so ist zumindest der erste Eindruck in unserem Umfeld, werden heute fast ebenso offen und selbstverständlich gestellt wie in der Elterngeneration die Frage nach der eigenen politischen Position, Kleidungsstil, Musikrichtung oder Berufswünschen – all die Merkmale, die sich Jugendliche allmählich zu einer Identität zusammenpuzzeln, ohne Garantie, dass diese auch für die nächsten Jahrzehnte so bleibt. Nicht umsonst steht das »Q« im Regenbogen-Buchstabenmix nicht nur für »queer«, sondern auch für »questioning«, also die innere Selbstbefragung: Wer bin ich, wen könnte ich lieben, wen könnte ich begehren, was ist mein Traum vom Glück?

Worüber reden wir hier eigentlich? Ein Glossar

Ehe wir richtig in das Thema einsteigen, müssen wir erst einmal klären, worüber wir reden, mithilfe eines Wörterbuchs als Einführung in die bunte LGBTQIA+-Welt. Das Akronym, also die Buchstabenfolge, steht für unterschiedliche Identitäten und Kategorien in der Sphäre der Sexualität, über die wir gleich ausführlich sprechen. Das Plus zeigt an, dass es noch mehr gibt. Zusammen und in Farbe ergibt das Ganze eine bunte Vielfalt.

LGBTQIA+

L Lesbian (lesbisch)
G Gay (schwul)
B Bisexual (bisexuell)
T Transgender (trans*, transident)
Q Queer (queer, abweichend von heterosexuellen Normen)
I Intersex (intergeschlechtlich)
A Asexual (asexuell)
+ Plus (Platzhalter für weitere Identitäten)

Für Eltern als »Queer-Einsteiger« ist es wichtig, die Basics gut zu kennen. Und für die, die jetzt seufzen: Ja, viele von uns sind im Erwachsenenleben ohne oder mit wenigen dieser Bezeichnungen klargekommen. Aber für Menschen, egal ob groß oder klein, die sich anders als die Mehrheit identifizieren, sind sie existenziell: Die überkommenen Kategorien passen nicht für sie. Sprache »wie bisher« schließt ihr Gefühl, ihr Gefühlsleben, ihr Sein aus.

Das Glossar ist auch wichtig, weil wir als Eltern herausgefordert sind zu verstehen, was unsere Kinder meinen, wenn sie diesen oder jenen Begriff verwenden. Wenn etwa die Tochter raushaut, dass sie bi- oder pansexuell sei. Wir sollten klar haben, was trans* bedeutet, was homosexuell, wenn die Begriffe im Kopf aufpoppen, weil der Miniatursohn beim Rollenspiel ins Prinzessinnenkleid schlüpft. Und dass wir die Kategorien nicht ungefragt aufs Kind projizieren sollen, weil Spiel mit Stereotypen in erster Linie kindlich ist. Es ist gut, wenn wir mitreden können. Das zeigt Jugendlichen auch, dass wir Ansprechpartner*innen auf Augenhöhe sein wollen. Ich kann im Übrigen aus eigener Erfahrung sagen: Manches ist gar nicht so aufregend, wenn man durchdacht hat, was damit gemeint ist. Für mich war das bei der Pansexualität ein Aha-Effekt. Warum, können Sie gleich nachvollziehen.

Dass es so viele Begriffe sind, liegt daran, dass jeder eine tief empfundene, existenzielle Identität repräsentiert. Jeder Mensch wird mit einer individuellen Geschlechtsentwicklung geboren, wächst in eine einzigartige sexuelle Ansprechbarkeit hinein. Der renommierte Sexualmediziner Volkmar Sigusch hat den Satz geprägt: »Es gibt so viele Geschlechter, wie es Menschen gibt.«[1]

Geschlechtsidentität und sexuelle Orientierung – zwei Dimensionen in Sein und Fühlen

Bevor wir mit dem alphabetisch geordneten Glossar starten, schicke ich noch eine grundlegende Unterscheidung voraus: Es gibt zwei Dimensionen von Sexualität, die wir dringend auseinanderhalten sollten: die Geschlechtsidentität und die sexuelle Orientierung. Die beiden können kreuz – und eben: queer zueinander liegen. Aber sie sind, und das ist wichtig: voneinander unabhängig.

* **Geschlechtsidentität.** Sie fragt: Wie ist deine persönliche, tief gefühlte Identität in oder entlang der Kategorie Geschlecht, also, wie fühlst du dich? Viele fühlen sich weiblich oder männlich, andere wechselhaft oder uneindeutig oder jenseits der Kategorien, vielleicht passt keine davon.

* **Sexuelle Orientierung.** Die sexuelle Orientierung fragt: Wen liebst du? In welche Richtung zielt dein Begehren? Auf welches Geschlecht, welche Geschlechter, welche Reize ist es gerichtet? Ist es körperlich und/oder romantisch oder nicht? Kurz, wen oder was findet eine Person attraktiv?

Einen Überblick über die wichtigen Dimensionen bietet übrigens das Gender Unicorn, das man im Internet findet: eine Grafik, die die zentralen Begriffe zu Geschlechtsidentität und sexueller Orientierung in fünf Parameter aufschlüsselt. Es verdeutlicht die Unterscheidungsmerkmale visuell.

Glossar: Von Agender bis Selbstbestimmung

* **Agender.** Als agender bezeichnen sich Menschen, die sich mit keinem Geschlecht identifizieren, Geschlecht ist für sie keine relevante Kategorie. Verwendet werden auch geschlechtslos oder -neutral.

* **Asexuell und aromantisch.** Als asexuell bezeichnen sich Menschen, die nicht körperlich begehren, und als aromantisch solche, die sich nicht romantisch verlieben, auch hier gibt es ein vielfältiges Spektrum der Identitäten. Viele definieren sich nicht über ein sexuelles Begehren mit körperlicher und/oder seelischer Intimität. Die Begriffe zeigen Identität und Anerkennung

für Menschen, bei denen Lust und Liebe nicht hoch oder gar nicht auf der Agenda stehen. Das bedeutet keineswegs, dass die Person nicht an menschlichem Miteinander interessiert, nicht sozial, nicht offen für Freude oder Freunde ist. Es ist auch kein Widerspruch, asexuell zu sein und Eltern zu werden – der Fortpflanzungsakt ist dann eher mehr Mittel zum Zweck, als dass er aus sexueller Lust geschieht.

* **Binär und nichtbinär.** Bei der Geschlechtsidentität kommen den meisten Menschen sofort die beiden großen Schubladen »männlich« und »weiblich« in den Sinn. Inzwischen steigt das Bewusstsein dafür, dass es Personen gibt, die sich nicht auf ein Geschlecht festlegen können oder wollen. Hierzu gehören Begriffe wie binär, welcher das althergebrachte System der zwei Geschlechter umschreibt. Als nichtbinär oder non-binary beschreiben sich Menschen, die das System ablehnen oder es für sich nicht passend finden, generell zu eng. Non-binary lädt ein, außerhalb der oft alles beherrschenden Norm der Zweigeschlechtlichkeit zu denken – das betrifft unter anderem die Einteilung von Klassenlisten, Klos und Kleidung in scheinbar typische Eigenschaften.

* **Bisexuell.** Dieser sexuellen Orientierung ordnen sich Menschen zu, die sich zu zwei oder mehr Geschlechtern hingezogen fühlen. Als »Bi plus« wird es bezeichnet, wenn Menschen die darunterliegende Vorstellung von nur zwei Geschlechtern zu grob ist. Bi-Aktivisten suchen Sichtbarkeit, weil sie möchten, dass eines endlich aufhört: dass ihr Begehren sexualisiert wird und als promiskuitiv oder wahllos assoziiert wird.

* **Cis- und Transgeschlechtlichkeit.** Bei diesen Stichworten geht

es um die Geschlechtsidentität. Der Begriff cisgender (damals: zisgender) wurde in den 1990er-Jahren vom bereits zitierten Sexualwissenschaftler Volkmar Sigusch eingeführt, um ein Gegensatzpaar mit der Transidentität zu bilden. Eine Person, die sich cis nennt, fühlt sich dem ihr bei Geburt zugewiesenen Geschlecht zugehörig; auch nichtbinäre Personen werden häufig dazugezählt. Eine transidente oder transgender Person fühlt sich nicht dem zugewiesenen Geschlecht zugehörig. Umgangssprachlich sagt man cis Frau oder cis Mann, im Gegensatz zu trans* Frau oder trans* Mann – der Stern zeigt, dass es Uneindeutigkeit geben kann. Unsere Jugendlichen würden einfach sagen: »Ich bin cis« oder »Ich bin trans*« (wenn es denn zutrifft). Und auch wenn die Formulierung des »bei Geburt falsch zugewiesenen Geschlechts« für ungeübte Ohren kompliziert klingt, ist sie genau so richtig. Sie respektiert, dass das Identitätsgefühl der Person von Anfang an richtig liegt. Der Körper ist dazu zwar nicht passend ausgeprägt, aber auch nicht per se falsch, sondern so, wie er ist. Darum sollte man bei trans* Menschen auch nicht vom »falschen Körper« sprechen, in den sie geboren worden sind. Die Person entscheidet selbst, ob oder inwieweit sie ihn ihrem Selbstgefühl angleichen möchte. Im Übrigen wird bei trans* Personen das Geschlecht nicht »gewechselt« und »umgewandelt« (denn: es war ja schon immer da). Vorsicht also, falls Ihnen beim Stichwort Transidentität Worte wie Geschlechtsumwandlung oder -wechsel in den Sinn kommen. Respektvoll ist der Begriff der Geschlechtsangleichung. Denn Name und Erscheinungsbild werden dem angeglichen, was die Person schon ewig fühlt. Eine trans* Frau ist schon immer Frau, ein trans* Mann fühlt sich seit jeher männlich.

Übrigens geht auch der Begriff »Transsexualität« in die falsche Richtung, weil trans* und cis zur Geschlechtsidentität gehören und nichts über das Begehren aussagen. Wir haben es oben erklärt: Das sind zwei Dimensionen. Das wird deutlich, wenn wir uns als Beispiel vergegenwärtigen, dass auch eine super-weibliche cis Frau Frauen lieben kann. Sowohl ein cis als auch ein trans* Mann können schwul begehren, hetero, bi oder anders. Und dennoch: was immer zählt ist, wie sich die Person selbst bezeichnet und einordnet.

* **Divers.** Steht als Sammelbox bereit für Menschen, die sich vor dem Gesetz nicht als weiblich oder männlich einordnen. Manche Menschen empfinden »divers« als zu eng, anderen ist es wichtig, das Label auslassen zu können.

* **Gender oder das soziale Geschlecht.** Hier geht es um Geschlechterrollen, die männliche und weibliche Identität zuspitzen in richtig und falsch, normal, biologisch und typisch. Auch wenn der Begriff Gender oft diffamiert wird, steht er für die brillante Beobachtung, dass die Erwartungen daran, wie sich ein Mensch im Geschlecht idealerweise verhalten soll, gesellschaftlich vorgeformt sind. Übrigens passen auch viele cis Personen nicht in die Geschlechter-Idealvorstellungen. Gender beschreibt das soziale Geschlecht, also die Geschlechterrolle mit den zugehörigen gesellschaftlichen Erwartungen und Normen. Diese sozialen Rollenzuschreibungen verändern sich für Frauen wie für Männer in Zeit und Raum, unterschiedlich definiert je nach Gesellschaft, Kultur, sogar Kontext. Auch heterosexuelle Menschen verändern ihr Rollenverhalten übrigens je nach sozialer Situation: Im Fußballstadion verhält man sich anders als im Kreißsaal, beim Wickeln anders als im Vorstandsmeeting. Kurzum: Gender ist kein Wahnsinn, sondern gibt uns die Chance, darüber nachzudenken, wie viel Gesellschaft in den Kategorien

Männlich und Weiblich steckt. Und, wie hilfreich oder begrenzend die Schubladen wirklich sind.

* **Genderfluid.** So verstehen sich Menschen, die wechselnde Geschlechtsidentitäten fühlen und sich nicht dauerhaft einem Geschlecht zuordnen können oder wollen.

* **Gendern.** Zur gleichwertigen sprachlichen Würdigung der Geschlechter werden in allen Bereichen der Gesellschaft, in Unternehmen, Institutionen, Medien und Netzwerken, heftige Kämpfe ausgefochten. Klar ist: Menschen, die sich als weiblich bezeichnen, sowie Menschen, die sich anderen Identitäten zugehörig fühlen, sind im sprachlichen Umgang nicht gerecht repräsentiert. Insgesamt wäre es gut, wenn die Diskussion akzeptierender und weniger polemisch geführt würde. Letztlich geht es immer und überall darum, Menschen in Formulierungen einzuschließen, die bislang nicht mitgemeint sind oder ausgeschlossen werden. Das ist nicht nur Geschmackssache, sondern eine Frage des Respekts. Eltern sollten auch daran denken: Aus der Schule sind unsere Kinder selbstverständlich gewohnt, dass es nicht nur Schüler heißt, sondern Schüler und Schülerinnen, SuS, nicht Lehrer, sondern Lehrkräfte. Mancher, manche und manch* Jugendliche (um ein Beispiel zu machen) besteht übrigens auch auf ein alternatives Pronomen. Darauf gilt es zu reagieren, siehe dazu auch das Stichwort Pronomen.

* **Genderstern.** Er zeigt an, dass nicht nur Männlein und Weiblein angesprochen sind, sondern auch Menschen, die sich weder eindeutig dem männlichen noch dem weiblichen Geschlecht zuordnen möchten oder können.[2] Wir nutzen den Stern, weil er in der LGBTQIA+-Community vielfach als inklusiver empfunden

wird als andere Vorschläge wie Doppelpunkt, Schräg- oder Unterstrich.

* **Geschlechtsausdruck.** Uns allen ist wichtig, dass unser Verhalten und unsere äußere Hülle zum Selbstgefühl im Geschlecht passen: Der Geschlechtsausdruck ist die Art, wie wir mit Kleidung, Frisur, Schminke, Stimme und Verhalten sichtbar und hörbar die Geschlechtsidentität nach außen tragen.

* **Heterosexuelle Matrix.** Viele von uns sind aufgewachsen und geprägt von der Norm der Zweigeschlechtlichkeit, in der ein »richtiger Mann« eben eine »richtige« Frau liebt und eine »richtige Frau« einen »richtigen Mann«. Nun ja. Diese Norm, die so viele(s) leitet, wird als heteronormativ oder als heterosexuelle Matrix bezeichnet, weil sich hier die Geschlechtsidentität und die sexuelle Orientierung in einem Punkt kreuzen, der gesellschaftlich zur einzig richtigen Norm erhoben wurde. Doch es gibt eben nicht nur den Kreuzungspunkt »girl meets boy« oder »when a man loves a woman«. Menschen, deren Geschlechtsidentität oder sexuelle Orientierung quer dazu liegt, machen klar, dass die Tabelle noch viel mehr Zeilen, Spalten und Kreuzungspunkte umfasst. Und überhaupt: Warum brauchen wir abgrenzende Linien …

* **Heterosexualität und Homosexualität.** Sie gehören in die Sphäre der sexuellen Orientierung. Heterosexualität bedeutet dabei, dass heterogene, also ungleiche Geschlechter einander lieben, sich körperlich und/oder seelisch anziehen. »Heteros« bedeutet altgriechisch ungleich oder verschieden, »Homo« gleich. Die Homosexualität steht dementsprechend für Anziehungskraft zwischen Menschen des gleichen Geschlechts. Frau liebt Frau wird

als lesbisch bezeichnet und Mann liebt Mann als schwul. MSM bezeichnet übrigens, wenn Männer Sex mit Männern haben, was übrigens auch Männer praktizieren, die sich nicht als schwul, nicht einmal als bisexuell einordnen würden. Bisexualität bezeichnet sexuelle Offenheit für beide oder mehr Geschlechter.

* **Intergeschlechtlichkeit, auch inter*.** Intergeschlechtlich sind Menschen, bei denen die Zuordnung des Geschlechts als weiblich oder männlich anhand von Körpermerkmalen nicht eindeutig möglich ist. Das kann sich auf Genitalien, Keimdrüsen und Chromosomen mit widersprüchlichen Ausformungen beziehen, auch im Bereich der Hormone und Rezeptoren gibt es individuelle Ausprägungen. Wiederum falsch wäre es, von Inter»sexualität« zu sprechen, schließlich hat die biologische Ausprägung der Geschlechtsmerkmale nichts mit der gelebten Sexualität und der sexuellen Orientierung zu tun. Es gibt viele Dutzende Varianten der Geschlechtsentwicklung, die außerdem auf mehreren Ebenen sichtbar werden – genetisch, anatomisch, die Keimdrüsen betreffend oder hormonell. Die meisten zeigen sich früh, einige erst in der Pubertät. Manche werden erst im Erwachsenenalter offenbar. In Deutschland leben schätzungsweise bis zu 120 000 Menschen mit Varianten der Geschlechtsentwicklung.[3] Seit 2021 sind geschlechtsverändernde Operationen bei Kindern verboten, weil sie gegen die Menschenrechte verstoßen. Ein Kind kann nicht einwilligen und hat noch keine Klarheit, welche Geschlechtsidentität oder OP passt. Eine frühe Operation zerstört unwiederbringlich körperliche Anlagen, was in der Vergangenheit zu großem Leid geführt hat. Allerdings hat das Gesetz Schlupflöcher und eine sehr kurze Verjährungsfrist. Der Königsweg ist, die Person im Jugend- oder Erwachsenenalter selbst entscheiden zu lassen. Wir tun außerdem gut daran,

den gesellschaftlichen Druck herauszunehmen, dass eindeutig sein soll, was faktisch uneindeutig ist.

* **Pansexualität.** Viele denken an »anything goes« oder »jeder mit jedem« und stellen sich Zügellosigkeit vor. Das trifft aber nicht den Kern der Sache. Menschen, die sich in ihrer sexuellen Orientierung als pansexuell verorten, ist es selbstredend nicht egal, in wen sie sich verlieben oder wen sie anziehend finden. Sie treffen nur keine Vorauswahl hinsichtlich der Geschlechtsidentität der Person, mit der sie sich Intimität und Bindung vorstellen können. Sprich: Auch eine pansexuelle Person verliebt sich nur in Menschen, die sie wunderbar findet, sie sortiert aber vorab nicht nach Geschlecht aus.

* **Pronomen.** Nicht er/ihm, nicht sie/ihr, was dann? Die geschlechtsneutralen Vorschläge, die es bei uns gibt – wie xier, sier, dey, nin –, sind gewöhnungsbedürftig. Wir sind in Deutschland fern von einem gesellschaftlichen Kompromiss wie in Schweden, wo das »hen« als neutrales Pronomen seit 2014 Bestandteil des Glossars der Schwedischen Sprachakademie ist. Es liegt dort aber auch sprachlich näher, weil es dem männlichen Pronomen »han« und dem weiblichen »hon« nachempfunden ist. Eine gute Übersicht über gendergerechte Sprache und Pronomen bietet Ravna Marin Siever im Buch *Was wird es denn? Ein Kind! Wie geschlechtsoffene Erziehung gelingt*, auch wenn sien Weg vermutlich nicht alle Eltern anspricht. Wenn Sie jetzt kurz gestolpert sind: »Sien« ist kein Schreibfehler, sondern gehört zu den genderneutralen Pronomen, die Ravna Marin Siever für sich nutzt. Also: »Sier« (statt sie oder er), »sien« (statt sein oder ihr). Siever rät wie viele andere: Fragen Sie im Zweifel nach, was Ihr Gegenüber für sich als passend empfindet.

* **Queer.** Das Wort queer kommt aus dem Englischen. Im Deutschen betont das zweite »e«, dass etwas quer liegt. Tatsächlich war das Wort zunächst eine abwertende Bezeichnung von außen für Menschen, die nicht heterosexuell und/oder cisgeschlechtlich leben und lieben. Heute dagegen, wo wir gesellschaftlich anerkennen, dass es jenseits von cis und hetero diverse Identitäten gibt, finden auch viel mehr Jugendliche queer attraktiv. Es kann sich besonders anfühlen, wenn man über das Gewohnte hinausgeht. Doch das eine sind Verständnis und die Sympathie, eine persönliche Haltung der Anerkennung und Offenheit. Das andere ist eine queere Geschlechtsidentität oder sexuelle Orientierung, die Menschen tief in sich tragen und sich nicht aussuchen, sondern: sind. Ganz existenziell. Das Q steht übrigens auch für Questioning, also fragend, für Menschen, die (noch) kein passendes Label gefunden haben, das ihre Sexualität oder Geschlechtsidentität passend beschreibt. Um eines vorwegzunehmen: In der Sexualwissenschaft besteht Konsens, dass wir uns lebenslang in unserer sexuellen Identität weiterentwickeln.

* **Sexuelle Selbstbestimmung.** Seit etwa 30 Jahren wird das Recht auf sexuelle Selbstbestimmung als Schutz- und Freiheitsrecht aus den Menschenrechten abgeleitet – als Recht auf persönliche Freiheit, auf Gesundheit, Selbstentfaltung und Privatsphäre sowie Achtung der Menschenwürde. Das umfasst auch das Recht auf sexuelle Gesundheit, das Recht auf Entfaltung der Persönlichkeit in der Geschlechtsidentität und der sexuellen Orientierung sowie die Selbstbestimmung in der Sexualität für Kinder und Heranwachsende.
  Weiter ausgelegt ist darin auch das Recht auf Aufklärung rund um Sexualität enthalten, der Schutz vor Genitalverstümmelung und vor geschlechtsangleichenden Operationen bei Kindern so-

wie der Schutz vor sexueller Ausbeutung und Gewalt. Darunter fällt auch für angehende Erwachsene die freie Wahl von Liebes- und Lebenspartner*innen, die Freiheit der sexuellen Aktivität (soweit sie nicht Rechte anderer verletzt) und Schutz vor Gewalt und Diskriminierung aufgrund der sexuellen Identität.

Vor der UNO gab es erstmals 2008 eine Erklärung[4] zur sexuellen Orientierung und geschlechtlichen Identität mit dem Ziel, Gewalt und Diskriminierung aufgrund dieser Persönlichkeitsmerkmale zu beenden. Praktisch alle westlichen Staaten unterschrieben diese und eine Nachfolgeerklärung von 2011, nicht aber eine große Zahl vorwiegend muslimischer und nordafrikanischer Länder, China und Russland. Selbst einige europäische Nachbarn erkennen viele Rechte nicht an, Negativbeispiele sind Ungarn und Polen.

Auch in der UN-Kinderrechtskonvention[5] gibt es übrigens einen Abschnitt zur Identität, zu persönlicher Identität von Namen, Staatsangehörigkeit, Familienbeziehungen. Weiter gefasst gehören zum Schutz der Identität alle Aspekte der Persönlichkeit und deren freie Entfaltung, also auch Geschlechtsidentität und emotionale Integrität. Alle Kinder sollen gesund aufwachsen, die eigene Persönlichkeit frei entfalten können, mit Körper und Psyche in Einklang kommen. Und gerade die, bei denen das nicht so einfach läuft, brauchen Schutz.

Von queerer Entwicklung bei Kindern und Jugendlichen erzählt Verena im folgenden Kapitel.

Generation Q – eine Bestandsaufnahme

Sprechen Eltern – oder auch Lehrer*innen, Fußballtrainer*innen, Tanten und Onkel – über die Frage, wie es Jugendliche mit Liebe und Identität halten, landet man immer wieder bei denselben Fragen: Gibt es heute tatsächlich *mehr* junge Schwule, Lesben, bisexuelle, nichtbinäre, inter* und trans* Menschen, oder sind sie nur sichtbarer und selbstbewusster? Existiert hier und da tatsächlich eine Art »Peer Pressure«, eine umgekehrte Diskriminierung nach dem Motto: Lesbisch und schwul ist cool, hetero macht gar nicht froh? Und woran liegt es, dass das Thema bei Töchtern (vorsichtiger formuliert: bei Kindern, die bei ihrer Geburt als weiblich eingeordnet wurden) präsenter ist als bei Söhnen – oder ist das nur ein Zufallsbefund?

Mehr oder nur sichtbarer? Queere Jugend heute

Vor allem aber fragen sich Eltern und andere Sorgeberechtigte: Wie gehen wir damit um – vor allem die unter uns, die in ihrer eigenen sexuellen und Partnerschaftsgeschichte noch nie etwas anderes erlebt haben, sich auch nie etwas anderes haben vorstellen können als Mann und Frau, und das Unbehagen an den eigenen sichtbaren Geschlechtsmerkmalen einfach nicht nachvollziehen können? Sollten wir möglichst offen mit Heranwachsenden über all diese Themen reden – oder besser nicht allzu sehr darauf eingehen, um Jugendliche nicht zu verwirren? So kritisiert etwa die Gynäkologin und Buchautorin Sheila de Liz in einem Interview[6]: »Dass [Jugendliche heute mehr Zugang zu Informationen über sexuelle Orientierung haben], hat nicht nur Vorteile, oft sind sie davon überfordert. Alle Mädchen, die ich kenne, sagen mit 13 oder 14, dass sie vielleicht lesbisch oder bisexuell sind. Oder vielleicht pansexuell, asexuell oder queer? Das kann ja alles sein, aber ich denke, es gibt heute nicht plötzlich viel mehr lesbische oder bisexuelle Menschen auf der Welt als vor 20 Jahren, sondern es werden den Jugendlichen heute einfach viel mehr Möglichkeiten gezeigt. Und diese Fülle an Möglichkeiten verunsichert sie – gerade in einer Zeit, in der sie irgendwo dazugehören wollen. Viele empfinden es zeitweise als Druck, sich irgendwie auch LGBTQ+ zugehörig fühlen zu müssen, weil sich alles andere langweilig anfühlt, als nichts Besonderes. Darum frage ich mich, ob das in dieser Intensität sein muss.«

Das lassen wir jetzt mal so stehen – auch wenn uns vor allem die Schlussfolgerung spontan zu Widerspruch herausfordert! – und fangen ganz vorne an, mit einer Frage, die einfach klingt, auf den zweiten Blick aber gar nicht so eindeutig ist: Nimmt sexuelle und gesellschaftliche Vielfalt tatsächlich zu? Dazu haben wir uns einmal eine der aktuellsten internationalen Studien angeschaut: den »LGBT+ Pride Global Survey« des Markt- und Meinungsforschungsinstituts Ipsos von 2021, bei dem rund 20 000 Menschen zwischen 18 und 74 Jahren befragt wurden.[7] Darin steht unter anderem Folgendes:

* Je jünger die Altersgruppe, desto mehr Menschen finden sich nicht in der klassischen Geschlechterordnung wieder. Im Durchschnitt der 27 untersuchten Länder beschreiben sich 4 Prozent der Angehörigen der Gen Z (also die Geburtsjahrgänge ab 2000) als transgender, non-binär oder agender, im Gegensatz zu 2 Prozent der Millennials (etwa die Geburtsjahrgänge der 80er- und 90er-Jahre), 1 Prozent der Generation X (geboren ab den späten 60er- und in den 70er-Jahren) und weniger als 1 Prozent der Babyboomer (Nachkriegszeit bis Mitte der 60er-Jahre). Heißt also: Zwischen der heutigen Elterngeneration und der Generation

heutiger Teenager hat sich diese Selbstdefinition verdoppelt bzw. vervierfacht, je nachdem, wie groß der Altersabstand ist.

* 80 Prozent der Befragten, also 4 von 5 weltweit, identifizieren sich als rein heterosexuell, unabhängig vom Alter. Der Rest teilt sich auf wie folgt: 3 Prozent schwul oder lesbisch, 4 Prozent als bi, 1 Prozent pansexuell, 1 Prozent asexuell, 1 Prozent »anderes« und 11 Prozent geben an, es nicht zu wissen, oder möchten keine Angaben machen.

* Die Selbstdefinition als bi- oder homosexuell nimmt zu, je jünger die Befragten sind: 18 Prozent der Generation Z, 12 Prozent der Millennials, 9 Prozent der Gen X, 7 Prozent der Boomer. Darunter ist die Zahl derjenigen, die sich als bi bezeichnen, sich also zu beiden (Haupt-)Geschlechtern hingezogen fühlen, am stärksten gewachsen: Von 2 Prozent der Boomer auf 9 Prozent der jungen Erwachsenen heute.

* Ein weiterer Befund des Reports: Wie viele Menschen sich offen als nichthetero bezeichnen, hat offenkundig stark damit zu tun, in welchem politischen und gesellschaftlichen Umfeld sie sich bewegen. So überrascht es wenig, dass sich in Australien, Brasilien, Belgien und Indien (mit seinem besonderen kulturellen Zugang zu dem Thema, siehe auch das Kapitel über Lust und Liebe im kulturellen Wandel in Teil 3) über 15 Prozent aller Befragten quer durch die Altersgruppen als bi- oder homosexuell bezeichnen, aber nur 4 Prozent in Russland.

* Kennen Sie schwule, lesbische und/oder bisexuelle Menschen – im Kollegen- oder Freundeskreis oder in der Verwandtschaft? Bei dieser Frage gibt es große Unterschiede: In Brasilien ant-

worten 66 Prozent mit Ja, in Japan nur 7. Deutschland liegt mit 40 Prozent im Mittelfeld.

* 54 Prozent der Befragten im globalen Durchschnitt sagen: Ja, Paare gleichen Geschlechts sollten legal heiraten können. Der Bildungsgrad spielt bei der Beantwortung dieser Frage keine Rolle, das eigene Geschlecht durchaus: 60 Prozent aller Frauen bejahen die Frage, im Gegensatz zu 40 Prozent aller Männer. Und auch hier gibt es eine Staffelung nach Alter: 61 Prozent der Generation Z sind dafür, dagegen nur 41 Prozent der Elterngeneration, also der Generation X. Spannendes Detail: Ausgerechnet bei den Baby Boomern, also der nachwachsenden Großelterngeneration, liegt die Zustimmung mit 56 Prozent wieder höher!

Das sind viele beeindruckende Zahlen, bei denen es nicht auf eine Nachkommastelle ankommt, um zu belegen: Sexuelle und geschlechtliche Vielfalt ist kein kurzlebiger Trend – auch wenn manche selbsternannte »besorgte« Bürger*innen es gern als solchen abtun –, sondern eine weltweit zunehmende Emanzipationsbewegung.

Allerdings haben Statistiken wie diese auch einen Haken, und der ist selbst mit den besten Umfragemethoden nicht zu umgehen: Von wenigen körperlichen Ausnahmen abgesehen (dazu mehr im Kapitel »Körper, Kopf und Hormone« in Teil 1) ist jede Frage nach sexueller Orientierung oder Geschlechtsidentität eine Selbstaussage, die sich sehr schwer bis gar nicht objektiv überprüfen lässt. Das unterscheidet dieses Thema so sehr von allen anderen: So einfach man mit Statistiken belegen kann, wie sich beispielsweise Bildungsabschlüsse, durchschnittlicher Körperfettanteil oder Handynutzung für eine bestimmte Altersgruppe entwickelt hat, so schwer tun sich Sozialwissenschaftler*innen bei der Frage, welches Geschlecht ein Mensch »wirklich« hat und wen er »wirklich« begehrt. Und schon gar nicht können sie eine Aussage darüber treffen, ob das nun ein unveränderliches Merkmal ist. Denn auch hier gibt es nur Wahrscheinlichkeiten, keine Sicherheit.

Was die Statistik sagt (und was nicht)

Vor allem beantworten die Tabellen nicht, woran es denn nun liegt, dass sich so viel mehr jüngere Menschen in den Regenbogenfarben wiederfinden als die älteren: Liegt es schlicht daran, dass die Gesellschaft offener geworden ist und die Menschen ihre Gefühle und ihre Selbstwahrnehmung nicht mehr für sich behalten müssen? Kein Doppelleben mehr führen müssen, in Beziehungen oder auch einem Körper, der nicht zur inneren Empfindung passt, aus Angst vor sozialer Ächtung? Gibt es darüber hinaus eine Art soziale Ansteckung, so wie es einige unserer Gesprächspartner*innen vermuten?

Das alles mag eine Rolle spielen. Am plausibelsten erscheint uns aber ein zusätzlicher Aspekt: dass es darüber hinaus mehr Menschen gibt, die als nicht-ganz-hetero oder nicht-völlig-cis erstmals sichtbar werden, nicht nur für andere, auch für sich selbst. Schlicht, weil sie selbst erstmals die Begriffe, Kategorien und Labels für ihr Sein haben und für sich artikulieren können, was sie von der Mehrheit unterscheidet. Menschen, die in einer anderen Lebenszeit weder ihr zugewiesenes Geschlecht noch die Wahl eines gegengeschlechtlichen Partners oder einer Partnerin hinterfragt hätten, weil sie keinen unerträglichen Leidensdruck hatten, aber immer ein diffuses Unbehagen mit sich trugen. Die noch vor wenigen Jahrzehnten von anderen bestenfalls als der natürliche, ein wenig herbe Frauentyp oder als sanfter Mann gesehen wurden und schlimmstenfalls als verschrobene, möglicherweise irgendwie »gestörte« Zeitgenossen. Die vielleicht Single waren, vielleicht auch in heterosexuellen Beziehungen lebten, ohne ständig unglücklich zu sein. Aber trotzdem immer das Gefühl hatten, in keine der Schubladen so ganz und gar zu passen.

Oder die in ihren Teenagerjahren durchaus mit anderen Formen des Begehrens experimentierten – ob gemeinsame Masturbation unter Jungs oder körperliche Nähe unter Mädchen, die über Händchenhalten hinausging –, von denen viele ab ihren 20ern aber den Schalter im Kopf umlegten: Ja, okay, das war meine wilde Jugend, aber das passt nicht mehr in mein Erwachsenenleben!

»So etwas wie mich hätte es früher nicht gegeben«

Heute, da Teenagern und jüngeren Erwachsenen mehr Identitätsangebote zur Verfügung stehen, mehr Labels, die man für sich entdecken kann (oder auch wieder verwerfen), wird umso deutlicher erkennbar, dass Geschlecht und sexuelle Orientierung eben keine Schalter sind, die nur zwei Zustände kennen (männlich oder weiblich, homo oder hetero), sondern eine ganze Menge Variationen. Oliver Dierßen, der als Psychiater in einer Kinder- und Jugendpraxis im niedersächsischen Gehrden auch auf Jugendliche aus dem gesamten Regenbogenspektrum trifft, schätzt es im Gespräch so ein: »Sprache schafft Wirklichkeit, und die Suche nach der eigenen Identität ist Daseinszweck und Sinnfrage, nicht nur in der Pubertät, sondern lebenslang. Nun gibt es neue Konzepte, die Identitäten schärfer umreißen. Die standen Jugendlichen früher nicht zur Verfügung.«[8]

Stimmt. »So etwas wie mich hätte es früher nicht gegeben«, schreibt Fabian Grischkat, Jahrgang 2000 und einer der führenden Influencer und Queer-Rights-Aktivisten mit über 100 000 Followern auf Instagram: »Wenn ich vor zwanzig Jahren zwanzig Jahre alt gewesen wäre – wie hätte ich einer Frau gesagt, dass ich auch Männer attraktiv finde? Wie hätten meine Freunde reagiert, wenn ich sie nach Make-up-Tipps gefragt hätte und nach der schönsten Haarfarbe? (…) In früheren Zeiten wäre ich nicht die Person geworden, die ich bin.« [9] Das mag zwar ein bisschen Boomer-Bashing sein, denn auch um die Jahrtausendwende haben es Menschen schon geschafft, ein bisexuelles Leben zu führen, ohne sich damit zu sozialen Parias zu machen (ich kann das nicht aus eigener Erfahrung bestätigen, kenne aber einige davon). Aber es ist schon was dran: Allein mit seinem Geschlechtergrenzen sprengenden Outfit und seiner Offenheit wäre er damals mit Sicherheit angeeckt, vielleicht nicht in Berlin oder Köln, aber so ungefähr an jedem anderen Ort Deutschlands.

Man kann die Entwicklung vielleicht am besten mit einer Metapher beschreiben: mit einem See, dessen Wasserspiegel gesunken ist und der dadurch ein ganz anderes Bild bietet. Während früher nur die Extreme sichtbar waren, als wenige, kleine Inseln, ist heute mehr von dem erkennbar, was früher unter der Wasseroberfläche war, und manche*r reibt sich verdutzt die Augen: Huch, da ist ja noch mehr Land in Sicht! Und in diese Welt wachsen unsere Kinder hinein.

Die Skala des Begehrens – und warum wir sie brauchen

So neu und revolutionär, wie das klingen mag, ist der Gedanke übrigens nicht. Schon Magnus Hirschfeld, einer der Väter der modernen Sexualforschung (mehr zu ihm später), ordnete in den 20er-Jahren des 20. Jahrhunderts Menschen individuell auf einer Skala zwischen »Vollweib« und »Vollmann« ein. In den 50er-Jahren entwickelte der US-amerikanische Sexualforscher Alfred Kinsey eine Skala des Begehrens, die immerhin sieben Zwischentöne umfasste und auf Wertungen wie »richtig« oder »falsch« verzichtet. Vieles, was danach kam, baut darauf auf. Die US-amerikanische Psychologin und Wissenschaftlerin Lisa Diamond von der University of

Utah hat 2009 in einem Buch den Begriff »fluide Sexualität« geprägt[10]. Klingt ein wenig vage, ist aber treffend – anders als der Versuch, für jede Schattierung der Lust ein neues Mini-Label zu finden, konstatiert Diamond erst mal nur, dass Begehren in Bewegung ist.

Auch Stefan Timmermanns, Professor für Sexualpädagogik und Diversität an der Frankfurt University of Applied Sciences, beschreibt Sexualität wie einen Regler mit Spielraum. »Bei den meisten Menschen ist die grundlegende Orientierung mit Abschluss der Pubertät, spätestens in den 20ern zwar abgeschlossen. Aber das heißt nicht, dass sie unveränderbar ist. Und dass Menschen nicht auch einmal Sex entgegen ihrer sonstigen Gewohnheiten haben.«

Nichts ist für immer – oder?

Manchmal betrifft der Spielraum nur die Liebe in Gedanken. Zum Beispiel Fantasien beim Solosex. Oder die Tatsache, dass alle Frauen beim Anschauen erotischer Filme messbar körperlich erregt werden, egal, ob es vor der Kamera Frau und Mann, zwei Frauen oder zwei Männer miteinander treiben. Das ergab ein Experiment der US-amerikanischen Queen's University[11]. Aber auch wechselhafte Liebesbiografien werden von der exotischen Randerscheinung zum Mainstream. Man könnte sagen: Wenn das eine Phase ist, dann dauert sie bei manchen ein ganzes Leben lang. Prominente Beispiele gibt es genug, etwa, wenn sich Model Cara Delevingne und Schauspielerin Kristen Stewart mal innig mit Männern und mal mit Frauen auf Glamour-Events und in Social-Media-Posts zeigen. Ebenso die Schriftstellerin Elizabeth Gilbert (»Eat, pray, love«), die 2016 mit 46 Jahren ihren zweiten Ehemann verließ, um ihre – mittlerweile verstorbene – Freundin Rayya Elias zu heiraten.

Auch für den umgekehrten Fall gibt es ein prominentes Beispiel: Die britische Schriftstellerin Bernardine Evaristo, erste Schwarze Trägerin des Booker-Preises im Jahr 2021, verwertet in ihrem Roman »Mädchen, Frau, etc.« viel Autobiografisches, darunter mal problematische, mal leidenschaftliche Liebesbeziehungen zu Frauen – aber heute, mittlerweile kurz vor dem Rentenalter, ist sie seit einigen Jahren mit einem (cis) Mann verheiratet. Das heißt nicht etwa, dass ihre Liebe und Lust in den Jahrzehnten davor irgendwie verkehrt war – sondern schlicht, dass nichts für immer sein muss, nicht einmal die sexuelle Orientierung.

Und die Mischung aus empirischen Befunden und persönlichen Anekdoten deutet auch darauf hin, dass Mädchen – jedenfalls: »weiblich gelesene Personen« – tatsächlich das »fluidere« Geschlecht sein könnten, in Bezug auf Sexualität und auf Gender-Identität. Was erklären könnte, warum auch in unserem Bekannten- und Kolleg*innenkreis deutlich mehr Eltern von Töchtern erzählen, dass diese Gender- und sexuelle Grenzen austesten, und sei es nur in Gedanken. Denn: Wenn Studien und Umfragen Selbstauskünfte sind, dann sagen sie noch nicht unbedingt etwas über die Realität in den Betten aus. »Wenn zunehmend mehr Jugendliche sich als nicht rein cis und hetero bezeichnen, heißt das nicht zwingend, dass sie alles tatsächlich ausleben«, sagt Professor Stefan Timmermanns, »aber es ist ein Ausdruck innerer Freiheit.«

Die Liebe in Gedanken, die Liebe im echten Leben

Was zu einem weiteren Phänomen führt, in dem sich Jungsein in den 20er-Jahren vom Jungsein in den 80ern oder 90ern unterscheidet. Dazu muss ich ein klein wenig ausholen, aber Geduld, es lohnt sich!

Also: Tatsächlich findet ziemlich viel Liebe (und Lust) in Gedanken statt, im Netz, solo – und weniger im realen Leben. Die Statistik der Bundeszentrale für gesundheitliche Aufklärung (BZgA) besagt: Für Jugendliche ist Sex deutlich weniger attraktiv als zu Dr. Sommers Glanzzeiten. Noch vor zehn, fünfzehn Jahren hatte jedes fünfte Mädchen bis zum 15. Geburtstag bereits sein »erstes Mal« hinter sich, 2021 nur noch etwa jedes zehnte. Bei den Jungen steigt das Einstiegsalter auf ähnliche Weise[12]. Und auch die Älteren warten lieber ab. Nach einer Erhebung der Uni Leipzig sind besonders diejenigen eher zurückhaltend, von denen man das Gegenteil erwarten würde. Die 18- bis 30-jährigen Singles. Fast jede*r Dritte gab an, in den zwölf Monaten vor der Befragung nicht einen einzigen intimen Kontakt gehabt zu haben – 2005 waren dies nur 10 Prozent der Männer und 15 Prozent der Frauen. Von einer »Sex-Rezession« schreibt sogar das US-Magazin *The Atlantic.* [13]

Warum das so ist, darüber streiten die Gelehrten, und zwar buchstäblich: Ruiniert die Verfügbarkeit pornografischer Bilder und Filme im Netz die zarte Entdeckungsreise? Geht es um zu viel Stress im Alltagsleben und die Angst vor Kontrollverlust in Zeiten, in denen jedes Selfie sorgsam kuratiert wird? Bricht sich ein grenzwertiger Narzissmus Bahn, wenn sich Schauspielerin Emma Watson in einem Interview als »self-partnered« bezeichnet, also: mit sich selbst in einer Beziehung? Oder sind Teenager und Twentysomethings heute auf eine gesunde Weise wählerischer als wir, die Generation X oder Y, die es oft als sozialen Makel empfand, wenn sie nicht spätestens mit 17 oder 18 eigene Erfahrungen machte, die über Knutschen auf der Engtanzparty hinausgingen?

Passend zu unserem Thema könnte man aber auch noch auf folgende These kommen: Wenn der Liebesweg nicht mehr so vorgezeichnet ist – boy meets girl, man geht miteinander, bindet sich irgendwann fest und bekommt Kinder – und mehr denkbar ist, dann könnte das auch dazu führen, dass alles etwas langsamer wird. Weil so viele komplexe Selbstfindungsprozesse zu durchlaufen sind, ehe man sich ans Ausprobieren wagt – zumindest bei einem Teil unserer Kinder. Es ist nur eine These, aber: Vielleicht ist nicht jede*r, die oder der sich mit 15 oder 16 als asexuell empfindet, tatsächlich erotisch weniger ansprechbar – aber das Label kann gut als Selbstschutz dienen. Und sei es nur so lang, bis ein junger Mensch herausgefunden hat, was für ihn oder sie richtig ist. So nehmen es jedenfalls einige Expert*innen an, auch wenn sich das derzeit nicht empirisch belegen lässt.

Zwischen Gesellschaft und Individualität

Doch so wichtig der gesellschaftliche Rahmen ist, in dem Heranwachsende sich heute sexuell und geschlechtlich selbst finden, egal, welche Tabus, Verbote und Rollenvorbilder es gibt: Vor allem ist das persönliche Empfinden eine ganz individuelle Angelegenheit, die von innen kommt. Deshalb wollen wir uns im Folgenden mit der Frage beschäftigen: Was macht einen Menschen eigentlich psychisch zu dem, der er ist – in unserem Fall: wen er liebt und begehrt, wie er sich geschlechtlich einordnet? Im folgenden Kapitel zeigt Christiane die großen Entwicklungslinien aus Sicht der Sexualwissenschaft auf.

Körper, Kopf und Hormone: die Basics der psychosexuellen Entwicklung

Wenn Sie sich als Eltern irritiert fragen: »Wie ordne ich es für mich ein, wenn mein Kind sich Labels gibt, die mir so fremd sind?«, dann hilft vor allem eines: Wissen. Darum erfahren Sie hier einiges über die medizinischen und psychologischen Grundlagen der kindlichen Entwicklung rund um Geschlecht, Identität und sexuelle Orientierung. Das beantwortet hoffentlich die ersten, dringlichen Fragen.

Allerdings stößt die Wissenschaft gerade bei Selbstaussagen an Grenzen. Zum Beispiel kann zu Orientierung und Geschlechtsidentität in der ganz frühen Kindheit kein Forscher und keine Forscherin der Welt definitive Einschätzungen abgeben, verständlicherweise. Schließlich sind Kinder nicht verlässlich auskunftsfähig zu ihrer Identität. Kognitive Fähigkeiten des Verstehens von eigenen Gefühlen und das Erkennen gesellschaftlicher Normen entwickeln sich erst im Kleinkind- und Kitaalter. Etwa ab der Vorschulzeit verstehen dann praktisch alle Kinder das eigene Geschlecht als etwas Konstantes, die sozialen Rollen erkennen die meisten schon mit 3 bis 4 Jahren. In der Pubertät werden die Konzepte und Gefühle einer erneuten tiefen Überprüfung und Weiterentwicklung unterzogen. Nun geht es um Selbstfindung. Konstrukte der Sexualität wie Liebe, Begehren, Partnerschaft werden ersten Praxistests unterzogen.

Die Beobachtung von außen liefert keine Sicherheit. Zum einen, weil es kein neutrales Beobachten gibt: Wir betrachten alles mit unseren Vorerwartungen und ordnen es entsprechend ein. Und zum anderen, weil die Unterscheidung, was bei Kindern Spiel, was Ernst ist (und wie ernst?), von außen nicht zu treffen ist. Deshalb ist es so schwer (und am Ende müßig) zu sagen, was es bedeutet, wenn kleine Jungen Kleider tragen wollen und kleine Mädchen Anzug. Wir können nicht in Kopf und Herzen schauen. Lassen wir sie ausprobieren, die Klarheit kommt.

Schauen wir nun also genauer, was die Wissenschaft zur Entwicklung von Geschlechtsidentität und sexueller Orientierung im Kindes- und Jugendalter herausgefunden hat. Die knappe Antwort vorab ist, dass beides angeboren ist beziehungsweise sich in der kindlichen Entwicklung unabhängig von äußeren Einflüssen zeigt und entfaltet.

Geschlechtliche Identität und der Körper

Wie entwickelt sich also das Geschlecht? Mit der Zeugung entsteht der individuelle Chromosomensatz, der die Geschlechtsidentität allerdings nicht hinreichend, nicht bei allen Menschen, bestimmt. Im Mutterleib entwickeln sich bei Embryos ab etwa der fünften bis zur zwölften Schwangerschaftswoche die Genitalien und Keimbahnen, die Organe, die bei der Zeugung beteiligt sind. Hormone, die der kindliche Körper selbst produziert, wirken dann bis zum fünften Monat. Eine zweite Hormon-Hochphase wirkt nach der Geburt, sogar Mini-Pubertät genannt. Aber, um Verwechslungen auszuschließen: Weder anhand der Gene, der Organe noch der kindlichen Hormone kann man vorhersagen, wie ein Baby sich später entwickelt, sowohl was die sexuelle Orientierung angeht als auch das Geschlechtsempfinden.

Wann und wie aber zeigt sich geschlechtliche Identität beim Kind? Viele Eltern schwören, dass sich die Kinder schon im frühen Spiel unterschiedlich verhalten. Ob und wie sehr aber nun das Umfeld ab Geburt prägend ist oder aber »die Gene« oder »die Hormone«, wie viele es so dahinsagen, das Spielverhalten bestimmen, ist unklar. Die berühmten »Baby X«-Experimente[14] der University of

New York von 1975 und Wiederholungsstudien zeigen, dass schon Babys anders behandelt werden, je nachdem, ob Menschen glauben, ein Mädchen oder einen Jungen vor sich zu haben. Die Kleidung, quasi rosa oder hellblau, beeinflusste, wie Erwachsene mit dreimonatigen Babys umgingen – extrem entlang der geschlechtlichen Erwartungen. Ein Säugling, der für einen Jungen gehalten wurde, wurde zum Beispiel robuster angefasst als ein vermeintliches Mädchen. Davon abgesehen kommt es vor, dass sich selbst Menschen, die während der gesamten Kindheit in einem Geschlecht erzogen wurden, später dem anderen zugehörig fühlen können.

Jedenfalls, und das ist für Eltern wichtig zu wissen, ruhen die Keimdrüsen bis zur Pubertät. Es gibt keinen Testosteronschub in Kita oder Schule. Wer also wildes Spielverhalten mit einem akuten Schub von Testosteron zu erklären versucht, liegt falsch, wer mädchenhaft eingeordnete Verhaltensweisen mit Östrogenen begründen möchte, ebenso. Die Geschlechtshormone schweigen bis zu den ersten Anzeichen der Pubertät, die bei Mädchen ab 8 Jahren, bei Jungen ab 9 Jahren beginnen kann. Stattdessen ordnet unser erwachsenes Denken kleinkindliches Verhalten stereotyp ein: In einer Untersuchung zu den motorischen Fähigkeiten von Krabbelkindern wurden Mütter und ihre Kinder beobachtet.[15] Obwohl es objektiv keine Unterschiede gab, überschätzten die Mütter die Motorik der Jungen und unterschätzten die Mädchen. Sogar Erwachsene, die bewusst geschlechtsoffen erziehen wollen, bedienen Stereotype im Umgang mit Kindern, zeigt eine Studie mit pädagogischen Fachkräften.[16] Selbst beim Sport gibt es zwei Meinungen: Jungen sind zwar im Durchschnitt stets einen Hauch schwerer und größer, aber bei sportlichen Leistungen in Kita- und Grundschulalter setzt sich die Beobachtung durch, dass beide Geschlechter bis zum Einsetzen der Pubertät annähernd gleich leistungsfähig sind. Motivation und Förderung sind offenbar einflussreichere Faktoren als das Geschlecht.[17]

Geschlechtsidentität auf der psychischen Ebene

Wie erkennen Kinder die Kategorie Geschlecht bei sich und anderen? Den Geschlechtsunterschied bei Erwachsenen können Kinder im 2. Lebensjahr festmachen. Bei Mädchen und Jungen gelingt ihnen das zum Beispiel bei Kinderfotos erst etwas später. Unterschiede machen sie lange an äußerlichen Unterschieden wie Kleidung, Stimme, Bart, Brust und Frisur fest.

Wann genau sie das eigene Geschlecht erkennen, dazu gibt es abweichende Angaben und individuelle Unterschiede. Zwar kann die Aussage »Ich bin ein Junge« respektive »Ich bin ein Mädchen« schon früh gemacht werden. Aber verstehen, dass das (in den meisten Fällen) so bleibt und was es bedeutet – das Fachwort dafür heißt Geschlechtskonstanz –, können Kinder erst später. Wenige ordnen sich sicher und beständig mit 2 Jahren einem Geschlecht zu, aber bis zum 6. Geburtstag sind sich dessen immer mehr Kinder sicher. Die Unterschiede ergeben sich zum Teil durch die unterschiedliche Methodik von Untersuchungen, aber auch die Lebensumstände und die Erkenntnis- und Ausdrucksfähigkeit des Kindes spielen eine Rolle. »Im Alter von 3 bis 4 Jahren begreifen sie dann allmählich, dass ihre Geschlechtszugehörigkeit durch Wünsche, Veränderungen des äußeren Erscheinungsbildes oder geschlechtsuntypisches Verhalten nicht verändert werden kann«, erklärt Tim Rohrmann, seit 2018 Professor für Kindheitspädagogik an der Hochschule für Angewandte Wissenschaft und Kunst in Hildesheim in einem Fachtext zu Gender in der Kita[18]. Eine viel zitierte kleine und ältere Studie stellte vor 25 Jahren fest: Ein Viertel der 2-Jährigen, etwa 85 Prozent der 3-Jährigen, fast alle 4-Jährigen und alle 5- und 6-Jährigen konnten ihr Geburtsgeschlecht[19] bestätigen.

Und was ist mit Kindern, deren gefühlte Geschlechtsidentität nicht mit den Erwartungen übereinstimmt? Wenn man persönlich fragt, berichten viele trans* oder queere Erwachsene: »Ich hatte schon früh eine Ahnung, dass ich nicht ins Raster passe.« Das zeigen auch beeindruckende Dokumentarfilme wie »Ein Mädchen« aus Frankreich (vom Sender Arte), in dem die kleine Sasha schon mit 3 Jahren sicher weiß, sie ist ein Mädchen und nicht etwa, wie bei Geburt eingeordnet, ein Junge. Oder die kleine Sophia, die mit gerade einmal 4 Jahren klarmachte, dass sie sich nicht wie ein Junge fühlt, wie der Film »Ich bin Sophia!« vom WDR[20] erzählt. Wer sich jetzt wundert, dass ein trans* Kind »so früh dran« sein kann, sollte vergleichen, warum sich kein Mensch bei einem cis Kind über eine entsprechende Aussage wundert.

Der Selbstaussage ging auch das Deutsche Jugendinstitut (DJI) in München im Jahr 2015[21] nach und führte Interviews mit etwa 5000 Jugendlichen und jungen Erwachsenen von 14 bis 27 Jahren aus dem gesamten Spektrum von Identität und Orientierung. Und siehe da, 28 Prozent der trans* Jugendlichen erklärten: »Ich wusste es schon immer«, bei weiteren 33 Prozent war die Selbsterkenntnis bis zum 16. Geburtstag abgeschlossen. Gut ein Viertel konnte keinen konkreten Zeitpunkt benennen.

Wirklich virulent wird die Frage nach der Identität in der körperlichen wie psychischen Entwicklung beim Einsetzen der Pubertät, wenn die Geschlechtshormone erwachen. Auch beim Zeitpunkt des Einsetzens der Pubertät ist die Bandbreite groß, das zeigt die große medizinische KiGGS-Erhebung[22] (Kinder- und Jugendgesundheitssurvey) des Robert Koch-Instituts zum medizinischen Gesundheitsmonitoring. Sicher ist, dass Kinder heute früher in die Pubertät kommen. Ein paar Zahlen zur Orientierung: Mit 10 Jahren berichteten etwa 42 Prozent der Mädchen und 36 Prozent der Jungen über das Vorhandensein von Schamhaaren. Das mittlere Alter für die erste Regelblutung lag in der Studie von 2008 bei Mädchen bei 12,8 Jahren, das mittlere Alter für eine tiefe Stimme bei Jungen bei 15,1 Jahren. Die Geschlechtsreife markiert bei Mädchen die Blutung, der ein erster Eisprung vorausgeht. Bei Jungen bezeugt das die sogenannte Ejakularche, die erste Produktion und die erste Ejakulation mit Samenzellen, im Mittel zwischen 13 und 14 Jahren.

Diese Entwicklungsschritte prägen den Körper meist in Richtung eindeutiger Geschlechtlichkeit, mit Brüsten oder Muskeln, mit Kurven oder Kanten, hinsichtlich von Größenunterschieden, angetrieben durch die verstärkte Produktion von Geschlechtshormonen. Aber auch hier sehen wir Vielfalt: zarte Männer, große Frauen, androgyne Züge und, und, und. Alles ist möglich, und es überkommt unsere Kinder, sie sind Beifahrer im eigenen Körper und können wenig steuern. Erst nach und nach kommen sie damit klar. Die körperliche Entwicklung fordert sie wirklich mit Haut und Haar, eine zu den körperlichen Umwälzungen passende Identität zu entwickeln – oder eben nicht. Immer wieder gilt: Individuelle Unterschiede können sehr groß sein. Statistisch gesehen ist die Bandbreite der Entwicklungen bei Personen eines Geschlechts größer als der durchschnittliche Unterschied zwischen den Geschlechtern. Aber für jeden und jede Einzelne ist alles, was abweicht, kompliziert. Sie erinnern sich sicher lebhaft an eigene Gefühle. Die Anpassung an (Geschlechterrollen-)Erwartungen hört übrigens nie auf.

Sexuelle Orientierung in der Entwicklung

Begehren im Sinne von erotischer Lust spielt erst in der Pubertät eine große Rolle und wird dann als sexuelle und romantische Anziehungskraft gespürt und gedeutet. Aber so, wie ein kleines Mädchen für den Erzieher oder ein kleiner Junge für eine Klassenlehrerin schwärmen kann – ich drücke das hier absichtlich geschlechterstereotyp aus – und es nicht nur um Aufmerksamkeit und Bestätigung geht, sondern um größere Gefühle, gibt es das auch in der gleichgeschlechtlichen Sphäre. Auch hier kennen wir viele anekdotische Erzählungen von Menschen, die im Kindergartenalter gleichgeschlechtliche Jugendliche oder Erwachsene spannend fanden, einen kindlich-unbedarften Crush hatten auf den Praktikanten in der Kita oder die Grundschullehrerin.

Dazu passen auch hier Ergebnisse der DJI-Studie[23]: »Ich wusste es schon immer« – das sagen 16 Prozent aller schwulen, lesbischen, bisexuellen und orientierungsdiversen Befragten. 2 Prozent wurde ihre nichtheterosexuelle Orientierung im Grundschulalter klar, 9 Prozent wurde sie mit 11 bis 12 Jahren bewusst. Etwa 23 Prozent realisierten ihre diverse Orientierung mit 13 bis 14 Jahren und knapp 15 Prozent hatten diese Erkenntnis mit 15 bis 16 Jahren. Zusammen sind das fast zwei Drittel, denen die homosexuelle Orientierung gegen Ende der Pubertät deutlich war.

Vielleicht überrascht es, wenn man dic Zahlcn noch einmal anders zusammenfasst: Bis zum Alter von 10 Jahren erkennt also jedes 6. nichtheterosexuelle Kind (18 Prozent) seine Orientierung, bis 12 Jahre weiß es jedes 4. (27 Prozent), bis einschließlich 14 Jahre erkennt sich mit 50 Prozent jeder und jede 2. Jugendliche, von allen Befragten von 14 bis 27 Jahre, die sich als nichtheterosexuell bezeichnen. Das war zumindest die Befragtengruppe. Weniger als 10 Prozent wurden sich erst nach der Pubertät der eigenen Neigung bewusst, das restliche Viertel kann den Zeitpunkt nicht genau benennen. Aber auch hier muss die Erkenntnis in der Jugendzeit stattgefunden haben. Hier ist noch ein wichtiges Detail der Studie: »Der Anteil von Jugendlichen, die ›es schon immer wussten‹, ist bei den trans* Jugendlichen fast doppelt so hoch wie bei den lesbischen, schwulen, bisexuellen und orientierungs*diversen Jugendlichen.«[24] Der Peak des Bewusstwerdens liegt bei der trans* Identität in der Kindheit unter 10 Jahren, beim Bewusstwerden der sexuellen Orientierung im Alter von 13 bis 14 Jahren.

Pubertät als psychosexuelle Herausforderung

Wir wissen, die Pubertät ist ein riesiges Ding. Ich möchte für Verständnis werben, wie schwierig die Zeit ist. Nein, die Kinder haben nicht die Chance, sich wie eine Raupe zu verpuppen, sich in Ruhe zu verwandeln und als stolzer Schmetterling aus dem Kokon zu schlüpfen. Manche verbergen sich in zeltartigen Kapuzenpullis und erscheinen nur noch für Mahlzeiten aus ihrer Zimmer-Höhle. Einige gehen mit gewagten Looks in die Offensive, das andere Extrem. Doch ausnahmslos alle müssen die komplizierte Verwandlung unter kritischen Elternaugen, fordernden Lern- und Konkurrenzsituationen in der Schule, fiesen Kommentaren der Peers, perfektionistischen Influencern und Influencerinnen absolvieren.

Das passiert im Kopf: Das limbische System, das für Gefühle verantwortlich ist, reift schneller als der vordere Bereich des Hirns, der für Vernunft und rationales Denken steht, was Wissenschaftler*innen auf Veränderungen der Oxytocin-Rezeptoren im Gehirn zurückführen. Eltern wissen, was das in der Praxis heißt, nämlich Gefühlschaos, Stimmungsschwankungen, Verletzlichkeit wechseln sich ab mit Selbstüberschätzung. Nach einem Selbstkonzept, einer Identität wird gesucht und daran gearbeitet. Mit der Geschlechtsreife bekommt die Vernunft langsam wieder Oberhand. Was also vermutlich auch bei Ihrem Kind ansteht, ist der größte Schritt in der psychosexuellen Entwicklung des ganzen Lebens. Die Aufgaben, die die Adoleszenz an Kinder stellt, bestehen aus vielen Facetten, hier einmal zusammengefasst in einem Schema aus fünf Herausforderungen[25]. Bei mir führte dieser Überblick zu mehr Geduld, Verständnis und Demut in den Wirren des Familienalltags mit Pubertieren.

1. **Der Umgang mit dem sich verändernden Körper.** Nicht nur der Körper wandelt sich, mit Haaren, Kurven, Kanten und Längen. Dabei wird er auch ungebeten von außen taxiert und sexu-

alisiert, etwa, wenn ein Vater die Tochter nicht mehr umarmt, weil er findet, beim weiblich ausgeformten Körper sei das nicht mehr richtig. Natürlich gibt es Töchter oder Söhne, die das nicht mehr möchten, das gilt es zu respektieren. Aber für manches Kind wirkt diese Zurückweisung wie ein Liebesentzug aus dem Nichts. Ähnlich kränkend fühlen sich schroffe Reaktionen auf jüngere Mädchen an, die mit TikTok-Tänzen oder bauchfreien Tops spielen. Sie möchten nicht zu Sexobjekten werden, sie kopieren nur, was angesagt ist. Wir sind aufgerufen, sensibel damit umzugehen und vorsichtig zu erklären, was vielleicht von außen wahrgenommen wird.

2. **Sich einsortieren in Geschlecht, sexuelle Orientierung, Sexualität.** Wie schon ausgeführt: Pubertät, beginnend und fortgeschritten, ist der entscheidende Punkt im Leben für die Selbstdefinition und -erkenntnis rund um Sexualität. Erinnern wir uns, wie es bei uns war, wie lange es dauerte, den eigenen Weg zu finden, abhängig vom Umfeld, von Zufällen, passenden und unpassenden Gruppen und Vorbildern. Wenn man andere Gefühle in sich entdeckt als die, die für die meisten als »natürlich« und »normal« gelten, braucht die Reise womöglich länger, und der Verlauf ist holpriger.

3. **Orientierung in der Gruppe der Gleichaltrigen.** Das Einsortieren in oder außerhalb von Gruppen erfolgt entlang Aspekten wie Anerkennung, Interessen, Können, Wollen, Ideale, emotionaler Gleichklang. Anpassung und Zugehörigkeit versus Eigenart und Persönlichkeit will austariert werden. Ganz schön anstrengend.

4. **Ablösung von der primären Sozialisationsinstanz.** Gemeint sind wir, die Eltern, die Sorgenden, Erziehungsberechtigten.

Am Horizont zeichnet sich ab: Demnächst musst du allein klarkommen. Oft, das sollten Eltern wissen, grenzen sich Jugendliche schroff nach außen ab, sind aber innerlich doch noch nicht so groß – was sie niemals zugeben würden. Darum ist es auch wichtig, trotz aller Kämpfe einen Draht zu bewahren. Damit wir aushelfen können, wenn nach der viermal zugeknallten Tür und »Du bist so scheiße« der Zeitpunkt gekommen ist, an dem das Kind Trost zulässt und braucht. Die Abweisung ist in der Pubertät ins Eltern-Kind-Verhältnis eingebaut, ist weder einem Unvermögen zu erziehen geschuldet noch böser Wille. Es ist schlicht die Suche nach dem eigenen Weg.

5. **Veränderung von Beziehungen.** Neu sortiert werden ebenfalls die Beziehungen zu Gleichaltrigen, mit anderen Maßstäben. Und es kommt die Herausforderung einer intimen Liebes- und dann Lustbeziehung hinzu mit vielen aufregenden ersten Malen vom Händchenhalten über Kuss, Koitus, Zusammenkommen und vielleicht auch wieder Trennen. Natürlich verändert sich damit auch die Beziehung von Eltern und Kind von Grund auf. Das Kind fordert, dass wir seine, ihre, dessen Autonomie anerkennen. Das ist auch dringend nötig – selbst wenn es die Füße noch unter unseren Tisch streckt.

Die Pubertät ist eine Entwicklungsaufgabe auch für uns Bezugspersonen. Vermutlich ist es für viele Menschen eine Überraschung zu erkennen, wie früh viele Kinder generell abweichende Identität und Orientierung benennen können oder ahnen.

Im Fall der Fälle fragen sich Eltern aber eines ganz bestimmt: Ist das nur eine Phase? Oder bleibt das so?

Will das Kind nur spielen? Will es Widerstand proben und Aufsehen erregen? Oder ist das etwas Ernstes? Eine erste Antwort darauf lautet: Es macht einen Unterschied, ob ein Kind zu Anfang der Pubertät ohne Erfahrung mit Begehren und Verliebtheit provokant behauptet: »Ich bin bi« (was trotzdem wahr sein kann), oder ob ein*e Jugendliche*r nach einer langen Zeit mit depressiver Verstimmung, Rückzug und geschlechtlich indifferentem Style einen neuen Umgang mit andersgeschlechtlichem Vornamen fordert. Der folgende Abschnitt will Ihnen helfen, das besser einschätzen zu können.

Ist das eine Phase – oder das echte Leben?
Hinweise zur Einschätzung

- **Erst mal abwarten.** Die Coming-out-Studie des DJI[26] zeigt, dass Transgeschlechtlichkeit oft früh aufscheint, eine nichtheterosexuelle Orientierung eher erst im Lauf der Pubertät (aber Sie wissen ja: Im Einzelfall kann alles anders sein). Zwischen innerem und äußerem Coming-out (also innerer Klarheit und Mitteilung an das Umfeld) vergingen laut Studie bei nichtheterosexuellen Jugendlichen rund zwei Jahre, bei trans* und genderdiversen Jugendlichen rund fünf Jahre. Und nun kommen wir Erwachsenen und wollen es sofort und definitiv wissen? Das klappt nicht. Wir brauchen Geduld, bis sich das Bewusstsein für die sexuelle Identität entwickelt.

- **Zulassen.** Wer die jugendliche Selbstaussage zur sexuellen Identität in Bausch und Bogen ablehnt, riskiert die gute Beziehung zum eigenen Kind. Also tun Eltern gut daran, die Aussage zur Identität erst einmal stehen zu lassen und die nächsten Wochen und Monate als Testphase zu betrachten. Das Gefühl, in wichtigen Entscheidungen ernst genommen zu werden, stärkt das Selbstbewusstsein.

- **Gut zuhören.** Sicher wollen Sie mehr dazu wissen, was hinter der Selbstaussage »Ich bin anders« steckt. Stellen Sie Verständnisfragen dazu, wo die Gefühle im Alltag auftauchen und welche Reaktion hilfreich wäre. Konkrete Hilfestellung für ein Gespräch finden Sie im kommenden Abschnitt zu Familiengesprächen.

- **Beobachten.** Es ist in der Schule schwierig, nicht zur Mehrheit zu gehören. Darum sind leider oft Leid und Bedrücktheit wichtige Wegweiser für die Frage, ob das nun eine Phase ist oder nicht. Besonders sein wollen, wenn z. B. alle Mädchen gerade das Wort »bi« als angesagt kennengelernt haben, ist das eine. Auf Dauer anecken, Fragen auf sich zu ziehen oder gemobbt werden ist schwer zu ertragen. Darum sagen die Bestimmtheit und Dauer, mit der Jugendliche für ihre Identität eintreten, viel darüber aus, ob es eine Phase ist oder nicht.

- **Langfristig schauen.** Das große Ziel heißt: glücklich sein. Mit sich im Reinen. Darum hilft es nicht, Gefühle zu leugnen, denn uneingestandene Gefühle bleiben für immer der Elefant im Raum. Die innere Wahrheit zu verleugnen, ist gefährlich für die psychische Gesundheit. Helfen Sie also lieber, die Wahrheit herauszufinden, statt abzulehnen, was ein Fakt sein kann.

- **Recht respektieren.** Das Recht auf Selbstfindung der eigenen Identität unabhängig von Medizindiagnosen oder dem Willen der Eltern ist vom Grundgesetz geschützt.

- **Fazit: In Ruhe begleiten ist wichtig.** Die Entwicklung reifen zu lassen, das ist unsere Herausforderung. Mit unserer Unterstützung kann das Kind am besten erkunden, was und wie (es) ist, in Aussehen, Persönlichkeit, Beziehungen. So hat unser Kind die Möglichkeit, sich seiner Identität bewusst zu werden, oder kann eine Phase in guter Elternbindung in dem Bewusstsein »So bin ich nicht« verabschieden, weil sich das Sein so doch nicht richtig angefühlt hat.

Familiengespräche oder: Komm raus, spielen!

Wenn ich, Verena, von meinen Kindern erzähle, eines queer, eines (zumindest Stand heute) cis und hetero, fragen mich Menschen manchmal: Wie war das mit dem Coming-out? Hat deine Tochter all ihren Mut zusammengenommen, euch zusammengetrommelt und sich offenbart? Wie alt war sie?

Ich finde es gar nicht so leicht, darauf eine Antwort zu geben, außer: Nein, es war eher keine spektakuläre Verkündung. Eher kleine Bemerkungen, die sie hier und da fallen ließ und auf die wir als Eltern, zugegeben, mal mehr, mal weniger ausführlich eingingen. Nicht, weil wir nicht wahrhaben wollten, dass eines unserer Kinder anders fühlt und liebt als die Mehrheit, mehr, weil wir dachten: Wie auch immer du dich gerade selbst bezeichnest, du wirst es schon auf Dauer für dich herausfinden. Hauptsache, du weißt, dass wir dich lieben, egal, wer und wie du bist, und dass du jederzeit deine Gedanken und Gefühle mit uns teilen kannst.

Ich dachte auch: So ein »richtiges« Coming-out, braucht es das heutzutage überhaupt noch? Ist es nicht eher so, dass man miteinander von klein auf im Gespräch ist oder wenigstens sein sollte und dabei auch Themen wie Sexualität und Geschlechterrollen vorkommen, sodass man sich auf einen gemeinsamen Stand bringt ohne Peinlichkeit, ohne Widerstand?

Ich klopfte mir also innerlich selbst auf die Schulter, weil ich die Entwicklung meines Kindes so wohlwollend und vorurteilsfrei begleitete. Und merkte dabei nicht, dass mir möglichweise einiges entging, weil ich so betont unaufgeregt und beinahe nebensächlich damit umging. Zum Teil aus dem Gefühl, keine große Sache aus etwas machen zu wollen, das einfach nur anders bei ihr lief, nicht schlechter, nicht besser als bei mir 35 Jahre zuvor. Zum Teil, das weiß ich heute, weil ich dem Thema auch ein bisschen aus dem Weg ging (mehr dazu im Kapitel »Welchen Einfluss haben wir Eltern auf die psychosexuelle Entwicklung?« in Teil 1).

»Lieber genderneutral« – (m)ein non-binäres Kind erzählt

Bis ich mich dann vor einer Weile mit ihr zusammensetzte, um mal genauer nachzufragen, wie in einem der Interviews, das ich als Journalistin führe. Und dabei Erstaunliches erfuhr – angefangen bei einem Wort …

Wenn ich unser Gespräch aufschreibe, wie soll ich dich bezeichnen?
Am liebsten geschlechtsneutral.

Das geht bei »Tochter« natürlich schlecht.
Von mir aus kannst du das schon sagen, es ist ja nicht falsch, aber Kind ist mir noch ein bisschen lieber.

Na ja, du bist 17, da kommt das noch hin. Aber mit 30 wirst du das nicht mehr wollen, oder?
Kann sein, aber im Moment stört es mich nicht.

Ich sage: Oder Tochter, mit Sternchen.*
Ja, das gefällt mir.

Dann erzähl doch mal: Wie würdest du deine Geschlechtszugehörigkeit beschreiben?
Ich bezeichne mich als genderfluid. An manchen Tagen fühle ich mich sehr männlich, an anderen recht weiblich, und manchmal könnte ich es schlicht nicht sagen. Das kann mal einen Monat so sein, mal eine Wo-

che, mal drei Tage. Aber dieses grundsätzliche Gefühl hält schon seit Jahren an. Ich benutze auch alle Pronomen – sie, er, they.

Darf ich auch noch fragen, ob du zurzeit verliebt bist?
Im Moment nicht, aber ich weiß, für wen ich romantische Gefühle haben kann. Ich kann mich in alle Geschlechter verlieben, habe aber eine Präferenz für biologisch weibliche Personen. Bisexuell trifft es wahrscheinlich am besten.

Es gibt Kitafotos, auf denen trägst du pinkfarbene Prinzessinnenkleider, später wolltest du kurze Haare und nur noch dunkelblaue Hoodies. Wann und wie hast du eigentlich zum ersten Mal gemerkt, dass etwas bei dir anders ist als bei deinen Freundinnen?
Das war in der Grundschule. Wenn wir in den Pausen Rollenspiele gemacht haben oder im Theaterkurs, habe ich immer den männlichen Part übernommen, auch weil die anderen Mädchen sich damit nicht wohlfühlten. Aber auch auf dem Spielplatz habe ich mir manchmal einen Spaß daraus gemacht, fremden Kindern zu erzählen, ich wäre ein Junge.

Echt? Wusste ich gar nicht! Aber ich glaube, das habe ich damals nicht richtig eingeordnet, dass du dich in der Jungenrolle so wohlfühlst. Ich war immer sehr beschäftigt damit, bei neuen Kontakten gleich klarzumachen, dass du zwar kurze Haare hast und gern Karohemden trägst, aber ein Mädchen bist. Sicher auch, weil mir das als Kind so ging: Als ich selbst wegen eines verunglückten Haarschnittes im Grundschulalter mal für eine Weile für einen Jungen gehalten wurde, in den 70ern, habe ich nämlich immer wütend protestiert. Dass du es genießen könntest, darauf kam ich gar nicht.
Ich hatte ja auch lang kein Wort dafür, wer und was ich bin. Bis ich mit 12 diesen Jugendroman gelesen habe, *Magnus Chase* von Rick Rior-

dan. Da kommt eine Figur vor, deren Geschlecht sich von jetzt auf nachher immer wieder ändert. Das war so ein Aha-Erlebnis: Wow, da fühlt jemand wie ich.

Ich fand die vielen diversen Figuren bei Rick Riordan auch super, wir haben ja viel auf langen Fahrten die Hörbücher gemeinsam gehört. Ich dachte: Wie schön, das macht deinen jüngeren Bruder und dich zu toleranten Menschen! Bis du dann nebenbei solche Bemerkungen gemacht hast wie: Ich glaub, ich bin auch ein bisschen genderfluid. Ich gestehe, ich habe das anfänglich nicht ganz ernst genommen, fand es aber auch gut, dass du dich mit dem Thema auseinandersetzt.
Und ich fand es gut, dass ihr so offen dafür wart als Eltern. Es ist aber vor allem über das Internet auch einfacher geworden, Gleichgesinnte zu finden. In meiner Rick-Riordan-Phase mit 13 habe ich eine Messengergruppe gegründet mit anderen Fans, da waren extrem viele queere Jugendliche dabei.

Ich frage mich manchmal: Wenn du 30 Jahre früher geboren wärst, als ein Begriff wie genderfluid noch gar nicht in Gebrauch war, wärst du dann einfach eine burschikose Frau geworden, hättest dich auch als solche identifiziert?
Wahrscheinlich ja. Ich hätte wohl auch heterosexuelle Beziehungen geführt. Aber vielleicht hätte ich immer das Gefühl gehabt, irgendwas stimmt nicht ganz mit mir und meinem Leben.

Wie stellst du dir denn dein Leben später vor?
Ich möchte gerne Kinder, ob mit einem Partner oder einer Partnerin, dann eben mithilfe einer Samenspende. Aber ich würde ein Kind geschlechtsneutral anziehen und ihm von klein auf erklären, was biologisches Geschlecht ist und auch, dass es sich selbst identifizieren kann, wann und wie es will. Als Mädchen, als Junge, als nichtbinär.

Du hast als Kleinkind rosa Bodys getragen, weil ich es niedlich fand, und auch ziemlich begeistert mit Puppen gespielt. Hast du denn den Eindruck, du wurdest von uns in eine Geschlechterrolle gezwängt?
Gezwängt, das klingt ein bisschen brutal. Ich habe nicht gelitten, ich durfte das ja für mich herausfinden. Ich kann nachvollziehen, dass Eltern so etwas machen, Jungskleidung, Mädchenkleidung, gegendertes Spielzeug, weil bei den meisten ja Geschlecht und Identität übereinstimmen, wie bei Papa und dir. Aber für mich wäre das nichts.

Ich geb's zu, ich tu mich manchmal schwer damit. Aber das liegt an meiner Perspektive, weil mich da nichts einengt. Ich erlebe die binäre Geschlechterordnung nicht als Zwang, sondern fühle mich wohl in meiner Schublade als Frau. Ich mag die Unterschiede zwischen Männern und Frauen, völlig unabhängig von der Debatte, wie viel davon angeboren ist und wie viel anerzogen. Ich mag auch, dass die Liebe zu einer Tochter für mich eine andere Färbung hat als die zu einem Sohn.
Tja.

Jetzt mal in die Zukunft gedacht: Dürfte ich denn als Großmutter ein männliches Pronomen benutzen für ein Enkelkind mit Penis und ein weibliches für eines mit Vulva?
Käme darauf an, was mir dann wichtig ist und dem anderen Elternteil.

Aber durchziehen lässt sich die Neutralität doch ohnehin nicht – auf dem Standesamt, beim Kinderarzt, in der Kita …
Also erstens mal arbeiten bis dahin ja auch eine andere Generation von Ärzt*innen und Erzieher*innen, die sicher eher nachvollziehen können, wenn Eltern sich wünschen, dass Kinder nicht gegendert werden. Aber wenn nicht, dann doch wenigstens Familie und Freund*innen.

Du hast natürlich recht, das ist meine Perspektive als mittelalte deutsche cis Frau, und in anderen Ländern ist da schon mehr im Gange – in Schweden ist geschlechtsneutrale Erziehung in der Kita seit 2015 so sehr Konsens, dass Kinder zum Teil sogar mit neutralen Pronomen angesprochen werden.[27] *Was würdest du aus deiner Sicht sagen: Der gesellschaftliche Wandel ist da, aber er reicht noch nicht aus?*
Auf jeden Fall, es gibt noch viele offene Punkte. Auch wenn ich später legal heiraten könnte, wen ich will. Menschen, die sich weder rein weiblich noch rein männlich definieren, kommen in Gesetzestexten nicht vor, es gibt keine offizielle Anrede für sie, es ist noch viel zu tun an Aufklärung und in der Sprache. Vor allem aber würde ich mir wünschen, dass jemand wie ich einfach ich sein kann und dabei als ganz normal gilt.

Mir hat das Gespräch mit meiner Tochter* – ich ergänze den Begriff schriftlich und in Gedanken ab jetzt mit Sternchen! – klargemacht: Erstens ist es eben doch nicht so einfach, quer zu Geschlechts- und Sexualitätsmustern zu leben, die von der Mehrheit vorgegeben werden. Zweitens ist ein Coming-out auch dann ein Prozess, wenn er liebevoll begleitet wird und Tochter, Sohn, Kind keine Angst haben muss, beschämt, nicht ernst genommen, unter Druck gesetzt zu werden oder Schlimmeres. Und drittens gibt es einen Unterschied zwischen dem inneren Erleben und dem, wie es nach außen getragen wird. Diese Diskrepanz hat auch einen Namen: Man spricht von »innerem« und »äußerem« Coming-out. Das erste benennt den Moment, an dem die Person selbst Klarheit hat, das zweite den Schritt, sich der Umwelt mitzuteilen.

Coming-out – und nun?

Dazu ein paar Fakten aus einer Broschüre des Deutschen Jugendinstituts (DJI) mit der bereits zitierten Studie von 2015[28]. Möglich, dass durch die gesellschaftliche Öffnung heute, einige Jahre später, einige Ergebnisse geringfügig anders ausfallen würden, wobei auf der anderen Seite des politischen Spektrums auch die wütende Gegenwehr größer geworden ist – aber als umfassende Datengrundlage ist die Untersuchung noch immer sehr aussagekräftig.

Die Autor*innen gehen auch auf die Frage ein, inwieweit ein Coming-out heute noch notwendig ist, und haben eine bedenkenswerte Antwort: »Ein Coming-out erleichtert LSBT*-Jugendlichen eine offene und selbstbestimmte Lebensführung. Damit ist ein Coming-out einerseits eine Strategie der Emanzipation, kann andererseits auch als normativer Bekenntniszwang gefordert werden. Dieses Dilemma, etwas zutiefst Persönliches – die eigene sexuelle und geschlechtliche Lebensweise – öffentlich zu machen, muss jede*r Jugendliche für sich selbst aushandeln. Das ist eine enorme Herausforderung.«

Das finde ich sehr nachvollziehbar. Eine junge lesbische Frau schreibt dazu auf *jetzt.de*, der Jugendseite der Süddeutschen Zeitung: »Bevor wir uns als queer outen, müssen wir erst einmal verstehen, dass wir es sind. (…) Menschen gelten als cis und hetero bis zum Beweis des Gegenteils, wir müssen uns wieder und wieder outen. Ich habe kaum Angst vor Anfeindungen oder Gewalt. Ich weiß, das ist ein Privileg als queere Person; es sollte keines sein. Wovor ich Angst habe, sind Menschen, die sagen, sie müssen das erst mal verarbeiten. Die mir vorwerfen, ich hätte es zu lang verheimlicht. Menschen, die behaupten, natürlich sei es in Ordnung, und die sich trotzdem Sorgen machen, wenn ihre Kinder in der Schule von Leuten wie mir hören.«[29]

Da fühle ich mich ertappt: Wie politisch das Private sein kann, hat mir auch mein eigenes Elterngespräch klargemacht. Zum einen wurde mir wieder klar, welch langen Weg wir schon hinter uns haben: Das Wort »Coming-out«, das heute so selbstverständlich ist, wurde erst 1969 nach der sogenannten Stonewall-Revolte, bei der Homosexuelle und trans* Menschen in New York die Forderung nach einem diskriminierungsfreien Leben mit persönlicher Emanzipation verbanden, Teil des allgemeinen Sprachgebrauchs[30] – in diesem Jahr sind Christiane und ich geboren.

Zum anderen habe ich mir bisher noch nie Gedanken darüber gemacht, dass es mit einem einzelnen Coming-out allein nicht getan ist. Auch für meine Tochter*.

Die bereits zitierte, aktuelle Studie des DJI ergab dazu Folgendes:

* Ein äußeres Coming-out ist auch heute nicht so easy und angstfrei, wie ich annahm. 73,9 Prozent der Befragten fürchten Ablehnung durch Freund*innen; 69,4 durch die eigene Familie; 66,1 Prozent fürchten sich vor verletzenden Bemerkungen und Blicken; 60,5 Prozent vor Problemen in Schule und am Ausbildungsplatz; 49,4 Prozent haben Angst, nicht ernst genommen zu werden. Weitere Ängste sind in geringerem Ausmaß: sexuelle oder körperliche Gewalt, Beleidigungen, Bestrafung und das Ende einer bestehenden Beziehung. Das erklärt, dass bei fast allen Jugendlichen mehrere Jahre zwischen Selbsterkenntnis und äußerer Offenheit stehen, bei trans* Menschen dauert es häufig deutlich länger als bei schwulen, lesbischen und bisexuellen.

* Die Ängste sind nicht unbegründet: So berichten 63,5 Prozent aller Befragten, dass ihre Familie ihr Anderssein nicht ernst genommen hat; 47,1 Prozent sagen, dass ihre Identität absichtlich ignoriert wurde; 37,8 Prozent, dass ihre geschlechtliche oder sexuelle Orientierung nicht mitgedacht wurde. Sprach- und Hilflosigkeit sind also nach wie vor stark verbreitet, auch auf Elternseite.

* Bei der sexuellen Orientierung vergehen zwischen innerem und äußerem Coming-out im Jugendalter rund 2 Jahre, im Durchschnitt eröffnen queere Jugendliche mit 16,9 Jahren ihre Orientierung. Bei trans* Mädchen oder Frauen liegen im Durchschnitt sogar 6,8 Jahre zwischen Selbsterkenntnis und dem Bekenntnis nach außen, bei trans* Jungen oder Männern sind es 4,1 Jahre, bei genderdiversen Jugendlichen 3,5 Jahre. Die Zahlen unterscheiden sich, weil das Outing der nicht erwarteten Geschlechtsidentität ungleich komplizierter ist. Der Schritt aus der äußerlich männlichen Identität in eine weibliche wird gesellschaftlich am wenigsten anerkannt.

* Die wichtigsten Gründe, sich öffentlich zu machen, sind in allen Gruppen: »Ich wollte mit jemandem über meine Gefühle reden« und »Ich wollte mich nicht mehr verstellen müssen«. Etwa jede*r Vierte sagt aber auch: »Ich habe das Coming-out nicht geplant, es ist einfach so passiert.«

Wenn ich das lese, wird mir schwer ums Herz. Wie viel Mut muss meine Tochter* mir als Mutter gegenüber dann doch gefasst haben? Sicherlich kann ich noch etwas dazulernen über gelungene Kommunikation – und vielleicht Sie auch, liebe Leserin, Leser*in, oder lieber Leser.

Zuhören, nachfragen, respektvoll bleiben: ein Gesprächsleitfaden

Zuerst einmal: Wenn Sie dieses Buch lesen, suchen Sie vermutlich nach Antworten. Ihr Kind hat vielleicht ausgesprochen, dass es sich als queer versteht, in welche Richtung auch immer. Oder Sie meinen, etwas in die Richtung zu ahnen, aufgrund von Kleidung, Verhalten, Freundeskreis. Um der Sache näher zu kommen, hilft nur eines: nachfragen, um genauer zu erfahren, was unser Kind umtreibt. Dabei ahnen Sie es bereits: Das ist nicht leicht. Denn es gibt gute Fragen, die ein Gespräch öffnen, und solche, nach denen der Austausch sofort zu Ende ist, weil man (meistens unabsichtlich) falsch oder einfach ungeschickt gefragt hat. Dieser Gesprächsleitfaden soll Sie unterstützen. Er reflektiert, wie Sie gut fragen können, um dem Kind nahezukommen (ohne übergriffig zu sein).

Es ist eine Herausforderung. Für alle Seiten. Und gleich vorab: »Bist du dir überhaupt sicher?« ist keine gute Frage. Denn die erste Lektion, die wir Eltern lernen müssen, ist: Das Kind ist Expert*in der eigenen Gefühle. Die zweite Lektion ist: Wenn es sich uns ernsthaft anvertraut, hat das vorab viel emotionale Arbeit gekostet. Also tun wir gut daran, nicht all das infrage zu stellen. Außerdem: Sicherheit gibt es, wenn überhaupt, erst nach einem langen Suchprozess, Ausprobieren inklusive. Selbst wenn Jugendliche unsicher sind, können wir helfen, das auszuloten. Vorab zählt nicht der Zweifel, sondern das Ernstnehmen der Gefühle.

Vorher gut überlegen:
Hinweise zur Gesprächsvorbereitung

- **Lassen Sie sich Zeit.** Die Aussage, die das Kind gemacht hat, trifft die engsten Bezugspersonen meist emotional. Soll man da sofort nachhaken? Nein, Moment. Lassen Sie das sacken. Führen Sie sich vor Augen, dass es sich um ein Thema handelt, das langfristig bleiben kann. Emotionen werden sich verändern. Vermeiden Sie also ein vorschnelles inneres Urteil dazu. Vermeiden Sie, die Aussage zu bewerten und sofort einzuordnen. Herantasten ist angesagt.

Abwarten. Suchen Sie ein weiteres Gespräch dann, wenn Sie wirklich in der Lage sind, offen zuzuhören.

- **Den richtigen Augenblick finden.** Ideal für guten Austausch sind eher beiläufige Momente zu zweit (die man auch herbeiführen kann), beim Spaziergang, beim Kochen, auf einer Autofahrt. Bei diesen Tätigkeiten schaut man einander nicht ständig suchend und konfrontativ in die Augen, hat aber ein gemeinsames Ziel. Genau wie im Leben.

Das Kind in den Mittelpunkt stellen: Hinweise für das direkte Gespräch

1. **Leiten Sie ein mit Neugier.** Fragen Sie möglichst offen nach: »Du hast da etwas gesagt, und dazu möchte ich gerne mehr wissen. Ich möchte dich verstehen.«

2. **Lassen Sie sich die Gefühle erklären.** Wie immer bei Unterhaltungen: Zuhören und auf sich wirken lassen ist die erste und wichtigste (und schwierigste) Aufgabe.

3. **Lassen Sie die Aussagen stehen.** Vermeiden Sie ein Urteil, Beschönigung oder Welterklärung. Damit wäre das Gespräch zu Ende. Was wir tun oder sagen, wird nichts an den Gefühlen des Kindes ändern. Mit Negieren oder Bezweifeln können wir es nicht vor Erfahrungen und Entwicklungen bewahren, die wir befürchten.

4. **Behalten Sie Ihre Gefühle für sich – fürs Erste.** Es ist sehr wahrscheinlich, dass in Ihnen Gefühle von Zweifel, Sorge, Enttäuschung, auch erwachsenes Besserwissen (»Das kannst du noch nicht wissen«) aufkommen. Doch die sollten Eltern zunächst bei sich behalten, sie sind bei der ersten Annäherung nicht hilfreich. Wir Großen lassen dem Kind erst einmal seinen geschützten Raum. Für unsere Gefühle suchen wir einen eigenen Schutzraum, in der Beratung, unter unseren Vertrauten. Wir können Fragen später artikulieren, wenn sie milder und handhabbarer und durchdachter sind. Aber nie als Vorwürfe.

5. **Achten wir die Gefühlshoheit.** Wie bereits erwähnt ist unser Kind hier und jetzt Expert*in der eigenen Gefühle. Die sollten wir achten. Tatsächlich wissen wir vieles, was Kinder und Jugendliche nicht wissen. Aber nur sie wissen, was sie selbst fühlen, erleben und denken.

6. **Fragen Sie neugierig nach.** Zeigt das Kind Gesprächsbereitschaft, können Sie offen nachfragen: »Erklärst du mir, woran du deine Gefühle zu Orientierung oder Identität erkennst? Kannst du mir ein paar Beispiele dafür geben? Ich brauche das, um das zu verstehen.« Und: »Wie lange bist du schon damit beschäftigt? Wie geht es dir damit?« Selbst wenn Sie Ungereimtheiten ausmachen, lassen Sie sie stehen. Persönliche Entwicklung braucht Zeit.

7. **Fragen Sie, was das Kind braucht.** Braucht es Unterstützung? Oder sollen wir uns lieber im Hintergrund halten? Was wünscht es sich von uns?

8. **Seien Sie nicht beleidigt.** Manchmal wird klar: Viele Leute sind eingeweiht, wir als Eltern erfahren es spät. Das schmerzt. Sie können aber davon ausgehen: Meist hat das Kind nicht mit uns gesprochen, nicht weil wir unwichtig sind, sondern gerade, weil wir wichtig sind. Denn für Kinder ist es lebenswichtig, wie die wichtigsten Bezugspersonen reagieren – auch wenn Kinder oft nicht zeigen (wollen), dass wir wichtig sind, weil sie sich abnabeln. Dass es sich outet, ist ein Vertrauensbeweis.

9. **Steigen Sie nicht auf Provokationen ein,** Auch wenn Ihr Kind konfrontatives Verhalten zeigt: Bleiben Sie ruhig. Vielleicht gibt es Selbstzweifel und das Gefühl, allein und unverstanden zu sein im Kampf um die Identität.

10. **Erzählen Sie von sich.** Das soll kein Riesengewicht bekommen und nicht anbiedernd wirken, Hauptperson ist das Sinn suchende Kind. Aber wenn Sie zeigen, dass auch Sie komplexe Phasen der Selbstsuche und Unsicherheit kennen, kann das guttun – mit Betonung auf: »Das war sicher anders als bei dir, aber auch bei mir war's nicht einfach.«

11. **Zeigen Sie, wenn das Verstehen schwerfällt.** Das Kind hat Monate, vielleicht Jahre für die Erkenntnis gebraucht und dann noch mal eine Weile, um das uns gegenüber anzusprechen. Uns sind seine Gefühle fremd. Darum ist es ganz normal, dass Gefühle und Verarbeitung Zeit brauchen. Das versteht das Kind.

»Eltern können dich tief verletzen« – Was sich Jugendliche wünschen, was Expert*innen empfehlen

Wir möchten es genauer wissen: Wie fühlt es sich für junge Menschen an, die nicht zur sexuellen und geschlechtlichen Mehrheit gehören, sich zu behaupten – vor allem in der Familie? Dazu hat mich, Verena, mein Weg an einem Freitagabend nach Hamburg-Winterhude geführt, zu einem typischen 30er-Jahre-Backsteingebäude in der Nähe des Stadtparks.

Es könnte ein unscheinbares Stadtteilcafé sein, wären da nicht die Regenbogenflaggen im Schaufenster und über der Tür, die Aushänge mit Veranstaltungshinweisen, die Menschen aus dem gesamten Großraum Hamburg anziehen. Auf den zweiten Blick wird rasch klar: Willkommen ist hier grundsätzlich jede*r, in erster Linie ist dieser Ort aber ein Treffpunkt für alle, die sich unter dem großen bunten LGBTQIA+-Schirm wiederfinden – oder zumindest mit dem Gefühl und Gedanken spielen, dazuzugehören. Mehrmals pro Woche treffen sich hier Gruppen von Teenagern bis Twenty-Somethings, um sich unter fachlicher Leitung über ihre Erfahrungen und Gefühle auszutauschen, sich Rat und Hilfe zu suchen, aber auch, um mit ihrer Peergroup etwas zu trinken, Internet-Memes auszutauschen, über all das zu reden, was eben gerade wichtig ist im Leben: Schule, Eltern, Make-up, Lieblings-Streamer. Ein Ort, an dem sich keine*r erklären muss, ein Safe Space, für manche streckenweise eine Art Zuhause.

Der Mann, mit dem alles begann

Benannt ist das Hamburger Magnus-Hirschfeld-Centrum (MHC) nach dem Begründer der modernen Sexualmedizin, Magnus

Hirschfeld, der 1919 im Berliner Stadtteil Tiergarten das weltweit erste Institut für Sexualwissenschaften eröffnete. Damit wurde das damalige Berlin zum Gründungsort der Emanzipationsbewegung, der sexuellen Bürgerrechte, »ein Ort vitaler sexueller und geschlechtlicher Diversität«[31]. Denn auch wenn manche von Hirschfelds Ansichten heute als rückschrittlich gelten würden, waren sie für die damalige Zeit so progressiv, wie sie nur sein konnten. Als homosexueller, jüdischer Sozialdemokrat war Hirschfeld den neuen Machthabern ab den 30er-Jahren ein Dorn im Auge. Immer wieder wurde er Opfer nationalsozialistischer Hetzkampagnen, es gelang ihm jedoch, sich 1931 ins Exil abzusetzen. Nach einer Vortragsreihe in den USA betrat er nie wieder deutschen Boden und starb 1935 im Alter von 67 Jahren in Nizza.

Vermutlich hätte Hirschfeld einiges befremdlich gefunden, hätte er eine Zeitreise ins heutige Hamburg-Winterhude unternommen – aber mit den Gästen am MHC-Tresen hätte er sich sicherlich viel zu erzählen gehabt, nicht nur als Namensgeber.

Dresscode: Regenbogenfarben

Um halb sieben geht es im Café mit leicht abgerocktem Jugendzentrums-Charme schon hoch her, fast alle der praktischen Resopaltische sind besetzt. Zu 80er-Jahre-Pop von David Bowie und den Weather Girls wird an der Bar gelacht, die Barperson trägt kunstvoll manikürte Nägel. Köpfe beugen sich über Handyvideos. Der Dresscode: je bunter, desto besser. Kunstvolle Frisuren in allen Regenbogenfarben, dazu Baggypants, Doc Martens, Hoodies. Geschlechtsstatus: fluide. Von den wenigsten lässt sich hier auf den ersten Blick sagen, was in ihrer Geburtsurkunde steht, Mädchen oder Junge, und schon gar nicht, wie sie sich – Stand heute – selbst empfinden.

Eine Mutter mit einem jungen Teenager – Kurzhaarschnitt, Skatershirt – bestellt Pommes, die beiden sind zum Treffen für trans*

Jugendliche gekommen, einer Gruppe, in der sich alle zwei Monate auch Mütter, Väter, Pädagog*innen und andere Bezugspersonen anschließen dürfen, die mehr erfahren möchten und sich austauschen: Wie geht es euch mit uns und eurem Umfeld? Wie geht es uns mit euch? Wie können wir einander besser verstehen und euch unterstützen?

Heute darf ich dabei sein, um mir einen Eindruck zu verschaffen, zuzuhören, Fragen zu stellen. Eingeladen hat mich der Koordinator für die Jugendarbeit, der Sozialpädagoge Michael Schilf. So steht es in seinem Ausweis, aber diesen Namen benutzt hier keiner: Als »Schilfi« verschickt er seine E-Mails, so nennen ihn die Jugendlichen, und so steht es auf dem Namensschild an seinem Hemd. Seit mehreren Jahrzehnten ist er schon im MHC dabei, eine freundliche Vaterfigur, mit lichtem Haupthaar, Strickjacke und bequemen Schuhen ein Bild von einer verlässlichen Vertrauensperson.

»Schon vor 15 Jahren hatte eine Praktikantin die Idee zur Jugendgruppe *trans* normal*, die daraufhin auch gestartet wurde. Aber vor allem in den letzten sieben, acht Jahren fällt uns massiv auf, dass das Thema trans* an Bedeutung zunimmt«, erzählt er bei einer Apfelschorle, »deshalb haben wir auch neue Beratungsangebote geschaffen. Dabei ist uns aber wichtig, auch schwule, lesbische und bisexuelle Jugendliche nicht aus den Augen zu verlieren.« Denn auch für die ist es nicht selbstverständlich, dass sie mit der Familie, in der Schule, mit Freund*innen offen über ihre Gefühle sprechen können. Schilfi kann viel erzählen über die Not junger Geflüchteter, nicht etwa nur aus dem arabischen Raum, darauf legt er Wert. Auch in osteuropäischen Herkunftsländern sei es oft sehr schwer, zur eigenen queeren Identität zu stehen, ohne Diskriminierung oder sogar Gewalt zu erfahren.

Und nicht einmal so weit muss man gehen, um zu hören, dass elterliche Unterstützung nicht selbstverständlich ist. Ich komme mit einem 18-Jährigen ins Gespräch, der sich mit einem Weißbier zu mir an den Tisch setzt. Klein und drahtig ist er und trägt Perlenkette zum Blouson. Gerade hat er seine Ausbildung im Hotelfach begonnen, zeigt mir stolz ein Handyfoto von sich im Jackett hinter dem Empfangstresen eines Businesshotels und erzählt mir von sich: dass er schwul ist und aus einem Nachbarbundesland stammt, da aber nicht mehr lebt. »Ich bin nach Hamburg gezogen, weil es immer Stress mit meiner Mutter gab«, sagt er, »sie wollte einfach nicht wahrhaben, dass ich mich zu Jungs hingezogen fühle.« Das Schlimmste sei aber sein Stiefvater gewesen, organisiert in einer rechtsextremen Partei – der hätte regelrecht Terror gemacht wegen seiner Art zu lieben. Immerhin sei die Mutter mittlerweile von diesem Mann getrennt. Dann würde er sie irgendwann wieder besuchen. Vielleicht.

Sicherheit? Die gibt es nie

Kurz nach sieben, im Souterrain des MHC, in einem schmucklosen Raum. 17 Menschen sitzen im Stuhlkreis, die jüngsten gerade 13 Jahre, die ältesten Anfang 20, und fünf deutlich ältere: zwei Mütter, ein Vater, »Schilfi« und ich. Zur Vorstellungsrunde gehört hier nicht nur der Vorname, sondern genauso selbstverständlich die Pronomen. Hier gibt es sie in jeder Kombination: »er/ihn« genau wie »sie/ihr«, aber auch selbst gewählte Zusammenstellungen wie »er/dey«, »they/them«, oder schlicht »alle« (so wie ich es von meinem Kind kenne) oder ganz ohne Pronomen und nur mit Vornamen.

Ich stelle mich mit »sie/ihr« vor und denke, dass es ein bisschen langweilig ist, so genau zu wissen, wer man ist. Oder? Wie hat es mir der Jugendpsychiater Oliver Dierßen in unserem Telefongespräch gesagt: »Viele Identitätsangebote standen Jugendlichen früher nicht zur Verfügung, heute schon. Das heißt nicht automatisch, dass das eine besser und das andere schlechter ist. Viele Jugendliche sehnen sich auch nach Frieden, in dem sie ein Label finden, das für sie passt. Andererseits kann man auch fragen: Wer hat diesen Frieden schon? Wir fragen uns doch lebenslang, wer wir sind, auf allen Ebenen.« So gesehen ist es schlicht Glück, dass ich in dieser Hinsicht genau weiß, wo ich stehe.

Nach dem Kennenlernen kann jede*r eine Frage auf einen Zettel schreiben, danach werden diese verlesen. Eine ganze Weile geht es um sachliche und körperliche Fragen – was muss ich bei der Krankenkasse beantragen, wo bekomme ich eine Indikation, wenn ich eine Hormonbehandlung möchte –, und schon diese Zufallsgruppe bestätigt: Auch trans* sein ist ein Spektrum, nicht jede*r strebt eine Geschlechtsangleichung an (dazu mehr in Teil 2 im Kapitel »Liegt das in den Genen?«) bis zu solchen, die sich mal mehr so, mal mehr so identifizieren oder noch unentschlossen sind, ob und was sie sich wünschen. Manche haben sich – ähnlich wie mein älteres Kind – mit 12, 13 zuerst als bisexuell empfunden, ehe sie sich über ihre Geschlechtsidentität klar wurden.

Fachleute bei Beratungsstellen haben mir berichtet, dass sich in wenigen Fällen Patient*innen im Lauf der Zeit mit ihrer äußeren Anatomie aussöhnen, aber das geht dann meist mit einer homosexuellen Orientierung einher. Klingt kompliziert, ist aber nachvollziehbar: Bin ich eine eher männlich empfindende, lesbische Frau oder ein heterosexueller trans* Mann in einem Körper, der äußerlich weibliche Geschlechtsmerkmale aufweist – diese Empfindungen können nahe beieinander liegen, aber zu unterschiedlichen Konsequenzen führen.

Das heißt: Sexuelle Orientierung und geschlechtliche Identität sind zwar zwei Paar Schuhe, aber manchmal – längst nicht immer – auch eng verknüpft. Auf die Frage »Wann warst du dir sicher, dass du trans* bist«, wird gelächelt, gelacht, gemurmelt: »Nie!« Das, so scheint mir, ist das große Paradox beim Thema Transgender:

Hundertprozentige Gewissheit gibt es oft nicht, trotzdem müssen oft Entscheidungen für oder gegen medizinische Schritte getroffen werden (mehr dazu in Teil 2 im Kapitel »Liegt das in den Genen?«).

»Eltern«. Mit Ausrufezeichen

Noch interessanter ist für mich die Frage nach den Gefühlen: Wenn es so schwierig und belastend sein kann, sich selbst klar zu werden über die eigene Geschlechtsidentität (oder auch »nur« die sexuelle Orientierung), wie war das mit euren Eltern: ganz easy, schwer kompliziert? Dass die Frage alle Anwesenden beschäftigt, wird spätestens klar, als zeitgleich noch ein weiterer Zettel geöffnet wird. Auf dem steht nur ein Wort: Eltern. Mit Ausrufezeichen. Die Reaktion: Stöhnen, Seufzen, Augenverdrehen.

Schnell wird klar: Hinter der teils coolen Attitüde verbergen sich große Ängste und Unsicherheiten. »Eltern können einfach alles mit dir machen, sie können dich auch tief verletzen«, sagt ein 16-jähriges trans* Mädchen, schmal, dunkelhaarig, Chucks in Regenbogenfarben. Und eine kunterbunt gekleidete Person mit hoher, auf mich weiblich wirkender Stimme, aber er/dey-Pronomen ergänzt: »Ich wollte lang selbst nicht wahrhaben, dass ich kein Mädchen bin, und mich nicht festlegen, auch, weil ich so Angst hatte, meine Eltern zu enttäuschen. Deshalb habe ich mich lange nur bei Freund*innen ausprobiert, habe sie gebeten, mich mit männlichem Namen und Pronomen anzusprechen, um herauszufinden, wie sich das für mich anfühlt.«

Freund*innen eignen sich oft besser als Testballon, das ist keine Geringschätzung der Eltern, eher im Gegenteil. Denn: Wenn Freund*innen ablehnend oder gar beleidigend auftreten, kann man sie auch in die Wüste schicken – bei Mutter oder Vater geht das nicht so leicht. Das gilt für alle Menschen auf dem Regenbogenspektrum, ob lesbisch, schwul oder trans*, vielleicht mit Ausnahme derer, die rein körperlich nicht ins binäre Raster passen, sodass das Thema schon in der Kindheit allen Bezugspersonen bewusst ist.

Aber, so erzählen es die Teenager und jungen Erwachsenen im MHC: Für Eltern macht es auch noch mal einen Unterschied, ob man sich zum gleichen Geschlecht hingezogen fühlt oder sich nicht in dem Geschlecht wiederfindet, das von Geburt an im Ausweis steht. »Meine Mutter sagt halb im Scherz manchmal zu mir: ›Wärst du doch einfach lesbisch!‹«, erzählt eine androgyne Person mit wasserstoffblondem Kurzhaarschnitt, noch auf der Suche nach ihrer Geschlechtsidentität. »Ich merke das auch daran, wenn sie Freundinnen erzählt, ich sei jetzt trans*, wohl weil sie im Stillen hofft, das würde sich wieder geben. Ich fürchte: Egal was ich tue, ich muss sie enttäuschen.«

»Ich verstehe dich nicht, aber ich unterstütze dich«

»Aber«, frage ich weiter, »was können wir dann tun als Bezugspersonen? Welche Erfahrungen haben euch geholfen, euch wertgeschätzt zu fühlen und mit euren Gefühlen klarzukommen? Und: Wie bleiben wir miteinander in Kommunikation, auch wenn wir uns gegenseitig nicht voll und ganz verstehen können?«

Das sind einige der Antworten, die ich in der Gruppe bekommen habe:

»Ich fand es schön, jetzt mit meinen Eltern darüber zu sprechen, welchen Namen sie sich für mich ausgesucht hätten, wenn ich gleich als Mädchen auf die Welt gekommen und so eingeordnet worden wäre. Er gefällt mir vom Klang her, ich fühle mich wohl darin, und ich habe den Eindruck, so fällt meinen Eltern die Umstellung nicht so schwer.«

»Gerade in der Phase des Coming-out ist man extrem verletzlich. Was mir geholfen hat, ist, dass meine Eltern signalisiert haben: ›Du kannst mit uns über alles reden, du musst aber auch nicht. Wir sind da, wir dringen aber auch nicht in dich.‹«

»Ich habe mich als Erstes einem Erwachsenen offenbart, mit dem ich nicht verwandt bin, aber der wichtig für mich ist, dem ich vertraue. Seine Reaktion hat mir geholfen, er sagte: ›Cool, dass du das jetzt für dich weißt, mach was draus.‹«

»Meine Eltern haben mir zu meinem ersten trans* Geburtstag, also dem Jahrestag meines Outings, ein Päckchen gepackt mit Dingen, die ich mag. Das fand ich sehr liebevoll.«

»Es gab nach meinem Coming-out einen Riesenkrach, mein Stiefvater hat mich rausgeworfen, meine Mutter hat sich nicht gewehrt. Schließlich hat mein leiblicher Vater sich auf die Suche gemacht, mich ins Auto gepackt und bei sich ins Bett gebracht. Am nächsten Morgen hat er zu mir gesagt: ›Ich werde nie verstehen, warum du so fühlst. Aber ich werde es immer akzeptieren.‹«

»Mein Vater schickt mir immer per Mail Petitionen für LGBTQ-Rechte weiter und sagt: ›Ich versteh ja nichts davon, aber das ist doch dein Thema!‹ Oder macht mich aufmerksam auf Serien und Filme mit Protagonisten, die zum Beispiel schwul oder trans* sind.«

»Meine Mutter und ich haben gemeinsam eine Dokumentation über Diskriminierung von homosexuellen und trans* Menschen in kirchlichen Institutionen gesehen. Da hat sie geweint, mich in den Arm genommen und mir gesagt: ›Egal, wen du liebst und wer du bist, du bleibst immer mein Kind, und ich werde dich immer lieben.‹«

So weit, so nachahmenswert. Aber dann ist da noch die Elternfrage, die auch mal durch den Raum fliegt: Habe ich etwas falsch gemacht? Es ist eine unangenehme Frage, weil sie impliziert, wir könnten unsere Kinder nach Belieben formen und beeinflussen, und als wäre ein Leben nur dann glücksversprechend, wenn es unserem gleicht, als wären Transidentität und/oder Homosexualität ein Defizit, eine Art Fehler. Aber trotzdem wollen Eltern gern wissen: Hat es irgendetwas mit mir zu tun, wenn unser Kind nicht so ist wie wir – oder können wir das so wenig beeinflussen wie die Frage, ob es die Nase des Großvaters erbt und die Sprachbegabung der Mutter?

Im nächsten Kapitel gibt Christiane Antworten auf diese Frage.

Welchen Einfluss haben wir Eltern auf die psychosexuelle Entwicklung?

Um es gleich zu verraten, und Sie ahnen es vermutlich schon: Für die Ausprägung der inneren Geschlechtsidentität und der sexuellen Orientierung sind Eltern, sprich die Erziehung, ziemlich unerheblich. Das lässt sich auch logisch erschließen: Würden wir das direkt mit den Genen oder der Erziehung mitgeben, dann kämen queere Kinder exklusiv aus Regenbogen-Familien, in denen zumindest die Hälfte des Erbguts von einer lesbischen Frau oder einem schwulen Mann stammt. Und Kinder von hetero Eltern wären selbst ausschließlich cis-hetero und nie zum Beispiel trans* oder homosexuell, bi, asexuell und so weiter. Aber so ist es nicht.

Was wir vererben – und was nicht

Dennoch ist klar, dass wir einiges (auch wir, die Eltern) aus unseren Herkunftsfamilien mitnehmen, nämlich häufig grundlegende Normen und Einstellungen zu Sexualität, Identität und Körper. Trotzdem ist dieser Prozess nie ganz eindeutig, die Einstellungen und verinnerlichten Normen bei den Generationen eher selten absolut deckungsgleich. Jeder entwickelt sich auf ganz eigene Weise, in einer ganz anderen Welt. Trotzdem kennen wir sie, die Glaubenssätze, tief geprägten Haltungen zum Körper, zur »idealen« Liebe, die uns das Elternhaus mitgibt und die uns oft noch bis ins Alter beeinflussen. Auch das Umfeld prägt mit in der Frage, wie man sexuell lebt, was denkbar ist. Tim Rohrmann, Experte für geschlechtergerechte Erziehung in der Kita, bestätigt, dass wir heute tatsächlich geschlechtsoffener erziehen möchten, schränkt aber auch ein[32]: »Dennoch sind geschlechtsbezogene Erwartungen und Verhaltensweisen bereits in den ersten Lebensjahren wirksam, insbesondere durch das Erziehungsverhalten der Eltern«, sowie in der Kita und im Umfeld, »durch geschlechtsbezogene Themen und Typisierungen«, verinnerlicht in Strukturen, Räumen und Spiel- und Lesematerial. Umwelt ist vergeschlechtlichte Realität mit dem Anreiz, sich passend zu verhalten.«[33]

Einfacher gesagt: In der Kindheit entstehen Scheren, Grenzen, aber auch Ermöglichungsräume in Kopf und Seele. Kinder erleben all das, was in der Familie stattfindet, als normal, egal, ob Eltern offen sind für Vielfalt oder nicht, ob sie ausschließlich eine zweigeschlechtliche, heterosexuelle Konstellation erleben und nicht einmal im Bekanntenkreis, in Büchern oder in Erzählungen von alternativen Lebensweisen hören.

Eindrucksvoll am Werk sieht man die Übertragung, wenn kleine Kinder Vater, Mutter und Kind spielen: So macht man das! Oder in der Haltung zum eigenen Körper, den Genitalien: Sind sie positiv besetzt, »normal« oder mit Tabus und Ängsten belegt?

Passend dazu möchte ich Sie vertraut machen mit einem Modell, das der längst emeritierte Hamburger Sexualforscher Gunter Schmidt zur psychosexuellen Entwicklung niedergelegt hat[34]: Seine (einleuchtende) These ist, dass sich die Entwicklung und das Lernen rund um Sexualität zu großen Teilen aus Erlebnissen und Erfahrungen im nichtsexuellen Bereich speist. Sprich: Einiges von dem, was später unser sexuelles Leben und Erleben bestimmt, wird im Alltag jenseits genuin sexueller Eindrücke und Aussagen geprägt. Das klingt erst fremd, überzeugt aber, wenn er die vier dafür zentralen Erfahrungsbereiche beim Aufwachsen ausführt. Er unterteilt in unsere Geschichte im Körper, unsere Geschichte der Bedürfnisse, unsere Geschichte im Geschlecht und unsere Geschichte der Beziehungen. Hier noch einmal etwas detaillierter:

* **Die Geschichte im Körper.** Es bestimmt die gelebte Sexualität, wie locker, vertraut oder selbstbewusst wir beim Aufwachsen

mit dem eigenen Körper und körperlicher Nähe umgehen lernen. Die Historie umfasst alle Erfahrungen von Körper, Körperbilder, Scham und Sinnlichkeit. Prägend ist in diesem Zusammenhang, was mit Kindern rund um Nacktheit, Genitalien, Körperpflege, intimen Grenzen gelebt wird. Oder wie gut wir von klein auf lernen, Gefühle zu lesen, die sich im Körper manifestieren. Es ist offensichtlich, dass Tabus, übergroße Scham oder Körperferne eine gelingende Sexualität hemmen.

* **Die Geschichte der Bedürfnisse.** Hier schlagen sich die Erfahrungen nieder, die wir früh zu Bedürfnissen und Wünschen gemacht haben. Wurden Grundbedürfnisse erkannt und darauf eingegangen? Wie haben wir gelernt damit umzugehen? Natürlich hat das Einfluss darauf, wie wir später in Sexualität und Liebe mit Bedürfnissen umgehen.

* **Die Geschichte im Geschlecht.** Hier geht es vor allem um die Frauen- und Männerrollen, die uns von Eltern und Umfeld vorgelebt werden. Wie war also unsere Geschichte »als Mädchen« und »als Junge«? Welche Sicht auf Männlichkeit und Weiblichkeit war prägend? Wir alle kennen den meist üblichen stehenden Applaus des Umfelds, wenn sich ein Kind konform zu den Geschlechtererwartungen verhält. Mutig! Anmutig! Fleißig! (An) Führend! Natürlich haben auch wir uns von überkommenen Ideen dazu abgegrenzt, wir wollten nicht so sein wie die eigenen Eltern, von denen viele (weiblich) von früh bis spät für Kinder und Haushalt da waren, andere (männlich) in Vollzeit arbeiteten und die Finanzen und das Technische übernahmen.
  Ich male schwarz-weiß, es gab, etwa (aber nicht nur) in der ehemaligen DDR, auch andere Vorbilder. Und doch entdecken wir bis heute als Eltern oft, dass wir tiefer in der traditionellen Rol-

lenteilung stecken, als wir wollen. Das beweist die Statistik, laut der Mütter deutlich mehr Care-Arbeit mit Haushalts- und Kinderpflichten übernehmen, Männer mehr Verantwortung im Beruf (siehe beispielsweise Teilzeitquote und Rentenlücke). Wichtig ist hier zu erkennen, wie tief die Bilder mit unseren Emotionen verknüpft sind, etwa eine richtige Mutter zu sein, ein richtiger Mann. In uns steckt ein unwillkürliches Gefühl von Richtig und Falsch der Geschlechter, das gelernt ist – und eben keine ewige Ordnung der Welt repräsentiert. Wir gehen damit um, wir verändern die Rollen allmählich.

Natürlich überträgt sich das auch auf unser Verhalten im Begehren, Flirten, in der sozialen Welt. Kinder saugen auch diese vermeintliche Richtigkeit der Identitäten und Rollen wie mit der Muttermilch auf.

* **Die Geschichte der Beziehungen.** Auch die Beziehungs- und Bindungserfahrungen prägen, wie etwa die Stabilität und Zuverlässigkeit, mit der die engsten Bezugspersonen für das Kind da sind. Dazu gibt es Bände an Studien zu Bindungstheorien, die zeigen, wie wichtig stabile, achtsame Beziehungen schon im Säuglingsalter sind und wie sie sich in erwachsenen Bindungsstilen niederschlagen, mit Wirkung auf eigene Beziehungen in Lust, Leid und Liebe. Auch die Paarbeziehung der Eltern prägt das Bild von Partnerschaft und Liebe.

Das alles ist so verinnerlicht, dass die Übertragung oft unbewusst und ohne Worte funktioniert. Innerlich bestimmen die übernommenen Überzeugungen sogar, ob eine bestimmte Tatsache überhaupt denkbar ist. Wem als Kind nahegelegt wird, dass zum Beispiel Schwulsein etwas Schlechtes sei, wer nur heterosexuelles cis Sein als »normale« Möglichkeit kennt, der hat es schwer, eine akzeptierende Haltung anderen gegenüber zu entwickeln, und erst recht sich selbst gegenüber. Wie soll man eigene Gefühle überhaupt erkennen, wenn man sie nicht einordnen kann? Solche Menschen haben die schwierigsten psychologischen Barrieren hin zu einem Coming-out zu überwinden, weil sie sich zutiefst falsch fühlen.

Falls Sie mit solchen verwirrenden Gefühlen gegenüber dem queeren Kind zu tun haben, lohnt es sich, die eigene Prägung genauer anzuschauen. Dazu finden Sie gleich eine Anleitung zur Selbstreflexion. Denn gerade in der Konfrontation mit alternativen Lebens- und Liebesweisen des eigenen Kindes kommen oft alte Glaubenssätze hoch. Viele haben heftig daran zu knabbern; das zeigen aufregende autobiografische Romane, die das Herauswachsen aus engen elterlichen Welten thematisieren, aus der Wirkmacht von Klasse und Geschlechterbildern, wie die der Literatur-Nobelpreisträgerin 2022 Annie Ernaux und ihrer Autorenkollegen Didier Eribon und Édouard Louis. Manchmal rutscht uns die alte Prägung beim eigenen Erziehen über die Lippen, so geht es mir jedenfalls. Manchmal stelle ich verblüfft (und leicht beleidigt, ich wähnte mich darüber hinweg) fest, dass ich Sätze sage, die klingen, als kämen sie aus dem Mund meiner Eltern. Dabei ergab der Inhalt schon in meiner Kindheit keinen Sinn, war ungerecht oder keine ausreichende Begründung für eine Regel. Ein paar Beispiele: »Sie ist ganz schön laut für ein Mädchen« (wenn meine Tochter laut spielt und viel fordert). Oft habe ich auch gehört: »So sind Jungen!« Moment, ein Junge hat dem anderen eines mit der Schaufel übergezogen! Soll man damit grenzwertiges Verhalten begründen oder die eigene Ohnmacht respektive Unlust, einzuschreiten, überdecken? Ähnlich geschlechtsspezifisch werden die Adjektive »hübsch« und »niedlich«, »stark« und »cool« eingesetzt. Alles toppt »Das machen Mädchen/Jungen nicht«. Und trotzdem habe auch ich mich immer wieder in dem Denken ertappt.

In der psychosexuellen Entwicklung sind wir Eltern, um mit dem bereits zitierten Gunter Schmidt zu sprechen, natürlich besonders frühe und bedeutende Akteur*innen in der Geschichte des Erlebens und der Erfahrungen zu Körper, Bedürfnissen, Geschlecht und Beziehungen unserer Kinder. Wir legen Grundlagen in Sachen Scham- und Körpergrenzen, setzen Tabus, Verhaltensgrenzen, ordnen ein in eine bestimmte »Normalität« von Partnerschaft, Lust und Alternativen dazu. Vor allem zwischenmenschlich gültige, auch gesellschaftliche Normen und Werte geben wir in der Familie intensiv weiter, im Bad, beim Kleiderkauf, beim Einladen von Kindern zum Spiel.

In der Pubertät erleben wir nun den intensiven Abgleich und die Abgrenzung von elterlichen Normen, die nie einfach ist. Die Jugendlichen feilen an Körperbild und Erscheinung, stimmen es ab mit dem eigenen Selbstgefühl. Und wir setzen weiterhin letzte Glanzpunkte oder landen Tiefschläge. Wir halten ja schließlich nicht hinterm Berg, ob wir bauchfrei und mit tiefem Dekolleté, jungenhaft für ein Mädchen, Nagellack oder mit Kajal beim Sohn, vermummt im riesigen Kapuzenpulli oder verschlurft in der Jogginghose für angemessen halten, um Beispiele in Richtung Kleidung zu wählen. Heftig geschlechterkonform wie nichtkonform. Und lange sehr, sehr veränderlich.

Selbstcoaching: Wie wurden wir entlang sexueller Normen geprägt?

Statt zu überlegen, was WIR unserem Kind zu Normen und Regeln rund um Körper, ideale Körper, Geschlecht und Sexualität vermittelt haben, drehen wir jetzt den Spieß um und befragen uns selbst: Was haben wir mitgenommen aus unserem Elternhaus und Umfeld? Natürlich haben wir viel hinter uns gelassen, vermutlich auch einen persönlichen und zeitgeistigen Wertewandel erfahren. Und doch wissen wir: Ganz tief sitzen manchmal Urteile, ja, und Vorurteile.

Von uns fremden Welten wissen wir auch nicht viel, wie auch. Darum kann es lohnen, die nun folgenden Reflexionsfragen spielerisch zu beantworten. Bonus obendrauf: Sie können uns helfen nachzuempfinden, wie es unseren Kindern geht – zwischen dem, was wir propagieren, und den wie eh und je widersprüchlichen Informationen und Inszenierungen aus Umfeld und sozialen Medien.

ÜBUNG

Suchen Sie in Ihrer Entwicklungsgeschichte nach besonders wichtigen Situationen, die zeigen, was wirklich Einfluss hatte auf Ihre Normen und Überzeugungen rund um Sexualität.

Ein kleiner Hinweis: Das sind die, die Ihnen oft als Erstes in den Sinn kommen oder die als Beispiele erzählenswert sind.

- **Wie wurden Sie Frau? Wie wurden Sie Mann?** Versuchen Sie sich zu erinnern, was Sie im Geschlecht besonders geprägt hat. Erinnern Sie sich an Sätze der Eltern dazu, an Rollenspiele, geschlechtsspezifisches (oder, Glückwunsch, nicht ganz so geschlechterstereotypes) Umfeld oder Vorgaben? Wie lebten die Eltern ihre Rollen?

- **Haben Sie anderes ausprobiert, sich gerieben an der vorgesehenen Rolle?** Fürs Verständnis des eigenen Kindes ist es spannend, auch auf eigenes Hadern zu schauen: Viele Mädchen kommen an einen Punkt, an dem durch mädchenspezifische Verbote klar wird: Da steht uns die Welt weniger offen. Da werden sie von außen beschränkt, statt sich frei zu entfalten, und angehalten, lieber leise, lieb, hübsch zu sein. Oder sie bemerken: Schönsein ist ein Gebot, das für sie nicht erreichbar ist oder als Ziel zu oberflächlich. Das frustriert. Genauso nervt viele Jungen, dass sie an angeblich männlichem Idealverhalten gemessen werden: Sei mutig, sei stark, sportlich, zeige Verwundungen nicht. Haben auch Sie den Konformitätsdruck manchmal negativ gespürt?

- **Die Fakten der Vielfalt: Wurden sie thematisiert? Auf welche Weise wurden sie besprochen?** Wie waren die Kommentare zu Varianten der sexuellen Orientierung, abweichendem Kleidungsstil, Verhalten? Gab es in Ihrer Kindheit im persönlichen Umfeld Menschen, die sexuelle Vielfalt lebten?
  Gleichen Sie im zweiten Schritt ab: Wo haben Sie später Ihr Wissen, Ihre Erfahrungen und Ihren persönlichen Kontakt erweitert? Wo gab oder gibt es Barrieren im Verständnis?
  Beobachten Sie sich ein wenig, wie Sie selbst auf die Begriffe reagieren. Wie klingt trans* für Sie? Fremdeln Sie mit dem Gendersternchen?
  Stichwort Asexualität? Was denken Sie unwillkürlich über polyamore Menschen, Regenbogen-Elternschaft?

- **Normen und Werte rund um Liebe, Lust und Partnerschaft.** Auch hier propagiert das Elternhaus erst einmal: Das (was wir machen) ist normal. Was galt also damals als richtig für eine Partnerschaft? Wer kann mit wem und auf welche Weise ein Paar sein? Wann heiratet man, tut man es überhaupt? Was ist erstrebenswert, Familie gründen oder nicht? Wie ist das Verhältnis der Partner, wie das zu Kindern?

Um Missverständnissen entgegenzuwirken: Es geht mir hier weder darum, Werbung für irgendetwas zu machen, noch darum, anzuprangern, wenn man (Sie, ich, irgendjemand) nicht alle Ausprägungen von Vielfalt gleichermaßen umarmt. Ich möchte lediglich erreichen, dass Sie als Eltern blinde Flecken erkennen und wir alle menschlich wahrnehmen, wo wir stehen. Erst dann kann es weitergehen mit Verständnis. Es lohnt sich für uns und unsere Kinder, wenn wir erkennen, was unser Handeln prägt.

Natürlich enthält dic Listc hier ganz schön viele Fragen. Lassen Sie das erst einmal wirken. Ich schlage vor, Sie nehmen sich mal eine für einen Spaziergang vor, für ein Wochenende, machen ein paar Notizen in einem privaten Heft. Vielleicht halten Sie darin ja einen kleinen Lebenslauf mit besonderen Stationen zu einem Thema fest, stichpunktartig. Mit sechs Jahren gab es den Kampf um Kleider (oder kratzige Strumpfhosen), da wurde dieser Sport oder jenes Hobby angeboten oder verboten, wie war das mit gegengeschlechtlichen Freundschaften, gefördert oder abgelehnt, welche Kleidung wurde gelobt, wie wurde aufgeklärt und durch wen, welche Liebeskonstellationen haben Sie wann kennengelernt … Und so weiter.

NACHLESE. Wenn Sie nun Ihre Vita rund um sexuelle Normen und Einstellungen Revue passieren lassen, erkennen Sie sicher viele Phasen der Auseinandersetzung mit dem menschlichen Sein und mit den gesellschaftlichen Regeln rund um Identität, Partnerschaft und Begehren. Es gab emotionale Veränderung, es gab Aha-Effekte, die zu Ihren aktuellen Standpunkten geführt haben. Nun kommt mit Ihrem Kind ein neues Kapitel der Auseinandersetzung, der Verunsicherung und Annäherung hinzu.

Das Bewusstsein aus der Selbstreflexion kann Ihnen in vielen Situationen helfen: Sie erfahren wieder, wie sehr alles im Fluss ist rund um sexuelle Normen und Lebensformen. Sie können nachvollziehen, dass Dinge, die erst fremd sind, irgendwann vertraut werden. Das ermöglicht, die Entwicklung Ihres Kindes offener, aber mit mehr Vertrauen in sein Selbstgefühl zu begleiten. Es fühlt sich vielleicht so an wie früher, als wir dem auf einem Stamm balancierenden Kind die Hand entgegenstreckten, als Hilfe zum Notfall, wenn alles ins Wackeln gerät, aber auch als Ermutigung, die eigene Balance zu finden.

BONUS. Übrigens sind die einzelnen Punkte des Coachings auch eine spannende Basis für ein Gespräch mit dem erwachsen werdenden Kind. Sie können nachfragen, wie Ihr Nachwuchs Konzepte wie Ehe, Partnerschaft, Treue und Familie sieht. Sie können miteinander anknüpfen und auch nach dessen Erfahrungen in der früheren Kindheit fragen. Das sind alles Momentaufnahmen, auf beiden Seiten ist die Möglichkeit von Weiterentwicklung. Der Austausch bleibt.

»Ich bin nicht homophob, ich fremdle nur«

Wer sich aus dem Fenster lehnt, muss sich nicht wundern, wenn es ihm auf den Kopf regnet – diese etwas barsche Weisheit gilt im analogen Leben, noch mehr aber in sozialen Netzwerken. Seit über zehn Jahren bin ich, Verena, auf Social Media mal mehr, mal weniger aktiv, und durch die Recherche zu unserem Buch sehe ich zunehmend mehr von den dunklen Verliesen, in denen die toxischen Debatten stattfinden, von denen ich mich sonst gern fernhalte.

Denn Themen wie das unseres Buches gehören zuverlässig zu den größten Aufregern, weil sie so viele Tabus auf einmal berühren: Sexualität, das eigene Selbstverständnis, unsere Kinder, deren Körper und Seelen wir als Eltern schützen sollen. Das ist emotional, für alle. Wenn ich mich so positioniere, wie Christiane und ich das in diesem Buch tun – mit großem Respekt für das Selbstbestimmungsrecht jedes Einzelnen, aber nicht unkritisch –, dann reicht das schon für ordentlich Gegenwind.

Innere Konflikte, neue Sichtweisen

Manchmal werde ich gefragt, warum ich mich zu solchen Themen äußere. Das finde ich absolut legitim. Schließlich bin ich weder Psychiaterin noch Endokrinologin noch Sexualwissenschaftlerin. Ich erkläre dann, dass ich mich als Autorin mit Psychologie- und Familienthemen, häufiger auch mit Queerthemen beschäftige und dass ich als Mutter meine eigenen Erfahrungen mitbringe. Manchen reicht das als Erklärung, von anderen bekomme ich Antworten wie diese: »Es gibt keine queeren Kinder, es gibt nur Eltern, die ihre kranken Fetische auf sie projizieren.«

Bämm.

Natürlich könnte ich behaupten, solche Bemerkungen seien mir egal, und das wäre nicht ganz falsch. Warum sollte mir eine anonyme Person etwas anhaben können, die mich zur Zielscheibe ihrer eigenen Ängste, Projektionen und ihres, wie ich finde, unterkomplexen Weltbildes macht? Außerdem weiß ich, dass auch Sätze wie dieser noch eine Art warmer Sommerregen sind im Gegensatz zu Shitstorms, die andere ertragen, weil sie mit dem Thema viel stärker in der Öffentlichkeit stehen, wie die WDR-Journalistin Georgine Kellermann, die sich mit über 60 Jahren als trans* Frau outete. Aber die ganze Wahrheit ist das nicht: Es macht mir sehr wohl etwas aus. Genauso, wie ich auch nicht vom ersten Tag an cool und aufmunternd damit umgegangen bin, als sich mein eigenes Kind uns gegenüber erklärt hat.

Wenn das Teufelchen Paillettentop trägt

Denn obwohl ich mich schon lange mit dem Thema beschäftige, beruflich wie privat: Wenn es um mein Kind geht, ist es auch heute noch manchmal so, als säßen das sprichwörtliche Engelchen und das sprichwörtliche Teufelchen auf meinen Schultern. Das Engelchen trägt Regenbogen-Tunika und reckt die Faust: »Gegen den Strom schwimmen gibt Muckis! Wenn sie, er oder dey sich einen Genderstern ans T-Shirt steckt und sich lieber in Emily als in Emil verliebt, dann zeigt das doch, dass du alles richtig gemacht hast!« Das Teufelchen ist eine Sie, hat ein Paillettentop an, macht sich Gelnägel und stichelt: »Was ist bloß aus deiner kleinen Prinzessin vom Kitafasching geworden? Gib's zu, du bist doch neidisch auf eure Nachbarn, bei denen Mutter und Tochter in stylischen Mädchenklamotten durchs Stadtviertel promenieren und gemeinsam shoppen gehen. Deren Tochter hat übrigens bestimmt kein Sternchen, höhö.«

Manchmal ist es lustig mit diesen inneren Stimmen. Manchmal nicht. Dann frage ich mich: Warum kann ich nicht einfach uneingeschränkt stolz sein darauf, wie meine Tochter* ihren Weg geht? Warum ist da immer so ein Teufelchen, das Wasser in meinen Wein kippt? Und ist nicht doch ein winziges Körnchen Wahrheit in einem gehässigen Tweet?

Der Vollständigkeit halber: Ich bekomme auch aus der anderen Richtung auf den Kopf, wenn auch deutlich seltener und meist in weniger aggressivem Ton. Als ich neulich auf Twitter nachfragte, warum es eigentlich für viele Betroffene einen Unterschied macht, ob man »trans* Frau« oder »Transfrau« schreibt, und ob man nicht eigentlich korrekterweise »eine transe Frau« und »ein transer Mann« schreiben müsste (so wie: eine schöne Frau, ein schöner Mann), empörte sich eine Social-Media-Bekanntschaft: Es sei von nicht zu übertreffender Bräsigkeit, dass ich als Mitglied der Mehrheitsgesellschaft fordern würde, dass die Minderheit sich mir erklären würde. Dabei hatte ich nach meinem Empfinden nur eine Verständnisfrage gestellt.

Immerhin wurde sie mir von anderer Seite beantwortet: trans* ist ein nicht deklinierbares Adjektiv wie »sexy« oder »prima«, deshalb kann man es so verwenden, ohne die Endung anzupassen. Danke dafür. Am liebsten hätte ich aber unbeherrscht und in Großbuchstaben zurückgekeilt: ICH BIN NICHT TRANSPHOB! UND AUCH NICHT HOMOPHOB! ICH FREMDLE NUR!

So oder so, es ist eine innere Spannung, die sich nicht ganz so einfach wegatmen lässt. Und ich weiß, dass ich damit als Elternteil nicht alleine bin. Warum ist das so? Dazu ein kurzer Exkurs in die Psychologie, der begründet, warum auch weltoffene, liberale Menschen oft unter Druck geraten, wenn sich das eigene Kind dazu bekennt, nicht hetero und/oder nicht cis zu sein:

- **Kognitive Dissonanz.** Dieses Stichwort aus der Sozialpsychologie bezeichnet die innere Spannung, die entsteht, wenn wir mit widerstreitenden Meinungen, Einstellungen und Wünschen in unserem Inneren konfrontiert sind, die unsere Grundannahmen über die Welt herausfordern. Zum Beispiel, weil wir aufgewachsen sind mit der Überzeugung, dass es nur zwei Geschlechter gibt. Das soll jetzt nicht stimmen? Oder aber wir haben den zwiespältigen Wunsch, dass unser Kind zu sich selbst stehen soll, möchten uns aber auch in ihm wiedererkennen.

* **Abwehr.** Ein Begriff aus der Tiefenpsychologie. Abwehrmechanismen helfen uns, ein Weltbild aufrechtzuerhalten, das uns beruhigt und uns die Angst vor dem Dasein nimmt[35], sie haben also durchaus ihre Berechtigung. Wir rastern Informationen so, dass sie in unser Weltbild passen. Wenn also nun eine Gruppe, zu der wir nicht gehören, nach mehr Gleichstellung verlangt, gehen wir möglicherweise in die Defensive: »Genderneutrale Toiletten, Selbstbestimmungsgesetz, was soll der Quatsch?« Auch, weil das an unserer eigenen Wichtigkeit und gefühlten Überlegenheit kratzt. Dass LGBTQIA+-Themen die Abwehr besonders triggern, ist psychologisch kein Wunder, weil so viele intime Tabus damit verbunden sind: Es geht um Körper, Sexualität, Selbstverständnis … und um Macht.

* **Elternrolle.** Als Mütter und Väter sind wir angetreten, um unsere Kinder zu beschützen – hätten wir diesen Instinkt nicht, hätte unsere Spezies kaum so lang überlebt. Dazu gehört auch der Wunsch, dass unsere Kinder es leicht haben im Leben: Sei es in der Schule, sei es im Freundeskreis – wir wünschen ihnen, dass sie einen möglichst hindernisarmen, einfachen Weg gehen. Wenn wir also beim Coming-out unseres Kindes nicht vor lauter Begeisterung die Sektkorken knallen lassen, dann hat das nicht nur mit eigenen Glaubenssätzen zu tun, ob sie uns bewusst sind oder nicht. Sondern auch mit dem aufrichtigen Wunsch, unsere

Kinder glücklich sehen zu wollen. Und der Angst, dass sie uns entgleiten, dass wir ihre Sehnsüchte und ihren Schmerz nicht nachvollziehen können.

* **Projektion.** Wir sind uns in der Familie so nah, und der Apfel fällt nicht weit vom Stamm, denken wir Eltern gerne. Und gehen darum nur zu gerne davon aus, dass unser Kind fühlt und ist wie wir. Aber egal ob es um queere Gefühle oder andere Persönlichkeitszüge, Haltungen geht: Es ist schwer für Eltern zu akzeptieren, dass unser Kind ganz anders ist als wir.

Wie kommen wir raus aus dieser inneren Zwickmühle? Ich frage zwei Männer, die sich damit auskennen. Der erste ist der Sexualpädagoge Sebastian Kempf, seit fast drei Jahrzehnten für Pro Familia im Raum München unterwegs. Immer wieder hat er mit Eltern zu tun, die mit inneren Widersprüchen hadern, wenn ihr Kind nicht auf die gleiche Weise erwachsen wird wie sie.

Manche, sagt er, seien dabei eher unreflektiert, ihre Reaktion fast unfreiwillig komisch. Kempf erinnert sich an eine Mutter, die aufgebracht im Onlineforum des Vereins schrieb: »Ich habe nichts gegen Homosexuelle – aber bei meinem eigenen Kind???« Mit drei Fragezeichen. Als hätte nicht jeder schwule Junge und jedes lesbische Mädchen Eltern. Andere machen sich, Stichwort Elternrolle, vor allem Sorgen um die Zukunft ihres Kindes und malen sich Angstszenarien aus: Es wird einsam werden! Niemals Familie haben! An Aids sterben! »Denen rate ich, einmal ihr Kind zu fragen, wie es selbst seine Situation sieht«, sagt Sebastian Kempf. Hat es Freund*innen, die es schon jetzt unterstützen? Weiß es über sexuell übertragbare Krankheiten Bescheid (so wie das jede*r Jugendliche wissen sollte)? Meist ist die Antwort auf beides Ja, und damit lassen sich solche Ängste bald beschwichtigen.

Andere Eltern geißeln sich selbst dafür, wenn sie nicht vom ersten Augenblick an die liebevollen und unterstützenden Mütter und Väter sein können, die sie gern wären. Und hadern – so wie es auch mir ging – mit ihrem Selbstbild. »Denen sage ich immer: Luft rausnehmen. Ihr Kind hat sich möglicherweise zwei, drei Jahre lang damit beschäftigt, nicht hetero oder nicht cis zu sein, ehe es sich Ihnen anvertraut hat, und keiner erwartet, dass Sie dieses neue Wissen über Ihr Kind innerhalb von zwei, drei Wochen verdauen.« Auch ein neuer Blick auf einen vertrauten Menschen braucht Zeit.

Der Kinder- und Jugendpsychiater Oliver Dierßen sagt in einem Telefongespräch Folgendes: »Wenn wir ehrlich sind, sind uns die meisten Menschen manchmal fremd, auch unsere Kinder, auch wenn wir nicht so gern darauf schauen. Aber auch wenn Kinder für sich Entscheidungen treffen, die sich unserem Konzept vom guten Leben entziehen, müssen wir sagen: Wir Eltern können nicht für unsere Kinder entscheiden. Unsere einzige Aufgabe ist es, Kinder in ihrer Selbstfindung zu stärken, wo auch immer die Reise hingeht. Wenn ich das schwer bewältigen kann, wenn mir der Weg meines Kindes Angst macht, wenn ich ihn sogar ablehne, dann muss ich mich um mich selbst kümmern. Ich kann es mit mir selbst ausmachen, ich kann mir therapeutische Hilfe holen. Aber letztlich muss ich meine Gefühle aushalten.«

Die Gespräche und Gedanken der Experten inspirieren mich schließlich zu einer Reise – nicht nur im übertragenen Sinn. Denn ich möchte noch mehr erfahren über die inneren Stimmen, die in meinem Mutterherz und Mutterkopf durcheinanderschnattern.

Reise ins Innere – ein mütterlicher Selbstversuch

In Köln, im beschaulichen und aufgeräumten Wohn- und Geschäftsviertel Lindenthal, hat Katharina Grünewald ihre Praxis. Sie ist Psychologin, hat verschiedene therapeutische Zusatzqualifikationen, schreibt Bücher und berät Familien, bei denen es knirscht. Sie arbeitet bevorzugt mit Ansätzen aus der »Transaktionsanalyse«, einer therapeutischen Richtung, die mir bereits vertraut ist und die mich überzeugt. Das Modell der Transaktionsanalyse (TA), entwickelt in der Mitte des 20. Jahrhunderts vom US-amerikanischen Psychiater Eric Berne, geht davon aus, dass wir uns zu jedem Zeitpunkt gleichzeitig in verschiedenen »Ich-Zuständen« befinden. Mal kindlichen, mal erwachsenen, mal elterlichen. Zustände, die mit unseren biografischen Prägungen, unserer Erziehung, aber auch mit unseren erwachsenen Mechanismen zu tun haben, mit denen wir das Leben bewältigen. Wenn wir uns unter innerer Spannung fühlen, so die Theorie, liegt das daran, dass verschiedene Stimmen im Widerstreit liegen. Diese hörbar zu machen und sich klar zu werden, wer hier eigentlich gerade sein Recht einfordert, kann helfen, den Knoten zu lösen.

Als ich Katharina Grünewald am Telefon geschildert habe, worum es mir geht – warum tue ich mich längst nicht immer, aber doch immer wieder schwer mit dem Gedanken, dass eines meiner Kinder so anders fühlt und liebt als ich –, hatte sie sofort Verständnis: »Das geht doch ganz vielen Eltern so, und zwar immer, wenn Kinder sich auf eine Weise entwickeln, die wir nicht nachvollziehen können! Egal, ob nun ein Kind sexuell anders tickt oder sich für vollständig andere Dinge interessiert als man selbst oder einen Beruf wählt, mit dem Eltern so gar nichts anfangen können.« Beruhigend, ich bin also nicht allein mit meinen Gedanken. Und es gibt viele Gründe, sich (vorübergehend) fremd zu fühlen.

Alles darf sein – wirklich?

An einem herbstlichen Montagnachmittag sitze ich schließlich bei ihr in ihrem ansprechenden, pastellfarbenen Behandlungszimmer im Erdgeschoss. Durch das Fenster sehe ich Eichhörnchen über den

Rasen im Garten flitzen, auf der Couch liegen bunte Kissen, darüber hängt das Bild eines küssenden Paares (hetero), und schon im Eingangsbereich der Praxis hat mich ein Aufsteller mit einer Postkarte begrüßt: »Alles darf sein.« Katharina Grünewald legt ein Holzbrett mit bunten Figürchen auf den Tisch zwischen uns, das ein wenig nach Mensch-ärgere-dich-nicht aussieht. Mögen die Spiele beginnen! Mal sehen, ob wir die Stimmen in meinem Kopf zum Klingen bringen können.

Auf die linke Seite des Spielbretts stellt sie je fünf Figuren untereinander: zwei große oben, zwei kleine unten, eine mittelgroße in die Mitte. Ein Modell für meine Seele (und jede andere Seele auch). Die beiden großen symbolisieren die zwei Seiten des »Eltern-Ich«. Die gelbe steht für den fürsorglichen Aspekt. Als Erwachsene, die Fürsorge von unseren wichtigsten Bezugspersonen erfahren haben, sollten wir gelernt haben, gut für uns selbst zu sorgen. Also: uns hinzulegen, wenn wir müde sind, einen Pullover anzuziehen, wenn wir frieren, und auch mitfühlende Selbstgespräche zu führen, wenn es uns seelisch nicht gut geht. Die blaue ist auch ein Teil unseres inneren Eltern-Ich, aber der kritische, strenge, fordernde, den wir als Kind vielleicht als Mischung aus Ansporn und Leistungsdruck empfunden haben: Gib dir mal Mühe, sei brav, sitz ordentlich, stell dich nicht so an! Hier ist auch alles abgespeichert, was wir als Normen und Werte verinnerlicht haben.

Tatsächlich entwickeln sich diese inneren Eltern-Instanzen nicht erst, wenn wir erwachsen sind, sondern schon in der Phase der Sprachentwicklung, mit anderthalb bis zwei Jahren. Das weiß jeder, der schon einmal erlebt hat, wie ein Kleinkind mit seinen Puppen oder Kuscheltieren spricht (und sich möglicherweise peinlich berührt fühlt, weil er dabei den Ton wiedererkennt, den er selbst als Vater oder Mutter anschlägt). Das heißt, auch meine Tochter*, beinahe volljährig, hat diese inneren Instanzen bereits in sich.

Mein Eltern-Ich: nicht so streng wie gedacht

Alles klar so weit – aber ist der Konflikt zwischen meinen Eltern-Ich-Zuständen schon das, was mich bremst? Mag sein, dass sexuelle und geschlechtliche Vielfalt in meiner Kindheit kein Thema waren, sondern eher eine Wissenslücke – aber überwunden geglaubte Moralvorstellungen sind nicht mein entscheidender Punkt, ich bin eher liberal aufgewachsen. Katharina Grünewald sagt, wie sie mich wahrnimmt: »Sie wollen mit ihrer Tochter* mitfühlen, und gleichzeitig haben Sie ein inneres Bild, wie eine weibliche 17-Jährige zu sein hat, das Sie nicht so einfach loslassen können.«

Weil mich das in die Bredouille bringt, steht auf dem Spielfeld die mittlere Figur, mein Erwachsenen-Ich, das in der Lage ist, zwischen den Erwachsenen-Instanzen und den Kind-Instanzen zu vermitteln und sich Hilfe zu holen, wenn ein Konflikt schwer zu lösen ist – »Deshalb sind Sie ja hier in meiner Praxis«, sagt Katharina Grünewald.

Wieder greift sie in die Kiste und stellt weitere fünf Figuren auf das Brett, meinen gegenüber: Das sind die Instanzen meiner 17-Jährigen. Zwei für die elterlichen Stimmen, die sie aus ihrer eigenen Kindheit verinnerlicht hat, eine für ihr Erwachsenen-Ich, zwei kleinere für die beiden kindlichen Stimmen in ihr, analog zu den Figürchen, die auf meiner Seite in der untersten Reihe stehen. Auch hier je ein gelbes und ein blaues. Die gelben, erklärt die Therapeutin, stehen für den Ich-Zustand »Freies Kind«. Ein traumhafter Urzustand, der sich etwa so in Worte fassen lässt: Ich darf sein, wie ich bin, ich darf meine Laune, meine Liebe, meine Lust ungehindert ausdrücken und muss mit nichts hinter dem Berg halten. Auch nicht mit Wut und Trauer, alles darf raus. »Das Optimum wäre, wenn Ihr inneres freies Kind mit dem freien Kind Ihrer Tochter* verbunden wäre, genauso wie Ihr innerer Anteil als fürsorgliche Mutter. Aber das scheint nicht so zu sein. Wo spüren Sie Distanz?«

Ich erkläre ihr, dass ich manchmal enttäuscht bin, dass wir eine bestimmte Art von Weiblichkeit nicht teilen. Dass ich mich gefreut hätte, wenn ich in ihr etwas wiedererkennen würde, was ich selbst erlebt habe: den eigenen Stil entdecken, sich schmücken, mit dem Aussehen experimentieren. Und die ersten Liebeserfahrungen mit Jungen, Herzklopfen, Spannung. Ich vermisse, dass wir das nicht miteinander teilen – anders, als ich es im gleichen Alter umgekehrt mit meiner Mutter konnte. Ihr kam bei mir einiges bekannt vor. Mir bei meiner Tochter* weniger.

Katharina Grünewald nickt. »Ihre Tochter* lebt ihr freies Kind also sehr unbekümmert, ihre weiblichen, aber auch ihre männlichen Anteile, ihre eigenen Impulse.« Und das blaue Figürchen? »Das steht für das angepasste Kind. Also die innere Instanz, die gerne brav sein möchte, es allen recht machen, Erwartungen erfüllen.« Hm. Mit diesem Anteil schlägt sich meine Tochter* eher weniger herum. Was ich eigentlich ganz gut finde. Sei kein*e Egoist*in, aber sei du selbst, steh zu dir, nimm dich und deine Bedürfnisse ernst – das war uns als Eltern in der Erziehung wichtig.

Huch, wo ist denn mein freies Kind?

Und da liegt wohl der Hund begraben. Während ich Katharina Grünewald mehr erzähle, kommen wir relativ schnell darauf, was mich so unter Spannung setzt. Denn während bei meiner Tochter* das freie Kind sehr ausgeprägt ist, ist es bei mir umgekehrt: Mein freies Kind traut sich nicht oft so richtig aus der Deckung. Denn ich habe als Kind und Jugendliche immer wieder erlebt, dass ich mit Anpassung besser fahre. Manchmal in meiner Familie, noch häufiger aber im Kontakt mit Gleichaltrigen.

Auch deshalb triggert das offensive Anderssein meines Kindes etwas in mir: Ich habe zwar meinen beiden Kindern vermittelt, dass sie für sich selbst einstehen sollen, gleichzeitig fürchte ich schnell, dass es ihnen schlecht ergehen könnte, wenn sie aus der Reihe tanzen. Dabei ist meine Tochter* in der Hinsicht von der Coolness eines Ghetto-Gangsters: Frage ich sie, ob ihre Freund*innen jemals blöde Bemerkungen über ihren Look oder ihre Identität machen, kontert sie ganz selbstverständlich: »Nee, sonst wären es ja nicht meine Freund*innen.« Meine Ängste und ihre Ängste haben nichts miteinander zu tun.

Am Ende der Stunde stehen für mich zwei wichtige Erkenntnisse. Die erste ist Beruhigung. Die Tochter* hat ja auch noch einen Vater. Und zwischen die beiden passt kein Blatt Papier. Das liegt vielleicht nicht nur an seiner gewinnenden Persönlichkeit an sich, sondern auch daran, dass er eine verspielte, kindliche Seite hat, die ihn mit unseren beiden Kindern verbindet. Vor allem mit dem Kind, um das es hier geht. Vielleicht reicht das für sie als emotionale Tankstelle, jedenfalls für die spielerische Seite.

Mir fallen sofort Situationen ein, in denen er mit einer traumwandlerischen Selbstverständlichkeit darauf einging, was sie wollte, während ich nach Gründen fürs Neinsagen suchte – und keine fand, jedenfalls keine guten. Mit ihr ganz selbstverständlich in der Jungs-Abteilung eines Klamottenladens nach T-Shirts suchte, während ich immer wieder dunkelblaue Teile aus den Mädchen-Regalen anschleppte, obwohl ich längst merkte, dass es vergeblich war. Als gäbe es einen einzigen objektiven Grund, etwas anzuziehen, mit dem man sich nicht wie man selbst fühlt.

Vielleicht hilft mir meine Tochter* sogar hier und da, eigene Ängstlichkeit und Überanpassung zu hinterfragen und zu merken: Auch du kannst es wagen, deine Mitmenschen hier und da herauszufordern, und musst keine Angst davor haben, dann nicht mehr gemocht zu werden.

Es tut gut, nicht allein zu sein

Gleichzeitig entlastet es mich, dass ich als Mutter Unterstützung habe, nicht nur praktisch, sondern auch psychisch. Für Alleinerziehende ist es in jeder Hinsicht schwieriger, sich ein solches Netzwerk zu knüpfen, gerade wenn Kinder uns herausfordern und nicht so sind, wie wir sie uns vorgestellt haben. Darum ist es umso wichtiger und hilfreicher, Kindern begleitende Personen aus anderen Zusammenhängen zur Seite zu stellen: Patentante und -onkel, befreundete Erwachsene, mitfühlende Lehrer*innen.

Ich nehme aber noch eine zweite Erkenntnis aus der Stunde bei Katharina Grünewald mit: Ich muss meine Tochter* nicht um jeden Preis und immerzu vor den Gefühlen verschonen, die sie in mir auslöst. Wir hatten es in unserem Gesprächsleitfaden ja schon betont: Bei einem allerersten Gespräch sollte man als Elternteil die eigenen schwierigen Gefühle zurückhalten. Aber meine Tochter* und ich sind ja mittlerweile geübt im Thema. Also: »Sagen Sie ihr ruhig, wenn Sie solche Sehnsüchte haben wie: Ich würde gern auch mal mit dir durch Klamottenläden streifen, und ich finde es schade, dass wir das nie tun.«

»Aber«, wende ich ein: »Das würde sie doch belasten, wenn sie den Eindruck hat, mich zu enttäuschen!« – »Muss es nicht«, sagt Katharina Grünewald: »Es ist ein Unterschied, ob Sie sie belasten, oder ob Sie ehrlich sind. Denn wenn Sie ehrlich sind, können Sie entweder gemeinsam einen Weg finden, damit umzugehen. Zum Beispiel, dass Ihre Tochter* Sie begleitet, wenn Sie sich ein Paar neue Schuhe aussuchen, und Sie berät, egal, ob es ihr eigener Geschmack ist oder nicht. Oder, wenn ein solcher Kompromiss nicht möglich ist, dann geben Sie ihrer Tochter* damit bestenfalls das Signal: ›Ich bin auch nur ein Mensch mit eigenen Sehnsüchten und Enttäuschungen. Aber keine Sorge, du bist nicht dafür verantwortlich, sie zu erfüllen, dafür suche ich mir andere Ventile.‹«

Etwa, indem ich mit Freund*innen über das Thema rede. Oder wenn ich für eine Stunde zur Selbsterkenntnis in einer Kölner Praxis sitze. Ja, sagt Katharina Grünewald: Wenn ich ehrlich meine Enttäuschung ausspreche, kann das zu einer Distanzierung in der Beziehung mit meinem Kind führen. Was wiederum nichts Ungewöhnliches in der Pubertät ist, sondern eine Entwicklungsaufgabe, die für beide Seiten dran ist. Bestenfalls steht aber am Ende das Gefühl: Wir müssen nicht gleich sein, nicht gleich fühlen, um einander zu lieben. Das kann mir genauso helfen wie ihr. »Wenn Sie Ihre Tochter* zu sehr schonen, dann ist da keine Reibungsfläche, kein Kontakt.«

So kommen Sie besser mit Ihren widerstreitenden Gefühlen klar

Natürlich ist dieser spielerische Ansatz mit dem Modell der Transaktionsanalyse nur einer von vielen, mit denen man sich als Eltern Hilfe und Unterstützung holen kann. Was gibt es noch – und was können Eltern für sich selbst tun, um sich den Verarbeitungsprozess zu erleichtern? Wie reflektiert man für sich, wenn das Kind sich geoutet hat? Muss es immer das Gespräch mit einer psychologischen Fachperson sein, oder geht das auch im Do-it-yourself-Verfahren? Hier einige Vorschläge aus Christianes Beratung:

Die Seele kommt nach: Hinweise zur Nachbereitung und Selbstsorge für Eltern.

- **Emotionale Selbstsorge.** Nehmen wir an, Sie haben mit Ihrem Kind über seine sexuelle Orientierung und geschlechtliche Selbstdefinition gesprochen, vielleicht zum ersten Mal, vielleicht wiederholt, und merken: Autsch, das ist alles anders als erwartet. Das nagt. Nehmen Sie sich darum Zeit und Raum für Ihre Gefühle. Versuchen Sie, die Sache aus verschiedenen Perspektiven zu sehen.

- **Zweifel bewegen.** Überlegen Sie: Wofür ist die Aussage beim Kind gut? Was ist das aktuelle Bedürfnis? Was hat es genau gesagt? Wir können versuchen abzuschätzen, ob es um temporäre Identitätsgefühle geht oder um langfristige. Geht es ums Abgrenzen, Aufschnappen, Suchen? Oder um finden und wissen? Was weiß das Kind schon über die Orientierung oder Identität? Ist es ernst, hat es wahrscheinlich einen enormen Wissensvorsprung vor uns.

- **Verbindung halten.** Wenn der Gedanke, dass das Kind queer ist, schwierig ist, sollten Sie trotzdem Kontakt halten. Es ist eine gute Idee, zu sagen, was in Ihnen vorgeht: dass Sie Zeit brauchen und dass das ganz normal ist. Die Info transportiert aber: Ich bin damit beschäftigt und in Gedanken bei dir.

- **Privatsphäre des Kindes achten.** Egal was das Kind uns erzählt und welche Gefühle wir dann haben – wir sollten die Dinge, die es uns anvertraut, nicht weitererzählen. Egal wie jung sie sind: Auch Kinder brauchen ihre Privatsphäre und haben ein Recht auf deren Schutz. Am besten fragen Sie das Kind selbst, ob Sie mit Partner*in oder einer konkreten Person sprechen dürfen. Immer passend ist ein Gespräch in einer Beratungsstelle zum Thema – dort besteht professionelle Schweigepflicht.

- **Emotionale Unterstützung suchen – aber richtig.** Auch hier gilt es, grundsätzlich die Privatsphäre unseres Kindes zu achten. Die Person, der wir uns anvertrauen möchten, sollte ergebnisoffen zuhören können. Viele Eltern queerer Kinder machen die Erfahrung, dass Vertraute oder Familienmitglieder aus Unwissen, Unsicherheit oder Ignoranz in oberflächliche Ursachenforschung und Verurteilung einsteigen. Doch Sätze wie »Das kann doch nicht sein« – »Das liegt an der Erziehung« – »Das kann ein Kind nicht wissen« – »Das macht sich wichtig« sind toxisch, statt zu unterstützen. Gute Gesprächspersonen fragen: »Wie geht es dir?« oder »Wie geht es deinem Kind?«. Welche das sein können, wissen Sie selbst am besten.

So verstehen Sie die Entwicklung Ihres Kindes rund um die Sexualität besser

Ich biete Ihnen hier noch einige Denkanstöße rund um Geschlechtsidentität und sexuelle Orientierung an. Fürs Verständnis der Identitätssuche des Kindes kann es helfen, einmal die Perspektive zu wechseln und sich an die eigene Kindheit zu erinnern.

Denkanstöße: Erinnern schafft Nähe.

1. **Wie lief die sexuelle Selbstfindung bei Ihnen?** Als Sie so alt waren wie Ihr Kind heute: Wie gut konnten Ihre Eltern nachvollziehen, was damals in Ihnen vorging? Verstanden Sie, was Ihnen als Teenie wichtig war und wie Sie fühlten?

Tendenziell sind wir unseren Kindern näher als die Generation vor uns. Doch wir sollten realistisch sehen, dass die heutige Lebenswelt wiederum ganz anders ist, in Schule, Klasse und sozialen Netzwerken.

2. **Wer oder was ist wichtig?** Es hilft, das Kräftefeld in der eigenen Pubertät durchzuspielen. Wer war wichtig für unsere eigene sexuelle Entwicklung? Die Eltern? Erste Partner*innen? Peers? Erinnern Sie sich, dass es fürs individuelle Sein und Werden darauf ankommt, die eigenen Gefühle zu entschlüsseln und mit ihnen souverän umgehen zu lernen. Schnell wird beim Erinnern klar: Wir können nur noch Hinweisgeber*innen und Unterstützer*innen sein.

3. **Tut das weh?** Schmerzen sind oft Teil des Prozesses, auf beiden Seiten. Das war in unserer Jugend so, das ist (leider) jetzt nicht anders. Die Pubertät ist die Zeit, in der die Entwicklung immer eigenständiger wird, was zu Zurückweisung und Kränkung führt. Was Eltern vorleben und mitgeben wollen sowie das Familien-Wir wird fürs Kind immer zweitrangiger.

4. **Eigene Gefühle entdecken.** Es ist nun hilfreich, über die ersten Gefühle hinauszudenken. Was versteckt sich dahinter? Es kann vieles sein, Fremdheit die wir fühlen, wenig Wissen zu alternativen Lebensweisen, eigene Ungereimtheiten: Was bedeutet das für mich als Frau oder Mann? Empfinde ich das als Bedrohung? Gibt es irrationale Schuldgefühle? Habe ich eigene Wünsche an die Zukunft,

die ich nun begraben muss? Diese Gefühle sind wichtig zu erkennen – helfen aber nicht im Kontakt mit dem Kind und brauchen deshalb eine erwachsene Bearbeitung. Möglicherweise auch einen therapeutischen Rahmen.

5. **Welchen Einfluss haben queere Vorbilder?** Queere Promis, Influencer, uns unbekannte Gesprächspartner*innen aus dem Internet helfen meist, weil sie Gefühle sag- und denkbar machen, die das Kind (und wir) vorher für undenkbar hielten (mehr dazu finden Sie in Teil 3). Statt sie zu kritisieren, in Zweifel zu ziehen, können wir ihre Rolle auch positiv sehen. Sie zeigen, dass man einen eigenen Weg finden kann. Wie man ihn findet. Ja, vielleicht kopiert ein Kind eine Weile, was es sieht. Aber hat es seinen Weg gefunden, wird das Vorbild weniger wichtig. Auch das kennen wir von Idolen und Vorbildern der eigenen Jugend, nicht wahr?

Teil 2

WOHER KOMMT DAS EIGENTLICH?

Körper, Geschlecht und sexuelle Vielfalt

»So kenne ich dich gar nicht!« Warum das Thema uns so körperlich anfasst

Queere Heranwachsende und auch Erwachsene zu begleiten, die in sexueller oder geschlechtlicher Hinsicht ganz anders sind als wir selbst, ist oft eine Herausforderung. Nicht nur seelisch, sondern auch weil sie körperliche Erfahrungen machen, die uns fernliegen. Denn die meisten von uns kennen vermutlich vor allem ihre heterosexuelle, cisgeschlechtliche Identität, mit der sie beim Aufwachsen eher nicht angeeckt sind.

Im Gegenteil: Wir galten als die Norm, ohne es zu hinterfragen oder hinterfragt zu werden. Entweder Penis, mehr Körperhaare, die tiefe Stimme, Ecken und Kanten oder andererseits Kurven, Brüste, höhere Stimme. Eins zu sein damit plus gegengeschlechtliche Anziehungskraft. Heute wissen wir: Normal ist mehr. Variation an Körper und Seele ist normal.

Du bist anders – eine Erkenntnis, die unter die Haut geht

Dieses Kapitel versorgt Sie mit Wissen, das sich um queere Körper dreht. Verena startet mit Gedanken um die körperliche Nähe zwischen Eltern und Kindern. Im Anschluss beleuchtet Christiane, was Wissenschaft und Forschung dazu sagen.

Eines der Dinge, die mich, Verena, am Muttersein überwältigten, war ein Gefühl: Es gibt kaum eine Art der Liebe, die so körperlich ist wie die zu einem Kind. Vom ersten Mal, als ich zweifelsfrei den kleinen Menschen spürte, der da in mir heranwuchs – es fühlte sich an wie feine Bläschen, die in einer Sprudelflasche aufsteigen –, bis zum Augenblick, in dem ich meine Tochter* zum ersten Mal in den Armen hielt. Zum ersten Mal stillte. Von den unzähligen Nächten, in denen sie als 2-Jährige in unser Bett krabbelte und dabei so viel Platz beanspruchte, dass wir Eltern uns um sie herumdrapieren mussten wie Artisten des chinesischen Schlangenzirkus, bis zu dem Moment, in dem ich Jahre später die ersten pubertären Veränderungen an ihrem Kinderkörper bemerkte.

Egal, ob wir uns gerade gut verstanden oder auch mal stritten, immer war da eine körperliche Verbundenheit, die mit nichts anderem zu vergleichen ist.

Jede Wette: Das kennen Sie auch! Weil diese Liebe, anders als etwa für eine*n erwachsene*n Liebespartner*in, nicht entfacht wird durch Äußerlichkeiten – ein charmantes Lächeln, die Art, wie sich jemand bewegt –, nicht durch intelligente Gespräche, nicht einmal durch Herzenswärme, Verlässlichkeit oder andere liebenswerte Eigenschaften. Sondern weil sie etwas Archaisches hat, so wie der Brutpflegeinstinkt anderer Säugetiere, selbst wenn es bei der Gattung Homo sapiens bekanntlich nicht besonders weit her ist mit »natürlichen« Instinkten.

Und nein, damit meine ich nicht, dass nur Menschen, die selbst ein Kind geboren haben, so empfinden können! Vielleicht haben sie einen minimalen Vorsprung – aber diese Mischung aus Beschützerimpuls, Stolz und Begeisterung für ein kleines Wunderwerk von Körper, die bringt ein zweiter Elternteil, ob Vater oder Co-Mutter, und bringen Adoptiveltern und andere nahe Sorgende ganz genauso mit. Wenn wir einem Baby oder Kleinkind körperlich nah sind, es stillen, baden, oder einfach nur im Arm halten, dann kann das ein Gefühl von Entgrenzung sein, in der wir manchmal kaum noch spüren, wo unser Körper aufhört und der des Kindes beginnt. Damit wir uns richtig verstehen: Daran ist selbstredend nichts Sexuelles in einem erwachsenen Sinn. Und doch ist das Gefühl vergleichbar mit besonders innigen Momenten, die wir mit einem Liebespartner oder einer Liebespartnerin erleben können, intensive körperliche Nähe.

Kommt ein Kind in die Pubertät – und damit sind wir wieder zurück bei dem Alter, über das wir hier sprechen –, passiert eher das Gegenteil: Abgrenzung statt Entgrenzung. Nicht nur seelisch, auch körperlich. An den ersten Rundungen unter dem T-Shirt oder dem ersten Flaum über der Oberlippe sehen wir: Der Mensch, der da vor uns steht, wird zwar für immer *unser* Kind bleiben – aber ein *Kind* ist er oder sie nicht mehr. Das kann gleichzeitig beglückend sein – »Kind, was bist du groß geworden!« – und auch schmerzhaft: Wo sind all die Jahre hin? Es kann auch Konkurrenzgefühle auslösen: Wer weiß besser, wo es langgeht? Auch: »Wer ist jetzt die Schönste im ganzen Land?« – die Frage, die bei »Schneewittchen« die archetypische Rivalität zwischen Mutter und heranwachsender Tochter ausdrückt.

Wenn dieses Kind auch noch sagt: »Ich fühle und liebe nicht wie du, nicht wie ihr Eltern«, dann wird diese Fremdheit verstärkt. Das erklärt, warum es uns möglicherweise auch auf einer tiefen, körperlichen Ebene trifft, wenn unser Kind so anders ist als wir. Weil es dabei um einen Bereich geht, in dem wir uns buchstäblich nackig machen.

Gehen wir der Einfachheit halber erst einmal von dem Fall aus: Unser Kind fühlt sich in Körper und Geschlecht wohl und ist dabei homo- oder bisexuell. Was passiert in unseren Köpfen? Nicht genug damit, dass wir uns als Eltern erst einmal an den Gedanken gewöhnen müssen, dass unser Baby, das wir doch gerade noch auf unserem Schoß gewiegt haben, auf einmal ein fast erwachsener Mensch ist, mit eigenem Begehren. Wir müssen uns zusätzlich daran gewöhnen, dass dieses Begehren ganz oder teilweise anders ausgelebt wird, in einer anderen Spielart, mit anderen Zutaten, als wir sie kennen. Wobei es, zugegeben, auch eine Elternsorge weniger gibt: Zumindest um ungeplante Schwangerschaften müssen sich Eltern schwuler oder lesbischer Teenies keine Gedanken machen.

Um diese komplexe Gemengelage zwischen Kopf und Bauch geht es bei meiner nächsten Begegnung.

Klaus, oder: keine Quadratlatschen im Flur

Klaus ist ein alter Weggefährte von mir, Fotograf und Illustrator. Auch er gehört zu denjenigen, die ich eher zufällig als Gesprächspartner für mein Buch gewonnen habe – kaum hatte ich erwähnt, mit welchem Thema wir uns beschäftigen, erzählte er, dass sich seine Tochter kürzlich als lesbisch geoutet hatte. Wie das für ihn war und was an dieser Erfahrung anders ist als das, was er mit seinem Sohn erlebt hat, hat er mir hier erzählt.

»Irgendwann habe ich angefangen, mir ein wenig Gedanken um Luise zu machen. Sie wurde 16, sie wurde 17, und nie war die Rede von irgendeinem Interesse in Sachen Liebe. War sie zu schüchtern, zu anspruchsvoll, nicht selbstbewusst genug? Bei ihrem älteren Bruder Niklas war das ein Selbstgänger gewesen, ein paar Jahre zuvor. Manchmal kam mir so ein Gedanke, ob Luise wohl auf Mädchen steht, aber ich dachte, vielleicht ist das auch ein Klischee – sie ist in so einer Mädchenfußball-Bubble, wo es häufiger zu weiblichen Liebesbeziehungen kommt. Aber das ist schließlich keine Voraussetzung, um in dem Verein Mitglied werden zu können. Schließlich, kurz vor ihrem 18. Geburtstag, hat sie sich mir gegenüber geöffnet, auf einem Abendspaziergang. Sie war schon seit Tagen in einer seltsamen Stimmung, und nun kam heraus, dass sie in ein Mädchen verliebt ist und nicht weiß, ob daraus eine Beziehung werden kann. Ich habe mir nichts anmerken lassen und cool reagiert, nachgefragt, vorsichtig Rat gegeben, nicht thematisiert, welches Geschlecht ihr Love Interest hat. Aber ich muss zugeben, ich hatte gemischte Gefühle.

Denn einerseits ist man ja gern der einzige Mann im Leben seiner Tochter. Und spontan dachte ich: Ich kann schon verstehen, dass sie keinen von diesen Typen gut findet, die bei ihrer Geburtstagsparty in den Garten gekotzt haben. Außerdem stolpere ich dann nicht dauernd über die Quadratlatschen von irgendwelchen fremden Typen im Flur. Auf der anderen Seite hatte ich Gedanken wie: ›Haben wir als Eltern ein so schlechtes Vorbild abgegeben, sind meine Frau und ich so wenig zärtlich und liebevoll miteinander, dass sie sich dachte: Alles, bloß keine Beziehung mit einem Mann?‹ Gleichzeitig war mir aber auch klar, Kinder gehen ihren eigenen Weg, und das Wenigste von dem, was sie tun, ist eine Reaktion, ein Protest gegen die Lebensart ihrer Eltern. Wir überschätzen unseren Einfluss.

Das andere Mädchen, Frida, hat Luises Gefühle am Ende erwidert, und seit einem guten Jahr läuft etwas zwischen den beiden. Wobei Luise sich weigert, das als Beziehung zu bezeichnen, und ich den Eindruck habe, dass es zwischen den beiden hin und her geht – mal große Gefühle, mal Funkstille, dann wieder Versöhnung. Meine Frau und ich fragen uns, ob Luise diese Verbindung guttut, gleichzeitig sind wir sehr vorsichtig, das anzusprechen. Vielleicht hätten wir die Gedanken nicht, wenn es nicht um ein Mädchen ginge, sondern um einen Jungen. Weil wir fürchten, Luise könnte empfindlich sein und denken, dass wir ein Problem mit lesbischer Liebe haben. Dabei ist es eher ein Problem mit einer bestimmten Person. Frida gegenüber lassen wir uns nichts anmerken, denn Luise ist 18, sie muss ja selbst Verantwortung für sich und ihre Beziehungen übernehmen.

Wenn wir Frida überhaupt einmal sehen! Denn das ist für mich der auffälligste Unterschied zu der Erfahrung mit meinem Sohn: Luise ist fast übertrieben diskret und lagert ihr Liebesleben von zu Hause aus. Frida hat nur ein Mal bei uns übernachtet, während wir zu Hause waren, Luise bei ihr umgekehrt noch nie, soweit ich weiß. Die Freundin unseres Sohnes hat dagegen regelmäßig bei uns geschlafen. Ob Luise denkt, dass wir insgeheim doch nicht so zu ihr stehen? Oder ob es ihr einfach unangenehmer ist, wenn wir Eltern ihre Beziehung mitverfolgen, unangenehmer, als es Niklas war, solange er zu Hause wohnte? Für mich ist schwer zu trennen, was davon mit ihrer Persönlichkeit zu tun hat und was mit der Tatsache, dass sie eine Frau liebt.«

Warum Unwissen uns Angst macht

Das sind die Fragen, die Klaus bewegen, der seiner Tochter Liebe und Lust wünscht, aber auch verunsichert ist von der vermuteten Andersartigkeit ihrer Liebesbiografie. Wobei es manchmal wohl gerade das Unbekannte ist, das uns verunsichert und deshalb viel exotischere, vielleicht auch grellere Bilder im Kopf heraufbeschwört, als die Wirklichkeit sie jemals produzieren kann. Wir erinnern uns an Sebastian Kempf von Pro Familia (siehe das Kapitel »Ich bin nicht homophob, ich fremdle nur« in Teil 1), der von Elternängsten berichtete, ein schwuler Sohn könnte an Aids sterben. Neben einer realistischen Ebene – sexuell übertragbare Krankheiten aller Art sind eine Bedrohung, übrigens unabhängig davon, welches Geschlecht ein Mensch begehrt – erscheint es auch deshalb so bedrohlich, weil es das Bild einer promiskuitiven Sexualität beschwört, eine Welt, in der es alle mit allen tun.

Die Wirklichkeit sieht eher so aus: Ja, es gibt schwule Männer, die unverbindlichen und anonymen Sex genießen, aber nicht alle und nicht immer. Genauso wenig, wie alle Heteropaare für alle Zeiten monogamen, keuschen und zweisamen Kuschelsex im Ehebett bevorzugen. Wenn wir keine näheren, persönlichen Berührungspunkte mit LGBTQIA+-Personen haben, ist unser Bild aber oft eher von Werbefotos, Showbusiness und Filmen geprägt, ein wenig bunter und überspitzter als das wahre Leben.

Es kann übrigens sein, dass die heftigen Klischees die entsprechenden Jugendlichen selbst mindestens so irritieren wie ihre Eltern. Claudia Krell, die früher als Psychologin am Deutschen

Jugendinstitut geforscht hat und heute bei der Münchner Lesbenberatungsstelle »LeTra« arbeitet, sagt: »Ein 11-jähriger Junge in einer Kleinstadt, der entdeckt, dass er erotische Gefühle für Jungen hat, ist vielleicht eher abgeschreckt, wenn er sieht, wie schwules Leben dargestellt wird: Der erwachsene Mann, der sich mit freiem Oberkörper und pinkfarbener Federboa beim Christopher Street Day hedonistisch inszeniert, ist sehr weit weg von seiner Lebenswirklichkeit.«

Im Grunde haben wir als Menschen, ob homo, hetero oder bi, sexuell eine Menge Gemeinsamkeiten, und die Bandbreite ist auf allen Seiten groß: Je nach Typ und je nach Lebensphase spielt Sex eine kleinere oder größere Rolle im Leben, und hier wie dort gibt es die Experimentierfreudigeren, Unsteten ebenso wie die, die eher das Glück im Vertrauten und Gewohnten suchen. Das ist alles menschlich, alles normal, alles okay.

Trans* und körperliche Eingriffe – ein heißes Eisen

Eine weitere Verschärfung erfahren innere Konflikte allerdings, wenn es um körperliche Eingriffe geht, also buchstäblich unter die Haut. Wenn also bei trans* Jugendlichen die Frage nach dem Aufschieben der Pubertät mit Medikamenten, später nach einer weitergehenden Hormonbehandlung aufkommt, möglicherweise auch nach geschlechtsangleichenden Operationen.

Manchmal löst Unwissen die Sorgen aus, Vorurteile kommen hoch. Sorgen sind aber auch Ausdruck unserer Liebe. Es soll unserem Kind gut gehen, Konflikte, Krisen würden wir gerne aus dem Weg räumen. Als Eltern identifizieren wir uns stark mit unserem Kind, nicht nur, wenn es um Interessen und Charaktereigenschaften geht, auch ganz körperlich – etwa, wenn uns selbst das Bein zuckt, wenn wir unseren Nachwuchs auf dem Fußballplatz das Tor stürmen sehen. Deshalb freuen wir uns körperlich mit, wenn unsere Kinder glücklich sind, und leiden mit, wenn unsere Kinder krank sind, sich vielleicht Operationen unterziehen müssen. Ihr Schmerz ist unser Schmerz. Bei vielen medizinischen Maßnahmen fragen wir uns: Ist das nötig? Kann man nicht abwarten, ob sich das von allein einrenkt? Und was für die Behandlung von Polypen oder einer Zahnfehlstellung gilt, gilt natürlich erst recht, wenn es um ein schwer greifbares Leiden geht wie das an den sichtbaren Geschlechtsmerkmalen.

Nachvollziehbar also, dass viele Eltern erst einmal sehr zurückhaltend sind gegenüber dem, was die Medizin heute mit Hormongaben und chirurgisch zu leisten imstande ist für Menschen, deren Spiegelbild nicht zu ihrem inneren Geschlechtsempfinden passt. Selbst wenn die Eltern diesen Zustand nicht kleinreden (»Das ist nur eine Phase« oder »Das wächst sich aus«), sondern grundsätzlich akzeptieren, haben sie Vorbehalte. So wie es mir die Mutter eines 11-jährigen trans* Mädchens sagte. Das Mädchen benutzt seit ihrem 4. Lebensjahr weibliche Pronomen, kleidet sich mädchenhaft, wird von Lehrer*innen und Freund*innen als Mädchen wahrgenommen. Trotzdem sagt die Mutter: »Medizinische Eingriffe kommen für mich nicht infrage. Ich möchte lieber, dass sie Kampfsport macht und lernt, sich in ihrem Körper wohlzufühlen, auch wenn der äußerlich männlich aussieht.« Nur: Was, wenn ihr Kind sich nicht wohlfühlt mit dem, was die Mutter vorgibt, und den eigenen Körper hasst? Vielleicht noch nicht jetzt, aber mit zunehmendem Alter?

Der Wunsch der Mutter ist verständlich, die Frage ist, ob er zur Wirklichkeit ihres Kindes passt. Die Deutsche Gesellschaft für Transidentität und Intersexualität (DGTI) geht von etwa 0,6 Prozent transgeschlechtlicher Menschen in der Bevölkerung aus, das erfasst aber nur die, die in der Statistik auftauchen. Nicht jede*r hat überhaupt den Wunsch nach einer medizinischen

Geschlechtsanpassung. Es gibt Menschen, die auf dem Standesamt den Geschlechtseintrag ändern, ohne jemals Hormone zu nehmen oder sich operieren zu lassen – das eine zieht das andere nicht zwangsläufig nach sich, auch das ist wichtig zu wissen.

Leben zwischen den Geschlechtern – das passt nicht zu allen

Manche, die nicht ins gängige Mann-Frau-Schema passen, definieren sich im Lauf ihrer Identitätssuche auch als non-binär oder genderfluid und leben gut und gern mit ihrem Körper und seinen Merkmalen, so wie sie eben sind. Einige bekannte Beispiele: der/die niederländische Poet*in und Schriftsteller*in Marieke Lucas Rijneveld, der/die sich den männlichen, zweiten Vornamen selbst wählte, als Zeichen für den männlichen Teil der eigenen Identität. Kim de l'Horizon, nichtbinäre*r Träger*in des Deutschen Buchpreises 2022. Der Aktivist, Entertainer und Blogger Riccardo Simonetti, der sich zwar nach längerer Identitätssuche – bin ich vielleicht trans*?[1] – heute als schwuler Mann definiert, aber mit pinkfarbenem Hosenanzug, langen Haaren und Bart gleichzeitig seine weibliche und seine männliche Seite zum Ausdruck bringt. Auch, nicht prominent, aber mir ganz nah: meine Tochter*.

Ich gestehe: Als Mutter bin ich froh, dass für sie Eingriffe und Hormone kein Thema sind, jedenfalls nicht derzeit. Es erscheint als salomonische Lösung: Geschlecht als Kopfsache, nicht als Körpermerkmal. Ohne Risiken und Nebenwirkungen, jederzeit änderbar und stufenlos verstellbar, wie bei einer sexuellen Orientierung auch. Und sollte sie wirklich irgendwann sagen: Ich betrachte mich jetzt doch ganz als Frau, gäbe es nichts zu bereuen.

Ich weiß aber auch aus Gesprächen mit Eltern von trans* Jugendlichen: Das kann man niemandem verordnen. Meine Tochter* hatte durch ihren Körper keinen oder jedenfalls kaum Leidensdruck – aber das ist keine Wahl, das war einfach Glück. Von der Mutter eines 14-jährigen trans* Jungen hörte ich, dass er mit 11 bitterlich weinend vor ihr saß: »Mama, es ist schrecklich, ich bekomme Brüste.«

Was bedeutet »Gesundheit«?

Das Leid lässt sich nicht wegdiskutieren und auch nicht mit Sport wegtrainieren. Sich einfach alles so entwickeln lassen, wie es kommt, das ist nicht für jede*n eine befriedigende Lösung. Denn wenn wir Gesundheit als ganzheitlichen Zustand betrachten – die WHO definiert ihn als »Zustand des vollständigen körperlichen, geistigen und sozialen Wohlergehens und nicht nur das Fehlen von Krankheiten und Gebrechen« –, dann kann auch ein Eingriff in einen scheinbar gesunden Organismus der Gesundheit nutzen. Wenn dadurch eine Einheit, ein Frieden mit sich selbst, entsteht die anders nicht zu erreichen ist. Am Ende geht es ums Abwägen zwischen zwei Zielen – körperliche Unversehrtheit gegen seelische Gesundheit.

Ehe wir uns detailliert mit den Möglichkeiten, Chancen und Risiken beschäftigen, möchten wir es noch einmal genauer wissen: Gibt es, ob für Homosexualität, Transidentität oder Intergeschlechtlichkeit, körperliche Ursachen oder untrügliche Hinweise, die allen Beteiligten mehr Sicherheit geben könnten? Und: Was genau ist medizinisch möglich, um transidente und intergeschlechtliche Jugendliche zu unterstützen – und wo liegen Grenzen und Risiken? An dieser Stelle übernimmt Christiane.

Liegt das in den Genen? Das sagt die Wissenschaft über die biologischen Hintergründe von LGBTQIA+

»Woher kommt das?« Das ist eine Frage, die praktisch alle bewegt. Endlich eine handfeste Erklärung zu haben, das wäre was. Ich habe aber eine Vor-Frage zu dieser Frage: Was wäre anders, wenn wir den Grund dafür kennen würden, warum ein Mensch in Geschlecht und Liebe nicht tickt wie die meisten? Hätte Diversität dann eine andere Berechtigung, einen anderen Stellenwert?

Ich behaupte, dieses Wissen würde in der Lebenspraxis nichts ändern. Denn auch dann bleibt es unsere Aufgabe, mit dem Anders-, besser gesagt, dem So-Sein unserer Mitmenschen sorgsam umzugehen. Es bleibt unsere Aufgabe, die Person und ihre Persönlichkeit zu integrieren und zu respektieren, in der Gefühls- und Gedankenwelt von Familie, Freundschaft, in der Gesellschaft und im Alltag. Es bleibt eine Aufgabe, den uns vielleicht fremden Bedürfnissen von Identität im Aussehen, Pronomen oder Partnerwahl dieselbe Berechtigung beizumessen wie unseren eigenen.

Insofern ist es für den Umgang miteinander gleichgültig, ob der Grund für die Variation von Geschlecht oder sexuellen Vorlieben bekannt ist, ob er nun an den Genen hängt, an Hormonen im Mutterleib, an einer individuellen Weichenstellung bei Zeugung oder Embryonalentwicklung oder gar dem Sternenhimmel zum Zeitpunkt der Empfängnis.

Also lässt sich aus der Biologie kein Urteil ableiten, das Ausgrenzung und schlechtere Behandlung, sprich Diskriminierung begründet. Sonst wären rote Haare oder grüne Augen auch »unnormal«. Wir sind uns einig, sie sind selten. Aber Teil der biologischen Vielfalt. Interessanterweise gilt der Ausschluss nicht für alle Kulturen der Erde (wie Teil 3 noch zeigen wird). Viele haben Kategorien und eigene Identitäten für diverse Menschen entwickelt.

Vor allem müssen wir uns vor einem medizinisch-biologischen Vorurteil verwahren, das leider lange gehegt wurde: dem, dass alternative Gefühle sexueller Orientierung und alternative Geschlechtsidentität etwas Krankhaftes wären. Aus dem akzeptierten Spektrum ausgeschlossen sind – der Vollständigkeit halber genannt – Neigungen, die Dritten Schaden zufügen, wie ausgelebte Pädophilie, also Pädosexualität.

Von der Idee, dass etwa Transidentität oder Homosexualität »wegtherapiert« werden könnten oder müssten, haben sich Medizin, Wissenschaft und aufgeklärte Gesellschaften in den letzten Jahrzehnten zum Glück verabschiedet. Manche Fehlurteile wurden erst jüngst abgebaut, in manchen dunklen Ecken gibt es noch einiges zu erhellen. Die Botschaft ist nicht überall angekommen: Mit Diversität an Leib und L(i)eben ist man kerngesund und kann glücklich leben – sofern die Gesellschaft offen ist dafür.

Warum es keine einfache Erklärung gibt

Beim Thema Ursachenforschung wird zwar viel und verantwortungsvoll geforscht, aber eindeutige Ursachen festzumachen, gelingt kaum. Es gibt mehr falsche Pfade und Sackgassen als sichere Erklärungen. Das leuchtet ein, wenn man daran denkt, wie wenig an Wesen und Individualität von Menschen wissenschaftlich erklärbar ist – woher etwa die ureigene Persönlichkeit, Temperament, Intelligenz, Begabungen, das sehr eigene Aussehen und Körperformen kommen zum Beispiel. Schauen wir doch nur unsere Kinder an, unsere Geschwister, wie anders sie sind und denken als wir. Aber auch die Frage, wen zu welcher Zeit Krankheiten und Störungen treffen wie Krebs, Multiple Sklerose, Autismus, Demenzformen, Allergien, ist nur in Bruchteilen erklärbar. Seit kurzer Zeit wissen wir zum Beispiel, dass manche Immunsysteme besser mit Coronaviren umgehen können als andere. Aber vorhersehbar und vor allem beeinflussbar sind diese Merkmale nicht.

Mit diesem Vorwissen tauchen wir ein in einen Überblick über den Stand der Forschung – inklusive kurzer Erwähnung der Erklärungsmodelle, die längst bei den Akten liegen, wie das sogenannte »Schwulen-Gen« oder die vermeintliche Allmacht der Geschlechtschromosomen X und Y. Bei trans* und intergeschlechtlichen Personen liegt ihre Vorhersagekraft eher daneben.

»Die Annahme, es gebe zwei Geschlechter, ist zu simpel«, erläutert Wissenschaftsjournalistin Claire Ainsworth 2015 in ihrem viel beachteten Artikel »Sex redefined« im renommierten Wissenschaftsmagazin *Nature*.[2] Darin fasst sie den Forschungsstand zur Intersexualität zusammen. Fazit: Biologisch gibt es keine einfache Dichotomie, also keine klare Aufteilung in zwei Geschlechter. Darum beginnen wir hier mit der Intergeschlechtlichkeit, steigen ein in die Diskussion um die Geschlechtsidentität und streifen zuletzt die sexuelle Orientierung.

Inter*, oder: im Geschlecht sowohl als auch

Bei intergeschlechtlichen Personen weist der Körper Merkmale vom männlichen UND weiblichen Geschlecht auf. Möglich sind viele Variationen, in denen individuell das genetische Geschlecht (die Chromosomen), das gonadale Geschlecht (die Keimdrüsen), die Geschlechtshormone und -rezeptoren und die Form der Genitalien in unterschiedliche Richtungen weisen. Andere Bezeichnungen für intergeschlechtliche Menschen sind Hermaphrodit oder Zwitter. Inter* Menschen bezeichnen ihre Geschlechtsidentität und sich manchmal auch als inter*, Herm, Zwitter oder Zwischengeschlecht. Das zeigt, dass es entgegen unserem Alltagsverständnis nicht nur Männer und Frauen gibt. Auch das bringt die Natur ganz zweifelsfrei hervor.

Es sind eben nicht nur die sogenannten Geschlechtschromosomen XY und XX, die das Geschlecht bestimmen. In Gen-Expressionsanalysen wurde gezeigt, dass etwa in der Phase, »in der sich die Genitalfurche (als Vorstufe des Geschlechtsorgans) herausbildet, in den relevanten Bereichen etwa tausend Gene exprimiert werden«[3], also in Aktion treten. Außerdem wichtig zu wissen ist, dass viele Gene, die als bedeutsam für die Entwicklung von Geschlechtsmerkmalen beschrieben werden, auf anderen Chromosomen liegen als auf X und Y.[4] Darüber hinaus ist nicht nur die DNA Trägerin von Erbinformation. Die Informationen, die den sich entwickelnden Körper prägen, »entstehen erst im Kontext von zellulären und Umwelt-Ereignissen«[5]. Die DNA sagt also nicht automatisch das Individuum voraus. Auch die Hormone, die wir bisher als rein männlich und rein weiblich betrachtet haben, führen in die Irre. Manche Menschen haben mehr davon, manche weniger – aber als männlich wie als weiblich geltende Körper produzieren beide Varianten.

Intergeschlechtlichkeit wird nach der Geburt meist angesichts der Genitalien festgestellt. Erst auf Verdacht werden die inneren Organe oder gar Geschlechtschromosomen untersucht. Manche Stoffwechselabweichungen, die mit bestimmten Formen von Intergeschlechtlichkeit einhergehen, zeigen sich früh, andere erst später. Wieder andere werden zufällig bei einer Untersuchung im Erwachsenenalter entdeckt oder nie, was Zufallsfunde[6] nahelegen. Wichtig zu wissen ist, dass sich Inter- und Transgeschlechtlichkeit nicht ausschließen und dass auch bei Intergeschlechtlichkeit nur die Person selbst die eigene Geschlechtsidentität und sexuelle Orientierung äußern kann. Darum ist das Sternchen bis auf Weiteres auch bei inter* Personen ein guter Hinweis auf Vielfalt.

Was es bedeutet, im biologischen Geschlecht nicht konform zur Mehrheit zu sein, beschreibt der Deutsche Ethikrat in einer Stellungnahme von 2012[7]. Darin beschreibt das Gremium die Situation von intergeschlechtlichen Menschen als geprägt durch Missachtung durch die Medizin, fehlende Sensibilität des sozialen Umfelds und bürokratische Hemmnisse. Am Ende hilft nur mehr Information wie diese, damit alle vertrauter werden mit der Tatsache, dass Variationen von Geschlecht letztlich nichts als menschlich sind.

Mehr Wissen und Verständnis, weniger Stereotypen helfen allen, die sich nicht eindeutig einem Geschlecht zuordnen können. Das alles würde auch den Druck auf die Medizin und betroffene Eltern verringern, ein inter* Kind in eine eindeutig männliche oder weibliche Form pressen zu müssen. Denn nichts ist grausamer, als durch Erziehung und Sozialisation – oder noch schlimmer mit frühen, unumkehrbaren Operationen – in ein Geschlecht gezwungen zu werden, das dem eigenen Wissen über sich nicht entspricht. Diese Art von »Behandlung« geht übrigens auf falsche medizinische Vorstellungen aus den 50er-Jahren zurück. Studien zeigen, dass Menschen oft ein Leben lang heftig unter falscher Angleichung leiden. Die Operationen beschneiden außerdem einen gesunden Körper an Genitalien und Fortpflanzungsorganen. Einige machen Fortpflanzung unmöglich, schränken die sexuelle Erlebnisfähigkeit ein und sind oft irreversibel. Dabei ist ein unversehrter Körper ein Menschen- und Persönlichkeitsrecht.

Tatsächlich sind aus medizinischer Sicht selten Eingriffe nötig. Das Problem ist das normative Denken. In Deutschland wurden geschlechtsangleichende Eingriffe bei Kindern (erst!) 2021 verboten, doch Betroffenenverbände befürchten noch eine hohe Dunkelziffer an OPs, nach dem Motto: Ist doch besser so fürs Kind (und einfacher für die Eltern). Immerhin darf seit 2018 der Geschlechtseintrag auf dem Standesamt offengelassen werden, alternativ können Eltern die Kategorie »divers« nutzen. Mit Volljährigkeit oder festgestellter Einwilligungsfähigkeit darf die Person selbst entscheiden. Das ist immer der Königsweg.

Falls Sie sich fragen, warum ich das Thema Intergeschlechtlichkeit länger ausführe, obwohl Ihr Kind seit Geburt genital eindeutig geformt ist: Das mache ich, weil einige Formen der Intersexualität erst mit Einsetzen der Pubertät, also Aktivität der Geschlechtshormone, offenbar werden. Entwickeln sich Körper und Seele in verschiedengeschlechtliche Richtungen, ist ein Besuch beim (hoffentlich sensiblen) Kinderarzt oder -ärztin ratsam UND bei passenden Beratungsstellen. Eltern sollten eine Zweitmeinung einholen, wenn sie das Gefühl haben, in der Pädiatriepraxis oder -ambulanz nicht ernst genommen zu werden oder nicht genug Informationen zu erhalten. Für solche Einschätzungen braucht es Wissen, das man nicht in jeder allgemein- oder kinderärztlichen Praxis voraussetzen kann.

Intergeschlechtlichkeit wird medizinisch den Varianten der Geschlechtsentwicklung zugerechnet (DSD, früher Disorders, Störungen, heute Differences of Sexual Development), wobei das deutsche »Gesetz zum Schutz von Kindern mit Varianten der Geschlechtsentwicklung«[8] bereits den besseren Begriff »Varianten« verwendet. Der medizinische Bereich zieht nach, hoffentlich bald flächendeckend.

Die Zahlen dazu sind widersprüchlich, je nach Land, Basis der Zählung, Zeitpunkt. Die Weltgesundheitsorganisation WHO spricht weltweit von 0,05 bis 1,7 Prozent der Menschen, die unter das inter* Spektrum fallen.[9] Die Häufigkeit eines uneindeutigen Genitals bei Geburt wird in der Fachliteratur auf um 1 : 4 500 bis 5 500 geschätzt[10], das Europäische Netzwerk Eurocat, European Surveillance of Anomalities Congenital (sorry, der Name der Institution ist überholt) schätzt, dass die Diagnose »Indifferentes Geschlecht« bei 0,58 von 10 000 Geburten gestellt wird, die Zahl schließt spätere Diagnosen nicht mit ein. Das Bundesverfassungsgericht schätzt die Anzahl der intergeschlechtlichen Personen in Deutschland auf etwa 1 : 500 der Bevölkerung[11], also 0,2 Prozent.

Ganz konkret kann sich Intergeschlechtlichkeit so zeigen, dass Keimdrüsen und Genitalien anders als gewohnt und individuell geformt sind, zum Beispiel als vergrößerte Klitoris oder als Penis, bei dem die Harnröhre unterhalb mündet. Manchmal liegen die Hoden im Körper. Auf Chromosomen-Ebene häufiger ist etwa das Turner Syndrom (45 X), also 45 Chromosomen plus ein X-Chromosom mit weiblicher Entwicklung, beim Klinefelter Syndrom, oder »47, XXY«, läuft die Entwicklung eher männlich, mit zwei X- und einem Y-Chromosom. Liest man sich ein, stößt man auch auf der hormonellen Ebene auf lange Listen mit vielen Variationen. Die im Verhältnis häufigen Androgenresistenzen (Androgenitale Syndrome) etwa basieren auf einem Zusammenspiel beziehungsweise Nichtzusammenspiel von Geschlechtshormonen und Rezeptoren. Geschlechtswirksame Hormone werden entweder nicht gebildet oder können aufgrund eines fehlenden Rezeptors nicht gelesen werden.

Interessant ist, dass das Androgenitale Syndrom große Ähnlichkeit mit dem Polyzystischen Ovarial-Syndrom aufweist (PCO von Polycystic Ovary Syndrome, das 4 bis 12 Prozent der Frauen betrifft). Diese ziemlich häufige Störung des weiblichen Hormonhaushalts führt bei erwachsenen Frauen durch ein komplexes Ungleichgewicht der Geschlechtshormone meist zu einem erhöhten Niveau an als männlich eingeordneten Hormonen. Es äußert sich durch Zysten, also viele Eibläschen in den Eierstöcken (Ovarien), die meist kein reifes Ei hervorbringen. Oft bleibt der Eisprung aus, Frauen leiden unter Unfruchtbarkeit und zum Teil unter verstärkter Körperbehaarung, lichtem Haupthaar und einer männlich anmutenden Körperfettverteilung. Man wäre fast versucht, das PCO-Syndrom ins Inter-Spektrum einzuordnen.

Zwei weitere hormonelle Syndrome fallen erst in der Pubertät auf. Zum einen das Sywer-Syndrom (Genitalien weiblich, aber Chromosomen XY, also männlich. In Zellkernen findet sich kein

Barr-Körperchen wie sonst bei fast allen weiblichen Säugetieren). Und der 5α-Reduktase-2-Mangel, ein angeborenes Enzymdefizit. Hier machen bislang vermeintliche Mädchen eine männliche Pubertät durch, wenn bislang im Körper verborgene Hoden aktiv werden und erscheinen.

Vieles ist möglich, wenn auch selten. Wichtig ist: Warum sich Chromosomen, Gene und Gewebe alternativ entwickeln, warum sich in der Embryonalentwicklung etwa ab Woche sieben – wenn die Genitalien sich bei Jungen und Mädchen aus denselben Strukturen differenzieren – Varianten erscheinen, dazu gibt es keine ursächliche Erklärung. Manches ist vermutlich Vererbung, anderes zufällige Mutation, aber auch äußere Einflüsse spielen eine Rolle. Nur wenige Syndrome und ihre Wirkung sind genauer untersucht, und nur zum Teil auf genetischer Ebene. Dann ist immerhin klar, was bei welchem Gen anders ist. Doch der Auslöser dafür ist bislang unbekannt.

An dieser Stelle möchte ich kurz das Feld der Epigenetik erwähnen. Die Forschungen basieren auf der Erkenntnis, dass Gene nicht absolut herrschen, sondern die Umwelt ihre Ausprägung beeinflusst. Epigenetische Mechanismen regulieren, wie stark oder ob ein Gen abgelesen wird. Die Epigenetik kann begründen, warum eineiige Zwillinge zwar dasselbe Erbgut und große Ähnlichkeit besitzen, aber doch unterschiedlich aussehen und sich unterschiedlich entwickeln. Umweltfaktoren wie Stress und Ernährung auch bei den Vorfahren spielen bei der aktuellen Entfaltung von Genen offenbar eine Rolle. Das Feld ist nun aber endgültig zu weit für einen Eltern-Ratgeber. Aber klar ist: Wir wissen sicher, dass es die Variationen gibt. Bei vielen wissen wir auch, was sie hervorbringen. Aber weshalb sie entstehen, dazu gibt es nur unvollständige Aussagen.

Gut zu wissen: Das Gender-Symbol für Intergeschlechtlichkeit ist der Kreis, von dem die Geschlechtssymbole der männlichen und der weiblichen Ausprägung abgehen. Es ist beides. Das Symbol auf der Flagge ist noch deutlicher: ein Kreis ohne weitere Symbole. Den kann man auch so lesen: Alles Menschliche ist in einer Einheit vorhanden, die Fortsätze sind weniger entscheidend.

Transgeschlechtlichkeit: von wegen Erziehungssache

Forschen wir weiter. Warum stimmt bei manchen Menschen die Geschlechtsidentität nicht überein mit dem bei Geburt im Augenschein (ein schönes Wort hier, übrigens) zugewiesenen Geschlecht? Was ist passiert oder nicht passiert, wenn sie übereinstimmt? Auch hier bleibt die Erklärung offen und der Text dazu eher kurz: Man weiß es nicht.

Natürlich gab und gibt es Theorien, die Transidentität mit bestimmten Erfahrungen beim Aufwachsen, Geschlechterrollen der Eltern, Traumata oder sexueller Gewalt verknüpfen. Doch sie sind allesamt nicht wissenschaftlich bewiesen. Es wird immer klarer, dass sie Spekulation sind und jeder Grundlage entbehren. Wie auch: Soll ein so intensives Ichgefühl (das sich genau wie bei cis Kindern früh manifestieren kann) entstehen, weil ein Idol etwas vorlebt? Oder weil Eltern etwas so gesagt oder so vorgelebt haben? Nein. Auch die Beeinflussung durch mütterliche Hormone in der Schwangerschaft, Hypothesen von Veränderungen in Hirnarealen, ein Zellmembranprotein – alles bleibt ohne letztgültige Beweise. Wobei es spannende neue Studien gibt, siehe unten. Vielleicht gibt es irgendwann etwas zu finden. Vielleicht nicht.

Das ist unbefriedigend, doch daraus lässt sich für Eltern entlastendes Wissen ziehen: Die Psychologie ist es nicht. Weder die Elternbeziehung noch die Erziehung, weder elterliche Geschlechterrollen noch das soziale Umfeld sind Ursachen. Das zu wissen, macht den Umgang leichter. Denn genau diese Fragen und Gedanken kommen bei den meisten Eltern und im Umfeld schnell auf. Wir dürfen sie wegschieben.

Für die psychische Gesundheit ist es dagegen wichtig, wie verständnisvoll sich Eltern und Umfeld dazu verhalten. Dieses Mantra sollten wir uns immer wieder vorsagen, wenn das eigene Kind eine Identität benennt, die wir als Eltern nicht nachvollziehen können. Trotzdem entsteht im Zusammenhang damit oft eine andere Frage: Woher weiß man, ob es nur eine Phase der Orientierung ist, »nur« Ablehnung des gängigen Rollendiktats beim Thema Geschlecht oder doch eine unbeeinflussbare innere Identität?

Hier einige Zahlen zur Größenordnung: Laut Schätzungen aus Studien des Williams Institute aus den Jahren 2016 bis 2019[12] identifizierten sich 0,5 Prozent der Erwachsenen in den USA als transgender, also fünf von tausend. Unter Jugendlichen zwischen 13 und 17 Jahren waren es laut dieser Studie allerdings 1,4 Prozent, also gut eine*r von hundert. Bei den Erwachsenen sind jeweils ein gutes Drittel davon trans* Frauen oder Männer (etwas mehr Frauen), ein Viertel ordnet sich als nichtbinär ein. Die Zahl der Erwachsenen, die sich als transgender einordnen, schätzt das Institut als über die Jahre gleichbleibend ein. Diese Zahlen sind geringfügig anders als die Umfrageergebnisse, die wir im Kapitel »Generation Q – eine Bestandsaufnahme« in Teil 1 zitieren, aber fügen sich nahtlos ins Gesamtbild: Zwar ist und bleibt die große Mehrheit der Menschen cis (und hetero), doch bei den jüngeren finden sich häufiger Selbstaussagen von Menschen, die sich geschlechtlich diverser verorten, als es in ihrer Original-Geburtsurkunde steht.

Wenn überhaupt, dann kann es ein Anhaltspunkt für eine spätere Transidentität sein, wenn ein Kind sehr früh deutlich macht, wie es fühlt. Kristina Olson, Psychologin an der University of Washington, beobachtet in einer Langzeitstudie seit 2013 eine Gruppe von Kindern und kommt zum Ergebnis: Je früher, je lang anhaltender und vehementer sie sich dem anderen Geschlecht zuordnen, desto wahrscheinlicher ist, dass sie später transitionieren.[13]

Beim Symbol für trans* kommt zum Kreuz unten und Pfeil rechts oben noch ein dritter Arm links hinzu, oben mit Pfeil und Strich – männlich und weiblich zugleich, was Personen einschließt, die sich keinem Geschlecht zuordnen.

Sexuelle Orientierung liegt uns nah

Wie immer dort, wo es um Selbstaussagen geht, lässt sich eine eindeutige Größenordnung schwer ermitteln, deshalb variieren auch die Zahlen zur sexuellen Orientierung stark. In der aktuellen GeSiD-Studie zu »Gesundheit und Sexualität in Deutschland« der BZgA, durchgeführt vom Institut für Sexualforschung in Hamburg, gaben 0,9 Prozent der Frauen und 1,8 Prozent der Männer an, homosexuell zu sein. Als bisexuell ordneten sich 1,8 Prozent der Frauen und 0,9 Prozent der Männer zu.[14] Laut den im Kapitel »Generation Q – eine Bestandsaufnahme« in Teil 1 zitierten internationalen Erhebungen könnten es noch deutlich mehr sein, speziell in der Kohorte der jüngeren Befragten zwischen Teenager- und Twenty-Something-Alter: Die Dalia-Studie kommt hier auf 12, die Ipsos-Studie auf 10 Prozent, die von sich sagen: Ich bin schwul, lesbisch, bi, pan oder anderes, aber nicht hetero. Für unsere Kinder bedeuten die Zahlen: In jeder Schulklasse wachsen im Schnitt ein bis drei Mädchen und/oder Jungen heran, die nicht heterosexuell sind. Doch von welcher Schätzung wir auch ausgehen: Diverse sexuelle Orientierungen im Umfeld sind alltäglich. Und vermutlich gibt es auch trans* Kinder und Personen in der weiteren Bekanntschaft, vielleicht ohne dass wir das wissen. Das ist ein Grund, alltäglicher damit umgehen zu lernen.

Auch bei der sexuellen Orientierung findet die Forschung keinen Hinweis auf direkte Vererbung, keine einzelne Stelle auf einem Chromosom, die den Ausschlag gibt. Was als Schwulen-Gen durch die Gazetten geisterte – als US-Forscher Dean Hamer 1993 behauptete, einen Zusammenhang gefunden zu haben –, wurde schnell widerlegt. Homosexualität ist weitverbreitet, überall auf der Welt, dazu bei vielen Säugetierarten. Auch hier scheint eine genetische Komponente wahrscheinlich, das zeigen Zwillingsuntersuchungen wie eine Studie der University of London und der Karolinska Universität in Stockholm[15], laut der eineiige Zwillinge etwas häufiger vom selben Geschlecht angezogen werden wie zweieiige. Aber auch das bedeutet keine echte Vorhersagekraft, ist längst nicht für alle und längst nicht automatisch gültig. Ebenso gibt es Studien zu Umweltfaktoren wie Konstellationen während der Schwangerschaft oder der Geburt, Traumata, Gewalt, Krankheiten und auch sexuellen Erfahrungen. Sie beschreiben schwache Wahrscheinlichkeiten, ohne echte Wenn-dann-Erklärung. Geschwisterstudien deuten außerdem darauf hin, dass das mütterliche Immunsystem bei der Entwicklung in der Schwangerschaft eine Rolle spielt. Vermutlich haben Sie schon davon gehört, dass die Wahrscheinlichkeit, dass ein Mann homosexuell ist, größer ist, je mehr ältere Brüder er hat. Sie wächst mit jedem Bruder um 33 Prozent. Und trotzdem ist nicht jeder vierte Sohn automatisch schwul. Auch das schmälert die Erklärungskraft: Bei homosexuellen Frauen wurde kein Geschwisterzusammenhang beobachtet.

Ein Zusammenspiel von Genen und Umweltfaktoren klingt also wahrscheinlich. Vermutlich wird vererbt, aber eben nie direkt, sondern über Distanz, übers Eck, so wie die langen Zehen von Opa oder die Sommersprossen von Großtante Lotti.

»Homo- oder Heterosexualität entwickelt sich nicht nur über einen einzigen Pfad, sondern über mehrere«, erklärte Qazi Rahman[16], seit 2013 Professor für Psychologie am Kings's College London mit Schwerpunkt Psychobiologie der sexuellen Orientierung und Gender. In jedem Fall fühlen sich Liebe und Hingezogenheit am Ende nicht anders an, je nachdem, auf welches Geschlecht man sie bezieht.

Und was ist, nur als ein Beispiel, mit dem manchmal femininen Gestus homosexueller Männer? Untersuchungen, die zeigen, dass die Gehirnstruktur homosexueller Männer in einigen Punkten scheinbar stärker denen von Frauen als von heterosexuellen Geschlechtsgenossen gleicht, sind zwar interessant, ergeben aber wieder keine zwingende Erklärung. Sogar bei heterosexuellen Menschen zeigt sich ein männlich-weibliches Mosaik im Gehirn, und nur bei einer geringen Zahl der Probanden ist das Denkorgan in allen Feldern einheitlich weiblich oder männlich, zeigt die Geschlechterforschung[17]. Gehirne lassen sich nicht als eindeutig weiblich oder männlich kategorisieren. Was uns offenbar stärker prägt, sind Klischees, Angewohnheiten und das, was wir im Alltag tun.

Allerdings gibt es auch neue Studien zum Gehirn, die bei der Geschlechtsidentität spannende Ergebnisse liefern: Eine – allerdings kleine – Studie zeigte mit Gehirnscans, dass das Gehirn von trans* Frauen in der Tendenz leicht weiblichen Gehirnstrukturen zuneigt – also der Geschlechtsidentität, in der sie sich zu Hause fühlen, auch wenn sie biologisch bei Geburt dem männlichen Geschlecht zugewiesen worden waren. Und das vor einer Hormontherapie mit weiblichen Hormonen.[18] Dabei zeigten allerdings auch die untersuchten Gehirne der cis Frauen und cis Männer eine Variationsbreite. Einige weibliche Gehirne landeten im eher männlichen Bereich und umgekehrt. Deutlich war trotzdem, dass die trans* Frauen im Durchschnitt dazwischen lagen.

Zuletzt noch eine spannende Hypothese: Die deutsch-englische Bi-Aktivistin, Wissenschaftlerin und Psychologin Julia Shaw argumentiert[19], dass wir wahrscheinlich alle bisexuell seien, sich jedoch die meisten im Sog der Kultur früh für ein festes Lager entscheiden würden. Viele Menschen kennen platonische Anziehung (und mehr: unplatonisches Prickeln) gegenüber gleichgeschlechtlichen Personen, auch wenn sie sich nie als homo- oder bisexuell sehen würden.

Das präsentiere ich als Futter für Gedanken. Da wir gerade mit

Schwung in diese Richtung gehen, füge ich an dieser Stelle ein Angebot zur Selbstreflexion der sexuellen Identität hinzu.

Selbstreflexion: Fragen zu Ihrer sexuellen Identität:

- Überlegen Sie doch einmal: Wann und wie haben Sie Ihre Geschlechtsidentität zum ersten Mal gespürt? War es ein unmittelbares Gefühl oder ein Produkt der Erziehung?
- Wie gut passten Ihre Gefühle, Ihr Verhalten zu den vorgegebenen Geschlechterrollen? Woran mussten Sie sich gewöhnen? Woran haben Sie sich vielleicht in Bezug auf Ihr Geschlecht nie gewöhnt?
- Ähnlich, aber anders: Woher kennen Sie Ihre sexuelle Orientierung? Wann wurden Sie zum ersten Mal gefühlsmäßig darauf aufmerksam? Haben Sie oder Ihr Umfeld etwas dafür getan, ein Begehren hervorzubringen?
- Ein Gedankenspiel: Wie würden Sie reagieren, wenn Ihnen jemand sagen würde, Sie müssten sexuell oder geschlechtlich anders fühlen? Sie lägen falsch. Könnte man Sie, könnten Sie sich »umerziehen«?
- Wie sind Sie zum Verständnis anderer Identitäten gelangt? Haben Sie Menschen kennengelernt, deren geschlechtliche Identität oder sexuelle Orientierung eine andere ist als Ihre? Inwiefern hat das Ihr Denken verändert?

Was bedeutet das »biologische Geschlecht«?

Die Frage, was das biologische Geschlecht definiert und wie viele Geschlechter es gibt, ist heftig umkämpft, nicht nur in Deutschland, sondern weltweit. Dahinter steckt die Grundfrage: Was ist normal, was grenzt die Gesellschaft aus? Sie haben gerade einiges über biologische Phänomene und medizinische Tatsachen gelesen, was Ihr inneres Konzept vom Geschlecht vermutlich erweitert hat.

Natürlich gibt es immer die, die an sich herabschauen, sich umsehen und nur die Oberfläche betrachten oder das, was sie bestätigt. Sie folgern: Ich habe einen Penis. Oder: Ich habe eine Vulva. Und ja: Viele haben einen Penis. Viele haben eine Vulva. Um Kinder zu zeugen, sind entscheidende Körperzellen von je einer Seite dafür nötig. Also ist doch alles klar! Das ist Biologie, und darum gibt es nur zwei Geschlechter, basta.

Doch von sich selbst auf alle zu schließen, war noch nie richtig, weil es nicht anerkennt, was es sonst noch gibt. Dennoch erkennen viele Menschen Identität, die über ihre persönliche Lebenserfahrung hinausgeht, nicht an oder erklären sie für nicht normal. Begriffe wie »krank« oder »abartig« traut sich zum Glück kaum noch jemand in den Mund zu nehmen – jedenfalls außerhalb von Twitter –, aber der Gedanke schwingt oft mit.

Eine aktuelle Umfrage bildet ab, was die meisten auf der Alltagsebene, geprägt durch die Vorstellung von Mann und Frau, denken: In einer Umfrage für die Wochenzeitung *Die Zeit*[20] lehnten 67 Prozent der Befragten die Aussage ab, dass es mehr als zwei Geschlechter gibt. Zwei von drei Personen also ist nicht klar, dass diese Zweiteilung für einige Menschen ein Dilemma ist. Und zwar eine lebenswichtige Frage, Grund ständiger Ausgrenzung, nicht gesehen und gewürdigt zu werden. Für trans*, inter* und nichtbinäre Personen ist auch höchst verletzend, dass die Gegner*innen und Kritiker*innen von Vielfalt behaupten, man könne sein Geschlecht beliebig »wählen«. Sie wählen nicht! Sie sind männlich, weiblich oder nichtbinär, und zwar unabhängig davon, welche körperlichen Merkmale die Biologie ihnen zuordnet. Das nicht anzuerkennen, ist respektlos und verletzt das Menschenrecht auf eine freie Entfaltung der Persönlichkeit.

Zugleich macht die Umfrage Mut, denn die Zustimmung für die Existenz von mehr als zwei biologischen Geschlechtern ist vermutlich höher denn je: 24 Prozent, also jeder und jede Vierte bejahen sie, dazu kommen 9 Prozent Unentschiedene. Also hat schon eine von drei Personen Zweifel, dass zwei Geschlechter alle Menschen abbilden.

Damit komme ich zu meinem, unserem, letzten Argument zum Thema Biologie der Geschlechter: Tatsächlich besteht bei der Mehrheit der Menschen eine Übereinstimmung von Identitätsgefühl im Geschlecht mit Penis, Vagina, sekundären Merkmalen mit dem Eintrag im Personalausweis. Das ist Biologie. Aber: Wie wir gezeigt haben, entspringen auch die Gefühle von Identität im Trans*- und Inter* Spektrum und darüber hinaus am Ende natürlichen Körpern. Auch ihr Sein ist Biologie – ob sich die Identität nun aus Genen, Gehirn oder Geschlechtsorganen speist. Denn das gehört ja alles zum Körper dazu.

Und das ist jetzt die Antwort hinter der Antwort auf die Frage nach biologischen Ursachen von Diversität: Wenn Gefühle von Ichsein und Geschlecht der Steuerung von Gehirn und Stoffwechsel entspringen, ist doch auch das biologisch, nicht wahr? Auch das führt zu Ausprägungen jenseits der zwei Geschlechter und über die heterosexuelle Orientierung hinaus: Biologie.

Dabei ist es übrigens spannend zu sehen, dass große Teile der Gesellschaft die Tatsache der Homosexualität in den letzten Jahren akzeptiert haben. Das hat den Begriff von Normalität verändert. Bei der Geschlechtsidentität jedoch steht das noch bevor, Unwissen und falsche Urteile sind weitverbreitet. Ich vermute, weil das Geschlechterthema noch stärker persönlich herausfordert. Aber manchmal müssen wir mit mehr Uneindeutigkeit klarkommen. Um darüber mehr zu erfahren, lesen Sie ja auch dieses Buch.

Transgeschlechtlichkeit: Was ist medizinisch möglich und wann?

Wahrscheinlich brennen Ihnen nach so viel übergeordneter Theorie jetzt vor allem praktische Fragen auf den Nägeln: Wenn ich tatsächlich ein Kind habe, das sagt: »Ich habe einen Körper, der nichts mit meinem Geschlechtsempfinden zu tun hat« – was ist dann zu tun? Dazu kommen wir hier.

Vor Beginn der Pubertät: Abwarten und beraten lassen. Zum Thema Transgeschlechtlichkeit kursieren jede Menge Halbwahrheiten, sodass manche Menschen ein Zerrbild im Kopf haben, von Mediziner*innen, die schon Kinder im Grundschulalter in den OP verfrachten wollen. Um es klar zu sagen: Das tut keiner, es ist sogar verboten. Da ein hoher Prozentsatz transgeschlechtlicher Kinder allerdings schon früh um die eigene Identität Bescheid weiß, unterstützt man diese am besten, indem man ihnen ihr So-Sein zugesteht: sie mit einem Namen anspricht, der zur Identität passt; ihnen erlaubt, sich zu kleiden, wie sie möchten; Schule und Kita bittet, das zu unterstützen.

Neuere Studien, etwa an der Texas University, legen nahe: Die psychische Gesundheit ist stabiler und das Suizidrisiko sinkt drastisch, wenn trans* Jugendliche von Familie, in der Schule und von Freund*innen mit ihrem gewählten Namen angesprochen werden.[21] Durch das neue Selbstbestimmungsgesetz, voraussichtlich erst im Lauf des Jahres 2023 verabschiedet (siehe Kapitel »Alles, was Recht ist« in Teil 3), wird es wohl in Zukunft einfacher werden, auch für jüngere Kinder Namen und Geschlechtseintrag auf offiziellen Dokumenten zu ändern.

Doch all das betrifft nicht die *körperliche*, sondern ausschließlich die *rechtliche* Seite einer Transition, also einer Anpassung an die Geschlechtsidentität. Empfindet sich ein Kind über lange Zeit und entschieden als transgeschlechtlich, kann es sinnvoll sein, sich frühzeitig um einen Beratungstermin zu kümmern, etwa in einer Gender-Sprechstunde der großen klinischen Zentren in Hamburg (am UKE), in Münster oder an der Berliner Charité oder an anderen Klinikzentren, die man meist in Großstädten findet. Allerdings sollten Eltern wissen: Die Wartezeiten betragen bis zu einem Jahr – auch wenn es mancherorts die Möglichkeit gibt, dringliche Notfalltermine zu machen –, und wenn die ersten Anzeichen der Pubertät sichtbar werden, steht unter Umständen eine erste medizinische Entscheidung an. Oder anders herum: Wenn die Pubertät kommt, beginnt bei vielen trans* Kindern eine schwere Zeit, weil die Inkongruenz im Körper stärker sicht- und spürbar wird. Es ist also gut, frühzeitig Kontakt zu suchen.

Zu Beginn der Pubertät: Zeit gewinnen. Wenn der Körper sich zu verändern beginnt, die ersten Anzeichen von Brustwachstum oder Stimmbruch zu erkennen sind, entsteht bei trans* Kindern häufig erhöhter Leidensdruck: War es vorher noch möglich, optisch einfach durch Kleidung und Frisur als Junge bzw. Mädchen durchzugehen (der gebräuchliche englische Begriff dafür lautet *passing*), wird das zunehmend schwieriger.

Also steht nun die Frage nach Hormonen, die die Pubertät für eine gewisse Zeit stoppen beziehungsweise aufschieben (auch Pubertätsblocker genannt) im Raum. Diese wirken auf die Hirnanhangdrüse und blockieren dort die Produktion der pubertätsauslösenden Hormone. Dadurch wird die Ausschüttung körpereigener

Geschlechtshormone der Hoden und Eierstöcke verhindert, die die Entwicklung zum Mann bzw. zur Frau vorantreiben würden. Das ist ein einschneidender Eingriff in die Natur, und es ist ein verständlicher Reflex, das verhindern zu wollen. Das Gute ist: Als Eltern sind Sie mit dieser Entscheidung nicht allein, sondern – jedenfalls, wenn es gut läuft – umgeben von Fachleuten, die sachlich aufklären und Ängste nehmen können, bei Eltern wie bei Kindern. Und: Es kann Ihrer Familie eine dringend notwendige Atempause verschaffen. Voraussetzung für diesen hormonellen Eingriff ist eine Indikation durch in Genderfragen erfahrene Psychotherapeut*innen oder Psychiater*innen. Befürworten diese die Hormongaben, wird die Pubertät für eine Weile – in der Regel bis maximal zwei Jahre – in eine Art »Winterschlaf« versetzt. Das heißt: Das Längenwachstum wird nicht wesentlich beeinträchtigt, sondern der pubertäre Wachstumsschub aufgeschoben, und der Köper entwickelt sich sonst nicht weiter in die weibliche oder männliche Richtung. Die Brust bleibt flach bzw. es kommt nicht zum Stimmbruch, auch der Körperbau bleibt kindlich. Sinn dieser Maßnahme ist es, Zeit zu gewinnen für Klärung, Beratung, Selbstvergewisserung. Sollte sich der oder die Jugendliche währenddessen doch wieder an sein bzw. ihr äußerlich sichtbares Geschlecht annähern, dann lassen sich diese Hormone absetzen, und die Pubertät nimmt danach ihren von den Keimdrüsen und Geschlechtshormonen bestimmten Lauf.

Das entlastet Patient*innen und ihre Eltern, denn die Entscheidung ist bis zu diesem Punkt reversibel. Ein medizinisches Risiko gibt es, denn die verabreichten Hormone erhöhen die Anfälligkeit für Osteoporose, sprich, die Knochendichte kann beeinträchtigt werden – allerdings eher nur, wenn man die Präparate länger als rund zwei Jahre lang verabreicht (setzt die Pubertät schon sehr früh ein, ist die Behandlung auch ein bisschen länger vertretbar). Auch aus psychosozialen Gründen ist es nicht sinnvoll, Menschen zu lang in diesem körperlichen Schwebezustand zu belassen – keine*r ist gern das letzte Kind unter lauter werdenden Erwachsenen.

Der eminent wichtige Vorteil der Pubertätsblocker ist: Wenn die Transgeschlechtlichkeit von Dauer ist, ersparen Eltern ihren Kindern damit spätere invasive Eingriffe und Therapien. Das betrifft besonders die Brust – trans* Jungen vermeiden damit die Entfernung der weiblichen Brüste, Mastektomie genannt. Man erspart einem trans* Mädchen und bald Frau, in männliche Proportionen zu wachsen, breite Schultern, das markante Kinn. Trans* Frauen, deren Kehlkopf sich nicht männlich entwickelt, behalten eine höhere Stimme. Im Erwachsenenalter lässt sich der tiefe Klang von länger gewordenen Stimmbändern nur bedingt durch Logopädie beeinflussen. Fazit: Das *Passing*, also die Lebensqualität im eigentlichen Geschlecht, wird extrem negativ beeinflusst, wenn man Pubertätsblocker kategorisch ausschließt. Statt eindeutig männlich oder weiblich auszusehen, macht es für die gesamte Umwelt sichtbar, dass die körperlichen Merkmale nicht dazu passen. All das kann man den Jugendlichen ersparen.

Das spricht also sehr gegen das häufig vorgebrachte Argument, man solle am besten mit sämtlichen medizinischen Maßnahmen bis zur Volljährigkeit warten, damit die Betroffenen auch sicher reif genug sind für diese Entscheidungen – denn dann ist es für vieles schlicht zu spät. Es gibt allerdings, das muss man hier erwähnen, auch Kritiker*innen von Medizinerseite, die sagen: Schon durch die Gabe der Pubertätsblocker wird eine spätere cisgeschlechtliche Entwicklung noch weniger wahrscheinlich, eben weil die »normale« Entwicklung von Körpergefühl und Begehren unterbunden wird. Vereinfacht gesagt, lautet die These: Eine äußerlich männliche Person, die sich als trans* Mädchen fühlt und weibliche Hormone erhält, wird die Transition in den meisten Fällen weiter fortsetzen. Würde man der Natur ihren Lauf lassen, könnte es eher passieren, dass die Person sich mit ihrer männlichen Körperlichkeit aussöhnt, die körperliche Dysphorie, also Ablehnung des Körpergeschlechts, überwindet, den Penis als lustvolles Organ für sich entdeckt und zu einem schwulen Mann heranwächst, vielleicht feminin, aber keine Frau (das gilt natürlich auch für den umgekehrten Fall einer Transition). Zweifelsfrei belegen oder widerlegen lässt sich die These nicht.

Und auch hierzu muss man einschränkend sagen: Das kann in Einzelfällen vorkommen, darum sind Entscheidungen auch sehr sorgfältig zu treffen. Es ist aber so, dass eine überwältigende Mehrheit der trans* Personen existenziell daran leidet, wenn Körper und Identität nicht zusammenpassen.

In der späten Pubertät: Richtungswechsel. Wenn die Transidentität weiter fortbesteht, stehen eventuell irgendwann Schritte an, die sich nicht, nicht vollständig oder zumindest nicht einfach rückgängig machen lassen. Testosteron bzw. Östrogen, in Form von Gel, Tabletten oder von regelmäßigen Injektionen, führen dazu, dass der Körper sich nach der unterbrochenen Pubertät nun in die Richtung entwickeln kann, die zur Identität passt. Das heißt: Bartwuchs bei trans* Jungen, breitere Schultern, Zuwachs an Körpergröße, kantigere Gesichtszüge, Stimmbruch – und Brustwachstum plus weichere Körper- und Gesichtsformen bei trans* Mädchen. Daraus folgt, dass – abgesehen von der vielleicht ungewöhnlichen Körpergröße – die Betroffenen von ihrer Umwelt auf den ersten Blick tatsächlich als männlich bzw. weiblich wahrgenommen werden und sich nicht ständig erklären müssen. Es gibt aber auch Patient*innen, die keine Pubertätsblocker nehmen und mitten in der Pubertät oder sogar weit danach mit Testosteron/Östrogen anfangen. Dann sind die äußerlichen Ergebnisse oft nicht ganz so »perfekt« wie bei einer frühen Weichenstellung.

Diese Therapie hat allerdings ihren Preis. Denn: Die Hormone müssen lebenslang genommen werden, und die Langzeit-Nebenwirkungen sind noch wenig erforscht. Vor allem ist die Fortpflanzungsfähigkeit oft dauerhaft beeinträchtigt. Selbst wenn trans* Männer ihre Testosterongaben absetzen, heißt das nicht, dass sie in jedem Fall schwanger werden und ein Kind austragen können. Möglich ist das allerdings schon. Umgekehrt gibt es trans* Frauen, die ihre Hormontherapie unterbrechen, bis ihr Körper wieder zeugungsfähige Spermien bildet, um auf biologische Weise Kinder haben zu können.

Ab 16 beziehungsweise 18 Jahren: OP oder nicht? Operationen zur weiteren Geschlechtsanpassung, vor allem zur äußeren Form der Geschlechtsorgane, sind meist erst bei Volljährigkeit ein Thema, eine Brust-OP manchmal auch früher, ab 16 Jahren. Manche trans* Menschen entscheiden sich gegen Genital-OPs, weil die sexuelle Empfindsamkeit davon beeinträchtigt werden kann und die plastische Chirurgie ihre Grenzen hat. Das allerdings sind höchstpersönliche, intime Entscheidungen, die erwachsene trans* Menschen für sich selbst treffen müssen – dann können Eltern nur noch behutsam unterstützen und begleiten, können und müssen aber nichts mehr mitentscheiden.

Fakt ist: Diese Schritte, hormonell wie operativ, lassen sich nicht oder nicht mehr so einfach rückgängig machen, anders als die Gabe von Pubertätsblockern. Und niemand kann zweifelsfrei versprechen, dass der- oder diejenige nicht später die Entscheidung bereut. Das zeigen Geschichten wie die der Britin Keira Bell, einer ehemaligen Transperson, die heute wieder als Frau lebt und die Londoner Tavistock-Klinik verklagt hat, die ihr bei ihrer Transition zum Mann geholfen hat.[22] Tragische Geschichten wie diese sind zwar die große Ausnahme, bestätigen Expert*innen wie der erfahrene Hamburger Endokrinologe Achim Wüsthof (siehe Kapitel »Dieser Weg wird kein leichter sein« in Teil 2). Und sie sind selbstredend kein Grund, anderen die Behandlung zu verweigern. Aber sie zeigen, wie heikel das Thema ist.

Fakt ist aber auch: Die allermeisten transgeschlechtlichen Menschen empfinden medizinische Möglichkeiten als Segen. Verschiedene internationale Studien – etwa aus den Niederlanden, Schweden und Brasilien – zeigen, dass lediglich zwischen 1 und 3 Prozent später ihre Entscheidung bereuen, sowohl unter Jugendlichen als auch bei Erwachsenen.[23]

Und was heißt das jetzt?

Um es klar zu sagen: Niemand kann Ihnen Entscheidungen abnehmen, mit denen Sie vielleicht konfrontiert sind. Nicht einmal Ärzt*innen, Psycholog*innen und Psychiater*innen können zweifelsfrei bestimmen, für wen welcher Weg der richtige ist – entweder, weil er, sie oder, nichtbinär, »dey« einen Schritt gemacht hat, der nicht vollständig rückgängig zu machen ist, oder aufgrund von Fakten, die der Körper schafft, wenn man zu lange gewartet hat. Gleichzeitig ist es wichtig, unseren Kindern zu vertrauen: Sie allein können Auskunft darüber geben, wer sie im Inneren sind.

Im Anhang dieses Buches finden Sie Adressen von Beratungsstellen und Organisationen, die bei Fragen zu diesem Zwiespalt helfen. Aber auch wenn wir keine individuelle Beratung bieten können, hoffen wir, dass dieses Buch Sie auch an dieser Stelle weiterbringt: indem wir über die medizinische Seite aufklären, aber auch von Menschen erzählen, die aus erster Hand wissen, was das bedeutet.

Dieser Weg wird kein leichter sein – Transgeschlechtlichkeit als Herausforderung für alle

Nach diesem medizinischen Exkurs geht es nun wieder hinein ins pralle Leben. Verena trifft eine Familie im Rheinland, die auf bewundernswerte Weise einen solch schwierigen Weg gemeistert hat – alle miteinander, wenn auch nicht alle im selben Tempo.

Ein Herbstabend in einem gepflegten Wohnzimmer in einem familiären Viertel in Köln. Um den langen Tisch vor der Durchreiche haben sich alle vier versammelt: Ein Vater, IT-Ingenieur, eine Mutter, Lehrerin, ein Teenagersohn, (elfte Klasse), eine Katze. Die werden wir noch brauchen für unser Gespräch, als kleinen Tröster zwischendurch, aber auch, weil sie mit ihrer leicht arroganten Katzenart immer wieder für Unterhaltung sorgt: springt auf den gedeckten Tisch, kratzt zwischendurch lautstark an ihrem Kratzbaum (»Hallo, ICH bin hier die Hauptperson!«), beschwert sich schließlich, als sie aus dem Zimmer geworfen wird.

Ganz normaler Alltag eben, und der mir gegenübersitzt, ist auf den ersten Blick ein Teenager wie alle anderen auch: Jeans, Hoodie, ein paar spätpubertäre Pickel auf der Stirn, Kurzhaarschnitt, Bartschatten unter der Nase. »Ich bin Alex«, hat er gesagt und mir die Hand gedrückt.

Tief drinnen war er das immer: Alex, Pronomen: er/ihn, der sich für japanische Comic-Kultur begeistert, gut in der Schule ist, von einer Schauspielkarriere träumt. Aber betrachtet man alte Fotos von ihm, dann sucht man den Jungen vergebens. Das Kind auf den Fotos sieht aus wie ein Mädchen, mit Haarband und Kleidchen, Pagenschnitt, intensivem Blick. Alex ist trans*. Hier, an diesem Küchentisch, erzählt er mir seine Geschichte. Achtung: Sie ist heftig und schmerzhaft, es geht um Suizidgedanken und psychische Krankheit.

Alex, der Sohn – oder: Marc-Uwe Kling statt Caroline Kebekus. »Ich kann nicht sagen, wann genau mir zum ersten Mal bewusst wurde, dass etwas an mir anders ist als bei meinen Freundinnen. Ich habe zwar lieber Piratengeburtstag gefeiert als Prinzessinnengeburtstag, aber ich habe auch Kleider und weibliche Frisuren getragen. Meistens habe ich einfach gemacht, was andere Mädchen mir gesagt haben, ich hatte zu diesen Äußerlichkeiten keine große Meinung.

Aber da war eine Sache, die allen auffiel. Wenn ich als Grundschulkind gefragt wurde, was ich später werden möchte, habe ich immer gesagt: Comedian, so wie Marc-Uwe Kling! Meine Mutter hat dann immer geantwortet: Oder wie Caroline Kebekus, es gibt doch auch tolle weibliche Comedians! Ich weiß heute, sie wollte mir einfach Mut machen, sie dachte, ich habe zu wenig weibliches Selbstbewusstsein. Aber daran lag es nicht. Ich konnte mich einfach nicht als erwachsene Frau sehen. Als erwachsenen Mann aber schon.

So richtig auf die Suche gegangen bin ich aber erst mit 12, 13. Da hat sich ein*e Freund*in von mir, ein paar Jahre älter als ich, als nichtbinär und lesbisch geoutet. Erst dachte ich, okay, das wäre ja cool, wenn ich auch so wäre, einfach, damit wir etwas gemeinsam haben und weil das unsere Freundschaft stärkt. Dann stellte ich fest: Oh, ich verliebe mich ja tatsächlich in Mädchen! Also war ich das wohl wirklich, lesbisch, oder bi.

Unter meinem Körper habe ich zunächst gar nicht besonders gelitten, ich hatte auch noch keine große Oberweite, und habe mich einfach genderneutral gekleidet, Jeans, Pulli. Aber ich habe damals als Hobby Cosplay für mich entdeckt, also das Nachspielen von japanischen Manga-Figuren, mit Perücke, Kostüm, Make-up, und auch da war es wieder so, dass ich mich ausschließlich mit den männlichen Charakteren identifiziert habe.

Eines Tages habe ich zu meiner Mutter gesagt, dass ich vielleicht genderfluid bin. Das hat unserer Beziehung damals einen ziemlichen Knacks verpasst – denn zum ersten Mal stieß ich auf Ablehnung. Dass ich lesbisch oder bi sein könnte, das war für sie nie ein Problem gewesen. Aber jetzt auf einmal kam so ein brüsker Kommentar von ihr: ›Was soll das denn sein, gibt es das überhaupt, ich sehe das nicht.‹ Das hat mich verletzt. Ich habe mich in der Folge sehr zurückgezogen. Und allmählich, da war ich 14, wurde ich richtig depressiv. Ich lag immer häufiger den ganzen Nachmittag im Bett, völlig antriebslos.

Meine Mutter versuchte mir immer wieder zu helfen und sagte mir: ›Du bist nur unsicher in deinem Körper, das ist normal, das sind viele Mädchen! Versuch doch, dich so zu akzeptieren und schön zu finden, wie du bist.‹ Aber das war gar nicht mein Problem. Ich fand meinen weiblichen Körper nicht hässlich. Aber wenn ich in den Spiegel schaute, dachte ich: Das bin einfach nicht ich. Ich sehe mich da nicht. Dann dachte ich wieder: Es gibt ja auch sehr maskuline lesbische Frauen, sehr androgyne Typen, so könnte ich ja leben. Dieser Gedanke half aber immer nur kurz.

Meine psychische Gesundheit wurde immer schlechter, ich dachte sogar daran, mir das Leben zu nehmen. Dann war da der Drang, mich selbst zu verletzen. Das Einzige, was mich zurückhielt, war der Gedanke: Das geht nicht, vielleicht brauchst du unverletzte Haut von deinen Armen für spätere kosmetische Eingriffe. Denn auch wenn ich es noch nicht so ganz wahrhaben wollte, war da wohl unbewusst schon dieser Gedanke: Vielleicht bin ich trans*. Und ich wusste, dass bei geschlechtsangleichenden Operationen oft großflächig Haut transplantiert wird.

Aber so richtig hatte ich mein inneres Coming-out, die Klarheit mir selbst gegenüber, erst an einem Abend, als ich mir für ein

TikTok-Video einen Bart aufgemalt habe. Eigentlich aus Spaß. Aber als ich mich so sah, war da plötzlich diese Erkenntnis: Ja. *Das* bist du. Euphorie und gleichzeitig große Angst: Wenn meine Eltern schon so ablehnend auf das Wort genderfluid reagiert haben, was werden sie erst sagen, wenn ich mit der ganzen Wahrheit herausrücke? Ich habe viel geweint, viel gehadert. Und konnte gleichzeitig nicht mehr ertragen, dass mich alle mit meinem weiblichen Namen und ›sie‹ ansprachen. Irgendwann saß ich wieder weinend auf dem Sofa, meine Mutter setzte sich zu mir, sie war ja in großer Sorge. Am Ende hat sie vermutlich eher geraten, als sie fragte: ›Bist du trans*? Ist es das?‹

Danach ging alles recht schnell: Innerhalb von wenigen Tagen habe ich mich erst vor Freund*innen geoutet, mit meinem angenommenen Namen Alex, dann auch in der Schule, was dort unkompliziert und gut aufgenommen wurde. Obwohl es hier und da auf dem Schulhof Getuschel gab, und am Anfang wurde ich noch häufig mit meinem alten Namen, meinem ›Deadname‹, und weiblichen Pronomen angesprochen. Wenn auch in den meisten Fällen versehentlich. Aber diese Übergangszeit ist auch für alle schwierig: Du weißt, du bist ein Junge, die anderen sprechen dich auch so an, aber du siehst einfach nicht so aus und klingst nicht so. Denn erst einmal muss man ja die Gutachten für Testosteron bekommen, und auch wenn man schließlich damit anfangen kann, passiert erst einmal nicht viel, außer, dass man ständig müde müde ist. So war es jedenfalls bei mir. Die körperliche Veränderung braucht ihre Zeit.

Viele Menschen glauben, dass so ein Coming-out und die medizinische Behandlung dazu einfach einen Schalter umlegen: Hurra, endlich bin ich ich selbst und superglücklich. So einfach ist es aber nicht, leider. Ich hatte gerade am Anfang enorme Emotionsschwankungen, war immer noch depressiv, habe viel in der Schule gefehlt, weil ich einfach überhaupt keine Energie hatte. Es gab deshalb viele Konflikte mit meinen Eltern, aber es war mir einfach nicht möglich.

Ungefähr drei Monate nach Beginn der Behandlung wurden schließlich meine Schultern breiter, meine Stimme tiefer. Das fühlte sich gut an – aber eher im Sinne von: Endlich ist alles so, wie es schon immer hätte sein sollen. Auch cis Menschen stehen ja nicht jeden Tag happy vor dem Spiegel, weil das Bild darin mit dem eigenen Geschlechtsempfinden zusammengeht. Aber endlich stimmte die Werkseinstellung.

Jetzt, acht Monate nach Behandlungsbeginn, merke ich aber deutlich, dass es psychisch aufwärtsgeht. Ich gehe wieder täglich in die Schule, bin selbstbewusster, habe mehr Energie, stehe zu mir, habe sogar einen Termin für die Brust-OP, nach der ich endlich enge Shirts tragen kann. Manche Menschen fragen mich noch immer: Hast du dir das alles auch gut überlegt? Die Frage finde ich gar nicht so blöd, und auch nicht, dass das alles so lang dauert und so ein schwieriger Prozess ist, mit der Verpflichtung zu begleitender Psychotherapie, den vielen verschiedenen Arztterminen bei unterschiedlichen Spezialist*innen, den Gutachten. Das verhindert, dass jemand aus einer Laune heraus den falschen Weg nimmt, und ich denke, das ist richtig so. Aber ich habe mich jetzt endlich selbst.

Das Verhältnis zu meinen Eltern wird Narben davontragen, weil ich mich zwischendrin nicht gesehen, nicht unterstützt gefühlt habe. Aber jetzt ist es in Ordnung, wir haben uns als Familie wiedergefunden, der Alltag geht weiter, und ich habe neue Kraft, neue Ziele und Träume. Wir sind auf einem guten Weg. Und vielleicht machen mich die Schwierigkeiten, die schon hinter mir liegen, auch zu der starken Person, die ich heute bin. Aber an keinem Punkt wäre es mir eingefallen zu sagen: Okay, wenn das alles so hart ist, dann lebe ich eben weiter als Mädchen.«

Alex' Eltern haben sich die Geschichte ihres Sohnes angehört, ohne ihn zu unterbrechen, ohne zu widersprechen. Jetzt frage ich sie: Wie war das für euch, als Mutter und Vater? Hättet ihr nachträglich etwas anders machen wollen?

Die Mutter: »Im Nachhinein ist man immer klüger. Es gab so viele Anzeichen in Alex' Kindheit, die darauf hingedeutet haben. Und ich wusste, dass es so etwas gibt wie Transidentität. Aber gleichzeitig habe ich das immer mit schrillen Dragqueens in Verbindung gebracht, nicht mit meinem eigenen Leben. Anders als lesbisch oder schwul sein kam es in meiner Welt einfach nicht vor. Als Alex dann so mit sich gehadert hat, mit 13, 14, dachte ich: Da kommt einfach jemand in der Pubertät nicht mit, es kann ja kaum die Lösung sein, sich den Busen abzubinden! Ich habe mir eher Sorgen gemacht wegen der Depressionen, aber ich habe es umgekehrt gesehen: dass er mit sich im Unreinen ist, psychisch belastet, und sich einen Ausweg konstruiert, indem er sagt: Meine körperliche und meine gefühlte Identität passen nicht zusammen. Ich fand, man muss erst seine Depressionen behandeln und dann sehen, ob sich das Geschlechtsthema von allein erledigt – dabei war es genau umgekehrt, das sehe ich jetzt. Schließlich bekommt man als Mutter auch viel Druck von außen. Und fragt sich, ob und was man falsch gemacht hat.

Als er sich schließlich geoutet hatte, war das am Ende für alle eine Erleichterung. An dem Tag selbst bin ich drei Stunden durch den Stadtwald gelaufen, um zu trauern – um meine Tochter, die ich nie als erwachsene Frau erleben werde. Und alles, was daran an Vorstellungen hängt, die familiäre Zukunft, Enkelkinder ... danach war es aber für mich ausgestanden. Weil ich mir dachte: Du verlierst niemanden. Das ist immer noch derselbe Mensch, dein Kind. Es ist nur ein inneres Bild, das ich loslassen muss.

Später haben mir die Mitarbeiter*innen der Beratungsstelle hier in Köln sehr geholfen mit ihrer pragmatischen Ansage: Egal, welche Entscheidung wir treffen, sie kann so richtig wie falsch sein. Das heißt, wenn wir ihn jetzt nicht auf seinem Weg unterstützen, schaden wir ihm unter Umständen mehr, als wenn wir ihn ermutigen. Auch wenn es nie eine Garantie gibt. Und eines kann ich verraten: Der Weg ist kein Selbstgänger, vor allem für Kassenpatient*innen. Oft weiß die eine Hand nicht, was die andere tut, man wartet ewig auf die Gutachten, dann noch mal ewig auf den Termin beim Endokrinologen, und oft wartet man vergeblich auf ein Gespräch, wenn man Fragen zu Risiken und Nebenwirkungen hat. Und dann denke ich immer: Wir als Familie haben ja noch Glück! Wir sind privilegiert, gebildet, haben Kontakte zu medizinischen Fachstellen, wohnen in einer Großstadt, können uns die Zeit nehmen, das zu managen. Was ist mit all denen, denen es in der Hinsicht anders geht?«

Der Vater: »Auch ich hatte mich vorher im Leben noch nie mit diesen verschiedenen Konzepten von Geschlechtlichkeit beschäftigt – und ich muss zugeben, den Anfang von Alex' Suche habe ich gar nicht so ganz mitbekommen, weil ich so viel gearbeitet habe und mit meinem Kopf woanders war. Und klar, auch ich habe mir Sorgen gemacht wegen der medizinischen Risiken. Gleichzeitig war ich verblüfft, wie leicht mir dieser Übergang gefallen ist: Ich dachte, ich hätte eine Tochter, jetzt habe ich einen Sohn, den heiße ich willkommen.

Ich fände es gut, wenn wir das Thema Männlichkeit und Weiblichkeit ein wenig von den Polen lösen könnten, von den Extremen. Eine Frau, ein Mann, was heißt das genau? Ich bin ein Mann, klar – aber einer, der sich nicht für Fußball interessiert. Früher haben mich Freund*innen manchmal als ›metrosexuell‹ belächelt, also der Typ Mann, der sich mehr für Mode und Kosmetik begeistert als für Heimwerken. Na und? Ich glaube, es würde helfen, wenn wir uns von den Stereotypen lösen. Dann muss sich keiner defizitär fühlen, wenn er denen nicht entspricht. Damit meine ich aber nicht, dass das für Alex eine Lösung gewesen wäre, einfach weiter als Mädchen zu leben. Wer dieses Unbehagen am eigenen Körper nicht nachvollziehen kann, dem rate ich, sich einmal vorzustellen, wie es wäre, plötzlich eines Morgens als Mann mit Brüsten aufzuwachen. Oder als Frau mit Penis. Ich frage mich auch: Was ist mit Menschen, die vor fünfzig, vor hundert Jahren das Gefühl hatten, einem anderen Geschlecht anzugehören, und denen nichts übrig blieb, als das mit sich selbst auszumachen? Das hat sicher zu sehr viel falschem Leben geführt, und sehr viel Leid.«

Was für ein spannender Einblick in die Auseinandersetzung einer Familie mit transidentem Kind. Manchmal, während des Gesprächs, habe ich mich gefragt: Was hätte ich anstelle der Eltern getan? Am Ende, denke ich, wäre ich vermutlich nicht so anders gewesen: mit den Zweifeln, dem Zögern, auch der Ablehnung, um dann am Ende doch hinter meinem Kind zu stehen. Viele Momente des Wiedererkennens gab es auch – die Begeisterung für Fantasy-Gestalten und diese Cosplay-Perücken und -Outfits, mit denen man sich in Wesen aus anderen Welten verwandeln kann, die kenne ich auch von meiner Tochter*. Einmal Gestaltwandler sein, einfach so – eine Sehnsucht, die wohl viele Menschen vereint, die nicht den Geschlechternormen entsprechen, egal, wie das im Einzelfall aussieht. Was natürlich nicht heißt, dass alle Cosplayer genderfluid oder trans* sind – aber ich schätze, der Anteil unter ihnen ist höher als im Bevölkerungsdurchschnitt.

Die Geschichte der Kölner Familie hat mich beeindruckt: die inneren Kämpfe des Jugendlichen, die Unterstützung der Eltern. Anderes hat mich an mich selbst und meine Familie erinnert: das Übersehen von Zeichen, das Herunterspielen. Auch wenn es bei uns keinen Zwang zu einer Entscheidung gab, auch keine schweren psychischen Verwerfungen, die Parallelen sind deutlich.

Nun möchte ich eine andere Seite hören. Zurück in Hamburg habe ich mich dazu mit dem Endokrinologen Dr. Achim Wüsthof zu einem Gespräch verabredet. Er sitzt als Vertreter der Deutschen Gesellschaft für pädiatrische Endokrinologie in der Kommission, die über die Behandlungsleitlinien für trans* Menschen entscheidet. In den vergangenen 15 Jahren hat er um die 800 Jugendliche auf ihrem Weg begleitet, früher am UKE, heute im Endokrinologikum in Altona, das sich auf den ersten Blick nicht von einer anderen Praxis unterscheidet: weiße Wände, graue Böden, blitzsauber, Kinderbilder in einem großen Glasrahmen auf dem Flur. Doch viele der Gespräche, die hier stattfinden, gehen an die Substanz. Für die Patient*innen, aber auch für einen Mediziner, der sich seine Entscheidungen nicht leicht macht und, so scheint mir, schwer an seiner Verantwortung trägt.

*Herr Dr. Wüsthof, mit welchen Wünschen kommen Ihre jugendlichen Patient*innen zu Ihnen?*
Als Endokrinologe bin ich die Anlaufstelle für Hormonbehandlungen, das heißt, hier sitzen zumeist Jugendliche, die darauf brennen, loszulegen mit Östrogen oder Testosteron. Die sind häufig wie auf einer Schiene, mit Tunnelblick: Ich will am liebsten gestern damit anfangen, nur wenn ich mein Geschlecht angleiche, kann ich ein gutes Leben führen. Ich könnte mich einfach als Dienstleister zurücklehnen und sagen: Papiere sind vorhanden, Indikation von zwei Spezialist*innen gestellt, hier ist das Rezept. Stattdessen versuche ich, die Menschen sehr gut kennenzulernen, und führe zeitaufwendige Gespräche mit den Jugendlichen. Über ihre Zukunft, darüber, wie sie sich ihr Leben vorstellen, Kinderwunsch, Familienplanung. Ich sage: Wir müssen gemeinsam herausfinden, ob das der einzige Weg für dich ist, ein glücklicher Mensch zu werden. Woher willst du wissen, wie das Leben als erwachsener Mann, als erwachsene Frau wirklich ist? Wenn ich nicht überzeugt bin, gibt es von mir kein Rezept, denn manche Indikationen werden meiner Ansicht nach nicht sorgfältig genug gestellt. Dann plädiere

ich zumindest für eine weitere Beurteilung durch Spezialist*innen, deren Expertise ich vertraue. Dabei bin ich oft hin- und hergerissen zwischen der Überzeugung, dass ein junger Mensch selbst entscheiden soll, was für ihn richtig ist, und meiner Haltung als älterer Herr, der anmaßend sagt: Ich weiß, was gut für dich ist. Aber die Entscheidung für körperverändernde Schritte ist eine große, man muss damit gegebenenfalls für die nächsten achtzig Jahre leben.

*Das klingt, als würden Sie Ihre Patient*innen am liebsten davon abbringen.*
Nicht grundsätzlich, nein. Aber ich bin immer dafür, Dinge kritisch zu hinterfragen. Nicht nur mir, auch vielen meiner Kolleg*innen fällt auf: In den letzten Jahren ist die Zahl der Patient*innen, die Fachstellen aufsuchen, um das dreißigfache gestiegen. Das kann ich mir nicht ausschließlich damit erklären, dass die Akzeptanz für das Thema gestiegen ist. Auch nicht, dass über 70 Prozent davon das weibliche Geburtsgeschlecht haben, eigentlich müsste das ausgewogener sein. Bei einigen könnte es schon der Fall sein, dass sie eine Unzufriedenheit mit dem eigenen Körper auf diese Weise kanalisieren: Weil sie vielleicht nicht dem Idealbild einer Frau entsprechen und darunter leiden, glauben sie, bei der Geburt dem falschen Geschlecht zugeordnet worden zu sein, und halten eine Geschlechtsangleichung für die Lösung ihrer Probleme. Ich sage nicht, dass das für alle gilt, aber es ist eine anspruchsvolle Aufgabe, die wahren Gründe für das Leiden am eigenen Körper zu ermitteln.

Und wie machen Sie das?
Diese Beurteilung ist in erster Linie die Aufgabe der Psychotherapeut*innen, doch ich möchte ebenfalls vom Sinn einer Hormonbehandlung überzeugt sein. Ich weiß, dass auch das letztlich anmaßend ist – wer bin ich, der Selbstaussage zu misstrauen? Meistens ist die

Entscheidung leichter, wenn die Geschlechtsdysphorie schon sehr lang besteht, wenn ein Kind schon im Grundschulalter nicht im zugewiesenen Geschlecht gelebt hat. Dann bin ich mir meist sicherer, dass die Behandlung sinnvoll und richtig ist, wenn der Mensch gut begleitet wird und man sicher annehmen kann, dass das von Dauer ist. Wenn es sich in der Pubertät zum ersten Mal überhaupt äußert, bin ich eher skeptisch. Ich gebe auch zu, dass es oft schwerfällt, nicht zu sehr nach Optik zu gehen. Wenn ein Mensch vor mir sitzt, der perfekt als typischer Junge gestylt ist, wie ein Junge spricht, sich so bewegt, fällt es mir leichter, auch einen Jungen zu sehen, als wenn jemand zu mir kommt, lackierte Fingernägel, rot gefärbte Haare, Piercings, androgyner Look, mädchenhafte Gestik, und sich beschwert: Ich bin ein totaler Kerl, aber werde in der Schule misgegendert. Gleichzeitig ist es mir wichtig, dass meine Patient*innen spüren, sie müssen nicht perfekt eine Rolle ausfüllen, um mich zu überzeugen, sondern wir können auch ganz offen über Zweifel und Uneindeutigkeiten sprechen.

*Sie und einige Ihrer Kolleg*innen sagen: Es ist oft schwierig, Transidentität – die keine psychische Störung ist – von tatsächlichen psychischen Störungen abzugrenzen.*
Ja, das kommt dazu. Es ist bei Borderline-Persönlichkeitsstörungen, aber etwa auch bei Depressionen und Schulverweigerung oft schwer, von außen zu erkennen: Ist hier ein Mensch depressiv bis hin zur Suizidgefahr, weil er an seinem Geschlecht leidet, das sich falsch anfühlt – oder ist er depressiv und sieht Transidentität als Strohhalm, als Möglichkeit, einem Leben zu entkommen, das er als falsch und unglücklich empfindet?

Die große Angst, vor allem bei Eltern, ist, dass Jugendliche ihre Entscheidung später bereuen. Ist diese Angst denn berechtigt?

Ich muss sagen, die Fälle kann ich in all den Jahren an einer Hand abzählen. Dafür waren sie auch für mich beeindruckend. Ein Mädchen, das von früher Kindheit an als Junge lebte und schon fast zwei Jahre lang Pubertätsblocker eingenommen hatte, stellte sich mit 12 plötzlich hin und sagte: Ich will es doch noch mal als Mädchen versuchen. Verkündete vor ihrer Klasse, dass sie wieder mit ihrem ursprünglichen Namen angesprochen werden möchte. Die Hormonspritzen wurden abgesetzt, sie kam dann als Mädchen in die Pubertät. Die Brust und die Regel waren auf einmal kein Problem mehr, sie war mit sich im Reinen. In dem Fall war es einfach, körperlich war da noch nicht viel passiert. In einem anderen Fall war eine weiblich geborene Person hormonell schon auf dem Weg zum Jungen, Testosterongaben hatten den Bartwuchs angeregt und die Stimme tiefer gemacht. Diese Person, damals männlich identifiziert, verliebte sich dann in einen anderen Jungen, entdeckte offenbar durch Liebe und gelebte Sexualität die eigene Weiblichkeit wieder, setzte die Hormone ab. Lebte nicht als schwuler Junge weiter, sondern wieder als heterosexuelles Mädchen. Nicht das einzige Mal, dass ich erlebt habe: Liebe, Beziehungen, Sex können auch das Gefühl für den eigenen Körper verändern. Aber ich betone, es sind Einzelfälle unter Hunderten.

*Weil das hier ein Buch von und für Eltern ist, würde mich interessieren: Wie erleben Sie die Mütter und Väter Ihrer Patient*innen?*
Insgesamt würde ich sagen, die Akzeptanz und Unterstützung ist hoch, sicher 95 Prozent stehen hinter ihren Kindern. Ausnahmen von Familien, die ihre trans* Kinder ablehnen, mit Kontaktabbruch drohen, habe ich aber auch erlebt. Und umgekehrt: Es gibt einen Typus von Eltern, die ihre Kinder beinahe aggressiv unterstützen, weil sie die Hoffnung haben, dass mit der Erklärung »Transidentität« auf einen Schlag alle Probleme gelöst sind. Die Kinder leiden vielleicht seit Jahren an Depressionen, tun sich in der Schule und im Umgang mit Gleichalt-

rigen schwer, und dann auf einmal gibt es da diese Hoffnung: Jetzt können wir das Übel an der Wurzel packen! Die machen oft sehr viel Druck und drängen auf eine schnelle Behandlung. So einfach ist es aber meistens nicht mit Ursache und Wirkung. Es gibt nicht den einen Weg, der für alle passt.

So weit ein Experte, der es sich mit dem Thema nicht leicht macht und entsprechend differenziert und auch selbstkritisch darauf schaut – wissend, dass es auch unter medizinischen Expert*innen sehr unterschiedliche Blicke auf das Thema und unterschiedliche Einordnungen gibt. Wenn man vergleicht, was Fachleute, Patient*innen und ihre Familien sagen – etwa die Familie von Alex und die Gruppe aus dem queeren Jugendzentrum in Hamburg – wird auch klar, wie unterschiedlich Wünsche, Befürchtungen und Interessen sein können. Während sich die Patient*innen vor allem einen »Safe Space« wünschen, in dem sie sich nicht zu rechtfertigen brauchen, ihre Geschlechtszugehörigkeit nicht immer wieder unter Beweis stellen müssen und endlich mit der Behandlung von ihrem Leidensdruck befreit werden, erhoffen sich Eltern von der Psychologie und der Medizin, dass sie aus fachlicher Sicht eine objektive, klare Diagnose bekommen. Aber diese Objektivität ist eben schon deshalb oft schwer erreichbar, weil auch Therapeut*innen und Ärzt*innen ihre eigenen Vorstellungen von Geschlechterrollen haben, ihre eigene Körperlichkeit mitbringen und ihre eigene Geschlechtsidentität.

Und dann gibt es jene Fachleute, aber auch jene Eltern, Publizist*innen und Politiker*innen, die glauben, sie müssten trans* Kinder und Jugendliche vor sich selbst schützen und ihren Selbstaussagen grundsätzlich misstrauen. Um die geht es im nächsten Kapitel.

Härte und Halbwissen – warum das Thema trans* zu erbitterten Diskussionen führt

Vor ein paar Jahren, ich hatte gerade zum ersten Mal ein Interview zum Thema »Teenager auf der Suche nach ihrer sexuellen Orientierung und geschlechtlichen Identität« in einem Frauenmagazin veröffentlicht[24], klingelte mein Handy. Am anderen Ende war eine Leserin, die fand, so könne man das nicht stehen lassen. Sie meinte, meine Gesprächspartnerin habe mich ganz schön eingeseift, das Thema »trans*« bei Jugendlichen verharmlost, Risiken verschwiegen. Vor allem aber die Möglichkeit ignoriert, dass hinter dem enormen Anstieg der Zahlen von Jugendlichen, die sich nicht ihrem Geburtsgeschlecht zuordnen, eine Art kollektiver Wahn stehen könnte, soziale Ansteckung im Freundeskreis, mit katastrophalen Folgen: Teenager, verstümmelt an Körper und Seele, Eltern voller Selbstvorwürfe. Ich solle mich einmal mit der Studie von Lisa Littman beschäftigen, Ärztin und Forscherin in den USA, und dem Schlagwort ROGD: Rapid Onset Gender Dysphoria, zu Deutsch: plötzlich (und spät) auftretende Geschlechts-Dysphorie.

Das hatte ich tatsächlich noch nicht, holte es also umgehend nach, einschließlich der Diskussion um Littmans Befund. Hier einmal kurz zusammengefasst: Ab 2017 veröffentlichte Littman mehrere wissenschaftliche Artikel, in denen sie das Ergebnis einer Befragung unter 256 Eltern/Elternpaaren auswertete, die angaben, ihre Kinder hätten sich im Lauf ihrer Pubertät plötzlich als trans* geoutet, ohne dass dieses vorher ein Thema gewesen sei. 82 Prozent der betroffenen Jugendlichen waren der Geburtsurkunde nach weiblich, zwei Drittel von ihnen waren mit psychischen Erkrankungen wie Depression oder Störungen wie Autismus diagnostiziert.

Aus der Tatsache, dass ein Drittel von ihnen mehrere Freund*innen hatte, die auch trans* waren, der Kombination mit den psychischen Erkrankungen und der Tatsache, dass Eltern angaben, das Verhältnis zu ihren Kindern hätte sich verschlechtert, schloss Littman: Es handelt sich um eine Art »soziale Ansteckung« unter psychisch belasteten Jugendlichen, ein Ventil, vergleichbar mit Essstörungen oder selbstverletzendem Verhalten.[25]

Trans* als Jugendtrend? So wird in Deutschland diskutiert

Auch in Deutschland gibt es Verfechter*innen dieser Theorie. Der wohl bekannteste ist Alexander Korte, Kinder- und Jugendpsychiater am Klinikum der Münchner Ludwig-Maximilians-Universität, der langjährige Erfahrung zum Thema vorweisen kann. Er bringt die Mechanismen hinter Essstörungen und Geschlechtsdysphorie miteinander in Zusammenhang und warnt davor, »das unsägliche Narrativ vom ›im falschen Körper geboren‹ unhinterfragt zu übernehmen«. Korte nimmt an, die Ablehnung des Geburtsgeschlechtes bei in einem Mädchenkörper geborenen Jugendlichen – die ja zurzeit die Mehrheit der trans* Jugendlichen stellen – käme auch daher, dass sie weniger Erfahrung mit Masturbation hätten. Deshalb hätten sie Schwierigkeiten, sich lustvoll mit ihrem Geschlecht zu identifizieren.[26]

Nun würde wohl kein*e Expert*in aus Medizin oder Psychologie in Abrede stellen, dass es andere, auch vorübergehende Gründe geben kann als eine dauerhafte Transidentität, warum junge Menschen mit ihrem bei der Geburt zugewiesenen Geschlecht hadern. Und ich glaube, dass es gute Gründe gibt, eine medizinische Transition sehr sorgfältig zu diagnostizieren und zu begleiten (im Gegensatz zur Frage nach dem veränderten Personenstand, die ein reiner Rechtsakt ist). Um so gut wie möglich auszuschließen, dass tatsächlich eine psychische Störung dahintersteckt und eben nicht eine normale Variante der Geschlechtsidentität.

Wie gut kennen Eltern ihr Kind?

Aber es gibt auch sachliche Einwände gegen die Studie von Lisa Littman, die so gern als Diskussionsbasis hinzugezogen wird. Der wichtigste: Die Forscherin hat ursprünglich nur Eltern befragt, nicht die betroffenen Jugendlichen, und sie hat sie in Internet-Foren gefunden, in denen sich eher Eltern treffen, die dem Konzept Transidentität ohnehin kritisch gegenüberstehen. Es ist nachvollziehbar, dass solche Mütter und Väter frühe Anzeichen bei ihren Kindern nicht bemerkt haben, vielleicht auch nicht bemerken wollten – wie viele innere Kämpfe vor einem Coming-out liegen, hat ja mein Gesprächspartner Alex eindrücklich beschrieben. Und dass Kinder sich zurückziehen, wenn sie sich unverstanden fühlen, ist ebenfalls nachvollziehbar. Das sage nicht nur ich, genau so wird auch in der wissenschaftlichen Community argumentiert.[27]

Der meinungsstarke Alexander Korte äußert sich nicht nur in vielen Interviews, er gehörte 2022 auch zu den Mitautor*innen eines Gastbeitrages in der WELT, Überschrift: »Warum ARD und ZDF unsere Kinder sexualisieren und umerziehen« – der Aufhänger war ein Beitrag im Kinderformat »Sendung mit der Maus« über eine trans* Frau, den die Autor*innen des Artikels als nicht kindgerecht, ideologisch und unpassend empfanden.[28] Später wurde die Überschrift online geändert, »sexualisieren und umerziehen« durch das zurückhaltendere Verb »indoktrinieren« ersetzt.

Wir können im Rahmen dieses Buches nicht in allen Details der Frage nachgehen, wer zu den konservativen Allianzen gehört, die zunehmend lautstark gegen angebliche »Gender-Ideologie« und »Umerziehung« wettern, das würde hier zu weit gehen. Aber es fällt auf, dass nicht nur einzelne Fachleute – diesen Status will und kann

Alexander Korte selbstverständlich niemand absprechen – in diese Richtung argumentieren, sondern dazu auch Menschen, die viel Reichweite, aber erkennbar wenig Fachwissen haben.

So meldete sich auch Julian Reichelt, Ex-Chefredakteur der BILD-Zeitung, in gleicher Sache auf Twitter zu Wort: »Die Zwangsmaus und die Öffentlich-Rechtlichen wollen, dass wir uns nicht mehr trauen, Dinge zu sagen, von denen wir wissen, dass sie wahr sind. Sie wollen uns einschüchtern und erziehen, bis wir aus Furcht Fakten verleugnen: Jungs sind Jungs, Mädchen sind Mädchen.«[29]

Ausgewogener, aber mit deutlicher Betonung möglicher Risiken, äußert sich die ehemalige Familienministerin und CDU-Politikerin Kristina Schröder, aktuell stellvertretende Leiterin der rechtskonservativen Denkfabrik »Republik 21«[30] in einem Gastbeitrag für die WELT unter der Überschrift »Meine Skepsis als Mutter«[31]. Darin zitiert sie ihrerseits Alexander Korte, außerdem Emma-Herausgeberin Alice Schwarzer – die von feministischer Seite Kritik an der angeblichen »Transideologie« übt – und ihre eigenen Töchter: »Sie sind mit so viel Einhörnern, Balletträckchen und Pferdegeschichten aufgewachsen, wie sie wollten. (…) Käme eine irgendwann auf mich zu und sagte, sie hätte erkannt, dass sie lieber als Junge leben wollte – und das wird aus der psychologischen Praxis berichtet: dass sich heute sehr oft Jugendliche als trans* identifizieren, die eben nicht schon als Kind so empfunden haben –, wäre ich erst mal ausgesprochen skeptisch.«

Wer manipuliert hier wen?

Das ist ihr gutes Recht, gleichzeitig aber ein cleverer Seitenhieb, weil er impliziert: Ich habe meine Töchter als »richtige Mädchen« aufwachsen lassen, nämlich mit allem, was, Zitat: »jede ›Pink-Stinks‹-Aktivistin die Hände über dem Kopf zusammenschlagen ließe« – deshalb werden sie wohl kaum auf seltsame Ideen kommen (zur

Erklärung: Pinkstinks ist eine moderne feministische NGO, die antritt gegen Sexismus, starre Geschlechterrollen in Gesellschaft, Medien und Werbung). Schröders Beitrag impliziert auch: Wenn Pubertierende sich als trans* empfinden, könnte es daran liegen, dass sie ihre Weiblichkeit (oder Männlichkeit) nicht rollenkonform ausleben konnten.

Wieder einen anderen Ton schlägt der Journalist Harald Martenstein an, der in seiner ZEIT-Magazin-Kolumne unter der haarsträubenden Überschrift »Über das Gespräch mit meinem Sohn, falls dieser einmal ein Mädchen sein will« zum Thema Selbstbestimmung raunt: »Wie weitblickend ist man mit 14? Und wie manipulierbar? Da wollen wir, sofern älter als 14, jetzt alle mal kurz zurückdenken.«[32]

Als scheinbarer Beweis, wie falsch sogenannte trans* Aktivist*innen liegen, wurde auch die Tochter des Hollywood-Ex-Traumpaares Brad Pitt und Angelina Jolie gefeiert, Shiloh, geboren 2006. Lange Jahre kam sie äußerlich sehr jungenhaft daher, optisch sowieso ganz der Vater, im Look auch. Auf einer Gala im Herbst 2022 trat sie auf einmal deutlich mädchenhaft auf, in Kleid und mit Langhaarfrisur: »Shilohs Geschichte ist ungemütlich für Trans-Aktivisten, aber sie ist ein Beispiel, das alle Eltern kennen sollten, deren Kinder mit ihrer sogenannten ›Geschlechtsidentität‹ hadern«, schreibt süffisant das US-Online-Magazin Evie[33] und behauptet schlankweg (und falsch): »So gut wie alle Kinder wachsen irgendwann aus dieser Phase heraus.« Unausgesprochene Schlussfolgerung: Welch ein Glück, dass sie niemals Hormone genommen hat!

Was die Redakteur*innen genauso wenig wissen wie wir: Vielleicht hat das Mädchen nie unter seinem Körper gelitten. Vielleicht rieten auch Expert*innen zum Abwarten mit einer Behandlung, wenn es überhaupt nötig war, sie hinzuzuziehen. Vielleicht hat sie auch einiges mit meiner eigenen Tochter* gemeinsam, ebenfalls 2006 geboren. Die geht zum Weihnachtsessen mit den Großmüttern gern im Karohemd-Hosenträger-Fliege-Look, wünschte sich zwischenzeitlich ein langes Neckholder-Kleid, als wir ihren 16. Geburtstag als Familienfest feierten, trug aber am nächsten Tag wieder Cargo-Hose plus Hoodie. Ist nicht verboten.

Abwegig ist aber vor allem eines: dass sich irgendjemand darüber ärgern sollte, wenn Shiloh Jolie-Pitt, ein Teenager unter den Augen der Welt, selbstbewusst ihren Weg geht, auch in Bezug auf ihre Geschlechtsidentität. Egal, wohin sie das führt.

Noch eines: Auch wenn es Berichte von Menschen gibt, die eine körperliche Transition abgebrochen und weitgehend rückgängig gemacht haben, weil sie ihre Entscheidung im Nachhinein als grundsätzlich falsch empfinden – etwa die erwähnte Keira Bell –, kennt man nicht bei allen »De-Transitionern« die Gründe. Auch möglich, dass jemand mit dem Ergebnis so wenig zufrieden ist, dass er oder sie nicht bereit ist, weiter mögliche Risiken und Nebenwirkungen in Kauf zu nehmen. Oder, dass er oder sie den Wohnort gewechselt hat, seine Hormone bei einer anderen Praxis bezieht und deshalb bei der früheren als »Abbrecher*in« geführt wird. Oder, das beschreibt etwa die trans* Autorin Torrey Peters in ihrem autobiografisch gefärbten Roman »Detransition, Baby!«[34], weil er oder sie es nicht mehr erträgt, sich in einer als transfeindlich empfundenen Gesellschaft ständig erklären zu müssen.

Vorsicht vor »False Balance«

Christiane und ich schreiben hier kein politisches Debattenbuch, jedenfalls nicht in erster Linie, deshalb kürzen wir es an dieser Stelle ab und stellen fest: Ja, es gibt auch innerhalb der wissenschaftlichen Gemeinschaft unterschiedliche Auffassungen über die richtige Behandlung von Jugendlichen, die sich als trans* identifizieren. Und es gibt gute Gründe, als Eltern verschiedene Stimmen und verschiedene Seiten zu hören.

Wir wollen uns aber hüten vor dem Phänomen, das als »False Balance« bekannt ist: Wenn zu jeder These – etwa: der fortschreitende Klimawandel ist in erster Linie menschengemacht – ein*e Vertreter*in der Gegenthese – der Klimawandel ist ein natürlicher Prozess – in der Talkshow sitzt, bekommt man leicht den Eindruck, beide Aussagen hätten das gleiche Gewicht. Vielleicht schlägt bei unserem Thema die Waage nicht ganz so eindeutig zu einer Seite aus wie bei Klimafragen. Aber nach allem, was wir zusammengetragen und auch in Gesprächen mit trans* Jugendlichen wie Expert*innen erfahren haben, kommen wir zu der Schlussfolgerung: Wer die Risiken so stark betont, die Chancen kleinredet und außerdem meint, dass die Aussagen von Dritten zum Thema Geschlechtsidentität verlässlicher sind als die der Betroffenen selbst, der handelt nicht in deren Interesse.

Wir schließen uns stattdessen dem an, was der Deutsche Ethikrat formuliert hat[35]: Ja, es ist notwendig, die Langzeitfolgen von Hormonbehandlungen besser zu erforschen und auch der Frage nachzugehen, warum mehr Jugendliche mit weiblichem Geburtsgeschlecht betroffen sind als solche mit männlichem. Zugleich ist jede einzelne Entscheidung eine individuelle, bei der sorgsam Chancen und Risiken abgewogen werden müssen und vor allem die Vorstellungen und Wünsche der Jugendlichen unvoreingenommen gehört und berücksichtigt werden müssen.

Denn, so die Mitglieder des Ethikrates: »Ein entstigmatisierender Umgang mit Trans-Identität bei Kindern sollte gefördert und einer diskriminierenden Pathologisierung von Geschlechtsinkongruenz entgegengewirkt werden.«

Hinzufügen möchten wir noch, was die Soziologieprofessorin Paula-Irene Villa Braslavsky, Vorsitzende der Deutschen Gesellschaft für Soziologie, in der ARD zu der Frage sagte, warum wohl besonders aus autoritären, streng religiösen und »Querdenker«-Kreisen so viel Widerstand kommt: »Trans* Personen stehen für ein Verständnis von Geschlecht, das als (bedingt) gestaltbar, ›machbar‹, veränderlich und gesellschaftlich konstruiert gilt. Geschlecht wird dabei auch als Dimension individueller Freiheit und Selbstentfaltung verstanden. Etwas, das wir an uns gestalten können, vielleicht sogar müssen. Das fordert all jene Ideologien heraus, die um ›natürliche Ordnungen‹ kreisen (…), um unumstößliche Wahrheiten zu Geschlecht und Ordnung der Welt.«[36]

Mit diesem Gedanken geht's weiter in den dritten Teil, in dem wir uns der Frage widmen wollen: Wie reagiert die Gesellschaft auf unsere Kinder, wenn sie den gängigen Sexual- und/oder Geschlechtsnormen nicht entsprechen? Wie können wir sie unterstützen, wenn sie auf Anfeindungen treffen? Und wird das Umfeld wirklich immer toleranter – oder ist das nur ein Eindruck aus unserer Großstadt-Mittelstands-Wohlfühlblase?

Teil 3

WER SAGT, WAS NORMAL IST?

Queere Kinder und die Gesellschaft in Wandel und Widerstand

»Man spricht uns das Gefühl ab, diskriminiert zu werden« – warum wir nicht so weit sind, wie wir glauben

Novembernachmittag in einem jener deutschen Großstadtquartiere, die man gemeinhin als multikulturell und lebendig bezeichnet, kurz: als bunt. So steht es jedenfalls auf einer Regenbogenflagge am Neuköllner Einkaufszentrum (»Unser Viertel bleibt bunt«), und so kommt es mir auch vor, als ich die mehrspurige Hauptstraße entlanggehe: Börek, Borschtsch und Baklava, Afro-Friseure und Barbershops, dazwischen die ein oder andere Hipster-Mama mit teurem Kinderwagen. Mein Ziel ist ein queeres Jugendzentrum, aber als ich in einer Seitenstraße hinter dem Stadtteil-Rathaus ankomme, muss ich nicht nach der Hausnummer suchen. Vom Balkon im ersten Stock flattert weithin sichtbar eine Fahne mit den farbigen Streifen der Regenbogen- und der trans* Community. Flagge zeigen, na klar!

Liberale Großstadt, lockeres Leben?

Doch ganz so harmonisch, wie es auf den ersten Blick aussieht, ist es nicht – jedenfalls nicht, was die Außenwelt betrifft. Und gleich als ich mich mit den Sozialarbeiterinnen Kathi und Samira zum Gespräch in einer lustig zusammengewürfelten Sitzlandschaft niederlasse, kommt die Sprache darauf. »Je bekannter wir werden, desto eher werden wir auch von Leuten wahrgenommen, die uns bedrohen«, sagt Kathi. Und zwar ganz konkret. »Neulich«, sagen die beiden, »lungerten einige erwachsene Männer vor dem Eingang herum und drohten: ›Spätestens zu Silvester brennt euer Laden.‹«

Jetzt tüfteln die beiden an einem Schutzkonzept und überlegen: Nur noch in Doppelschichten arbeiten, zur Sicherheit? Ja. Mehr Zusammenarbeit mit der Polizei? Jein – nicht jede queere Person empfindet die Beamt*innen als vorurteilsfreie Freund*innen und Helfer*innen. Die Nachbar*innen im ersten Stock bitten, die Fahne vom Balkon zu nehmen. Nein! Über diesen Akt der Solidarität, den sichtbaren Willkommensgruß, haben sich die beiden gefreut. Und was wäre das auch für ein Signal an die Jugendlichen: »Fallt bloß nicht auf, damit ihr nicht in Schwierigkeiten kommt!«

Ein Dilemma ist es trotzdem: »Wir wollen unser Angebot niedrigschwellig halten und den Jugendlichen keine Angst machen, aber wir müssen auch für ihre und unsere Sicherheit sorgen«, sagt Samira Bekkadour-Hotz, die das *Q*ube* leitet.

All das ist eine Gratwanderung für zwei queere Frauen, die ihre Arbeit als Traumjob empfinden. Die stolz sind, einen Schutzraum geschaffen zu haben für Jugendliche, die draußen oft an allen Fronten kämpfen – mit der Familie, der Schule, der Gesellschaft. Jugendliche, die oft jeden Tag hierherkommen, einfach nur, um ein paar Stunden lang sie selbst sein zu dürfen. Gemeinsam mit zweien, die einfach nur durch ihre Anwesenheit, ihr So-Sein zeigen: Das geht, so kann man leben, da gibt es nichts zu verstecken. »Es ist so wichtig, erwachsene Vorbilder zu haben, die ihnen vermitteln: Du bist vollkommen okay, wie du bist.« Aber was, wenn die Umgebung da nicht mitzieht, sondern ausgrenzt, spottet, oder gar Drohungen ausstößt?

Wenn die queeren Teens aus dem Viertel sich nicht trauen

Dabei sind es nicht einmal nur die Fremden von der Straße, denen es nicht schmeckt, dass hier Jugendliche und junge Erwachsene miteinander kochen, quatschen, chillen, Sport treiben, die anders sind, als es die Mehrheitsgesellschaft gewohnt ist. Es gibt in der Nachbarschaft auch einige, die einen weiten Bogen um das Zentrum machen – obwohl es genau für Menschen wie sie gedacht ist. »Ich kenne einige Jugendliche vom Streetwork, die eindeutig queer sind, es aber nie zugeben würden. Die haben eine solche Angst vor ihren eigenen Gefühlen, weil sie wissen, wie die Reaktion ihrer Familie, ihrer Klassenkameraden aussehen könnten«, vermutet Kathi. Diejenigen, die den Weg hierherfinden, sind eher nicht aus der direkten Nachbarschaft, sie kommen oft aus weiter entfernten Bezirken, manche sogar aus Brandenburg.

Auch das zeigt: Queerfeindlichkeit ist ein Problem, das nicht an Stadt-Land-Grenzen halt macht, nicht an Bildungsgrenzen, nicht an Herkunftskulturen. Auch wenn es Tendenzen gibt: In sehr religiösen Familien – sei es christlich, sei es islamisch – kann es schwieriger für eine*n Jugendliche*n sein, zu sich zu stehen, und an Mittelschulen ist die Mobbinggefahr möglicherweise höher als am Gymnasium. Auch, weil dort oft knappe Mittel auf viele drängende Probleme treffen und sich Gruppen untereinander Konkurrenz machen – etwa Jugendliche, die von Rassismus, Armut oder beidem betroffen sind und fürchten, übersehen zu werden, wenn die Schwierigkeiten von LGBTQIA+-Jugendlichen thematisiert werden. Das haben mir fast alle meine Gesprächspartner*innen bestätigt, immer mit dem Hinweis, dass es überall Ausnahmen gibt: Eine einzelne Lehrkraft, ein*e Schuldirektor*in kann einen Unterschied machen, wenn er oder sie beherzt das Thema angeht (siehe auch Kapitel »Meine Familie sagte: Das ist Sünde!« in Teil 3) und dabei auch klar sagt: Wir machen keinen Unterschied, wir stellen uns gegen jede Form von Diskriminierung gleichermaßen!

Auch die wohlmeinendsten und tolerantesten Eltern können also nicht verhindern, dass ihre (queeren) Kinder auf Probleme stoßen. Die ARD-Dokumentation »Jeder Tag ein Kampf – queere Menschen in Deutschland« zitiert eine Studie unter 16000 Betroffenen in Deutschland zum Thema Schule mit einem besorgniserregenden Ergebnis: 48 Prozent der Befragten sagen, sie seien in ihrer Schulzeit gemobbt worden, 46 Prozent geben an, dass sie während ihrer Schulzeit nie jemand unterstützt und verteidigt hätte.[1] Zwar mag es nicht mehr so sein wie zur Jahrtausendwende, als in einer Studie des Münchner Meinungsforschungsinstituts Iconkids & Youth 71 Prozent der Jungen und 51 Prozent der Mädchen angaben, sie fänden Schwule und Lesben »nicht gut« oder »überhaupt nicht gut«.[2] Aber insgesamt lässt sich sagen: Wir sind nicht so weit, wie wir meinen – leider!

Im allerschlimmsten Fall sind Verletzungen sogar körperlich. Das Bundesinnenministerium registrierte im Jahr 2021 zum ersten Mal mehr als 1000 queerfeindliche Straftaten[3], was zum einen daran liegen mag, dass mehr davon angezeigt werden, aber auch an einer realen Zunahme von Gewalt. Und die Dunkelziffer beträgt vermutlich das Vielfache. Gerade in den letzten Jahren machten extreme Fälle Schlagzeilen, etwa der Tod des jungen trans* Mannes Malte C., der in Münster während einer Veranstaltung zum Christopher Street Day angegriffen wurde und später seinen Verletzungen erlag. An all diese Probleme knüpft der Aktionsplan gegen Queerfeindlichkeit an, den der Grünenpolitiker und Queerbeauftragte der Bundesregierung, Sven Lehmann, vorgelegt hat: unter anderem eine bessere Erfassung von Hass und Hasskriminalität gegen queere Menschen und mehr Schulprojekte gegen Sexismus und Queerfeindlichkeit.[4]

Eltern als »Safe Space« in einer gleichgültigen Gesellschaft

Umgekehrt kann man aber auch sagen: Wenn Jugendliche ihr Zuhause als sicheren Raum, als »Safe Space« erleben, wo sie sich kleiden können, wie sie wollen, mit nach Hause bringen, wen sie lieben – egal, ob das Hingezogensein zum eigenen Geschlecht oder die eigene geschlechtliche Einordnung von Dauer ist –, nicht mit ihrem So-Sein aufgezogen werden, können wir sie ganz real schützen. Darum sollten wir mit unseren Äußerungen umsichtig sein, denn auch das, was wir für liebevolle Neckerei halten, kann sehr treffen.

Jedenfalls sorgen verständnisvolle Eltern für einen entscheidenden Unterschied – möglicherweise sogar einen lebensentscheidenden. Ein Artikel in der *ZEIT* fasst eindrücklich zusammen, unter welchen großen psychischen Belastungen gerade junge trans* Personen leiden, in Deutschland und weltweit – etwa die Hälfte einer von der Berliner Charité befragten Gruppe von Jugendlichen zwischen 12 und 18 Jahren berichtet von selbstverletzendem Verhalten, Suizidalität, Ess- und Angststörungen sowie Depressionen.[5] Nicht, dass Eltern allein durch ihre Liebe all das verhindern können – aber wie dramatisch es kommt, darauf haben sie eben schon einen Einfluss.

Dr. Claudia Krell, die an der DJI-Studie zum Thema Coming-out mitgearbeitet hat (siehe Kapitel »Körper, Kopf und Hormone« in Teil 1) und heute Fortbildungsangebote zum Thema sexuelle und geschlechtliche Vielfalt für Fachkräfte an Schulen und in Beratungsstellen entwickelt und durchführt, sagt: »Eltern müssen nicht immer alles richtig machen. Sie dürfen sich ihre Zeit nehmen, mit der unerwarteten sexuellen Orientierung oder geschlechtlichen Identität ihres heranwachsenden Kindes klarzukommen. Aber wenn sie sagen: ›Ich stehe zu dir und dem, was du bist, wir schaffen das‹, geben sie einen unschätzbaren Rückhalt. Wir wissen aus Studien über Resilienz: Wenn es wenigstens eine Person gibt, an die sich Jugendliche vertrauensvoll wenden können, ist das Risiko für Suizid deutlich verringert.« Das gilt ebenso für weniger gravierende, aber dennoch belastende psychische Probleme wie Depressionen und Angststörungen.

Auch Samira und Kathi in ihrem großstädtischen Jugendzentrum bestätigen: Selbst sehr traditionell geprägte Eltern können eigene, innere Tabus überwinden, wenn es um das Wohlergehen ihres Kindes geht. Oder, wie Kathi es formuliert: »Öfters sind Eltern bereit, sich auf Gedanken einzulassen, die ihnen total fremd sind, einfach, weil da so eine krasse Liebe zum Kind ist. Auch, weil sie spüren, wie ihr Kind aufblüht, wenn es unterstützt wird.«

Und es gibt eine extreme Bandbreite, was die individuelle Belastung des Kindes angeht, ob zu Hause, in der Schule oder in der Freizeit: Es ist ein enormer Unterschied, ob eine Tochter den Eltern anvertraut, sie könnte vielleicht bi sein (und damit an einem Großstadt-Gymnasium in bester Gesellschaft ist), oder ob ein Kind sich als trans* outet und vor den Augen gehässiger Mitschüler*innen eine Hormonbehandlung beginnt. Vielleicht noch in einer Gegend, die politisch fest in den Händen von Rechtspopulisten ist.

Aber, das wird auch mir im Laufe meiner Recherchen immer klarer: Wir, die wir selbst hetero und cis sind, sollten nicht den Fehler machen zu glauben, dass handfeste Benachteiligung für unsere Kinder keine Rolle mehr spielt, nur weil die Allianz-Arena beim EM-Spiel gegen Ungarn einmal in Regenbogenfarben geleuchtet hat.[6] Oder, wie es Claudia Krell beschreibt: »Von Kolleg*innen aus der Beratung höre ich öfter, dass hetero Eltern und andere Menschen, die selbst zur Mehrheit gehören, den Eindruck haben: Das Thema ist doch längst in der Mitte der Gesellschaft angekommen, alle dürfen jetzt heiraten, Politiker*innen stehen zu ihrer Sexualität, ist doch super! Damit wird aber suggeriert, Menschen dürften kein Problem mehr damit haben, dass sie queer sind. Es wird ihnen die Unsicherheit abgesprochen, der Stress, den sie mit ihrer Umgebung erleben.«

Andere Ängste als gedacht

Das finde ich sehr nachvollziehbar. Gleichzeitig denke ich, bezogen auf meine eigene Tochter*: Erstaunlich, wie das, vor dem wir uns als Eltern fürchten, häufig nicht eintritt – aber Ängste und Bedrohungen von ganz anderen Seiten kommen. Ein Beispiel: Anders als manche ihrer gleichaltrigen cis und hetero Klassenkameradinnen, die sich gern offenherzig weiblich zeigen – super, wenn sie das tun und ihre Körper auf diese Weise feiern! –, habe ich weniger Sorgen, dass sie von Männern ungut angemacht wird. Dass man ihr auf der Straße hinterherpfeift oder sie ungefragt anfasst. Wobei mir klar ist, dass auch schwarze Cargo-Hosen und Hoodies nicht vor sexueller Gewalt schützen – so einfach geht die Rechnung selbstredend nicht auf. Aber es gibt immer wieder einmal kleine Augenblicke, in denen ich merke: Ihre Welt ist begrenzter als meine.

Und das ist nicht ihre Schuld.

Dabei hat meine Tochter* in der Schule meines Wissens nie einen verletzenden Spruch kassiert (dafür schon als Siebtklässlerin eifrig Artikel für die Schüler*innenzeitung verfasst, in der sie über LGBTQIA+-Begriffe aufklärte). Und selbst in unserer protestantischen Kirchengemeinde setzte sie beim weihnachtlichen Krippenspiel mit anderen durch, dass aus »Maria und Josef« das Mütterpaar »Maria und Josefa« wurde. Was Sinn ergibt, sogar theologisch: Wenn Gott der Vater ist, spielt es keine Rolle, welches Geschlecht der zweite Elternteil hat. Aber als sie kürzlich mit ihrer Clique Reisepläne schmiedete, war schnell klar: Ziele wie Ungarn oder Polen scheiden aus, nicht nur wegen ihr, sondern auch wegen des Liebespartners einer Freundin, einem trans* Jungen. Selbst in Deutschland gibt es Städte und Regionen, da hätte ich ein ungutes Gefühl, wenn sie dort auf der Straße ihre Chucks in Regenbogenfarben tragen würde. Wie geht es erst denen, die dort leben und nicht einfach so wieder abreisen können? Zur selben, verletzbaren Gruppe gehören sie alle, nur, dass die einen im Zentrum der Zielscheibe sind und die anderen eher am Rand.

Identitätspolitik in der Antike – das sagt ein Soziologe

Aber woher kommt der Hass, die erbitterte gesellschaftliche Debatte – gemessen daran, dass bei Weitem nicht jede*r von dem Thema persönlich betroffen ist? Inwieweit handelt die Gesellschaft immer wieder neue Grenzen dessen aus, was als »normal« und »natürlich« gilt – und ist sexuelle und geschlechtliche Identität nicht nur eine individuelle Frage, sondern spiegelt auch, was die Gesellschaft zulässt?

Mich interessiert die Meinung des Bielefelder Soziologen Dr. Sven Lewandowski, mit dem ich als Journalistin in den letzten Jahren mehrfach über Themen wie Sexualität und Genderfragen gesprochen habe. Schon früher hat er mir prophezeit, dass – in Bezug auf Begehren – Grenzen durchlässiger werden könnten, Labels an Bedeutung verlieren und es selbstverständlicher werden könnte, dass sich Lust auf viele Geschlechter beziehen kann. Genauso ist es gekommen. Wiederholt sich das jetzt in der Genderfrage? Und wenn ja, warum ist der Widerstand dagegen so wütend, als würde man Menschen durch Vielfalt etwas wegnehmen?

Herr Dr. Lewandowski, was ist Ihr Eindruck: Warum schlägt LGBTQIA+-Personen so viel Abwehr entgegen?
Sven Lewandowski: Ich würde sagen, es sind zwei Minderheiten, die sich eine erbitterte Debatte liefern – auf der einen Seite die queere Community, auf der anderen Seite rechtskonservative Kreise, die sich allerdings beide radikalisieren. Das gilt häufig für soziale Konflikte: Je kleiner die Gruppen, desto lauter sind sie. Und dazu kommen die medialen Verstärkungen über Social Media und Co.

Das klingt jetzt ein wenig so, als wollten Sie sagen: Die Wichtigkeit der Debatte wird überschätzt, weil sie nur eine Minderheit betrifft. Sehen Sie das so?

Nun, natürlich geht das auch die Mehrheitsgesellschaft etwas an, denn wenn nicht alle im gleichen Maß frei und gleichberechtigt sind, dann ist es am Ende keiner. Jedoch: Je gleichberechtigter wir werden, desto mehr wächst unsere Sensibilität gegenüber als ungerecht empfundenen Ungleichheiten. Man spricht dabei auch vom Ungleichheitsparadox: Je kleiner die faktischen Unterschiede in einer Gesellschaft werden, als desto gravierender werden sie wahrgenommen. Konkret: Auch wenn die Dimensionen der Benachteiligung deutlich geringer sind, rechtliche Hürden abgebaut werden, Unternehmen sich Diversity auf die Fahnen schreiben und auch praktizieren – solange noch ein Minimum an Ungleichheit bleibt, taugt es zum Skandal. Auf der anderen Seite fürchten Angehörige der Mehrheitsgesellschaft um ihre Machtpositionen und nicht zuletzt um ihre kulturelle Hegemonie.

Aber was könnte ihnen denn passieren?
Das hat verschiedene Dimensionen. Zum einen die materielle: Wenn etwa Arbeitsstellen nach Diversity-Kriterien besetzt werden, wird es wahrscheinlicher, dass diejenigen auch mal leer ausgehen, die bisher ganz selbstverständlich die Nase vorn hatten – auch und gerade wenn sie für die jeweilige Stelle nicht besser qualifiziert sind. Dann die symbolische Dimension: Wenn beispielsweise Homosexuelle heiraten können, dann wird eine Lebensform derjenigen gleichgestellt, die bisher privilegiert wurde und als besonders schützenswert galt, nämlich die heterosexuelle Ehe. Es geht um Macht und Einfluss, aber auch darum, das ist die dritte Dimension, dass die Sichtbarkeit queerer Menschen an grundlegenden Annahmen über die Welt kratzt: Wenn ich mit der Vorstellung von zwei – und nur zwei! – Geschlechtern aufgewachsen bin und jemand sagt, das stimmt gar nicht, provoziert das ähnlich, wie wenn früher jemand behauptete, die Sonne drehe sich gar nicht um die Erde. Und auf dieses Gefühl der Verwirrung setzen nicht nur Rechtspopulisten und machen Stimmung. Wobei sich die Vorstellung

geschlechtlicher Binarität, also der Aufteilung der Welt in männlich und weiblich, vermutlich nicht ganz wird auflösen lassen, schon gar nicht von jetzt auf gleich.

Nun sind ja Lebensläufe heute insgesamt flexibler als früher – wir wechseln Jobs, Wohnorte, Glauben. Warum tun wir uns dann so schwer mit der Vorstellung, dass sexuelle Orientierung und geschlechtliche Identität unter Umständen nicht so dauerhaft und festgelegt sind?
Weil Behauptungen über unsere Identität, und dazu gehören wesentlich Geschlecht und sexuelle Orientierung, deutlich tiefer gehen als Rollen und andere Dimensionen der Persönlichkeit. Interessanterweise ist das aber eine Frage kultureller wie historischer Prägungen: Dass etwa ein Mann oder auch ein Teenager als Teil seiner Identität empfindet, schwul zu sein, wäre zum Beispiel in der Antike so nicht der Fall gewesen.

Warum nicht?
Weil man unterscheiden muss zwischen sexueller Praxis und sexueller Identität. In der Antike gab es schlicht keine Vorstellung sexueller Identitätskonzepte, wie wir sie heute für selbstverständlich halten, ein Mann konnte sowohl Sex mit Männern wie mit Frauen praktizieren und das nicht als Widerspruch, als Bruch oder Identitätsfrage empfinden. Heute wird daraus eine Frage der Selbstdefinition: Auf Menschen, die jenseits des gängigen Schemas begehren, lastet der Druck, sich zu erklären. Vor diesem Hintergrund ist LGBTQIA+ auch ein Identitätsangebot, das die moderne Gesellschaft bereithält. Möglicherweise kommt bei Jugendlichen die pubertäre Selbstfindung dazu – man will sich von der Vorstellungswelt der Eltern abgrenzen, da eignet sich das ganz gut.

Sie wollen aber doch nicht sagen, Jugendliche würden sich als queer definieren, um Mama und Papa zu schockieren?

Bewusst sicher nicht, nein. Aber wenn heute der erste Geschlechtsverkehr im (früheren) Kinderzimmer stattfindet, wie es der Hamburger Sexualwissenschaftler Gunter Schmidt einmal pointiert gesagt hat, wenn also weder das eigene sexuelle Erwachen noch radikale politische Positionen zur Abgrenzung taugen, kann eine queere Identität ein Ausweg aus der pubertären Identitätssuche als auch Abgrenzung gegen die Welt der Eltern sein. Wenn sich allerdings der gesellschaftliche Schraubstock des Zwangs zur Identität ein bisschen lockert, dann kann das langfristig auch zu Freiräumen führen, und man muss als junger Mensch auch nicht mit Zähnen und Klauen daran festhalten, dass man sich mit 15 als homosexuell oder heterosexuell, trans* oder cis definiert hat. Wenn die Gesellschaft es besser aushält, dass Menschen sich nicht mehr so auf geschlechtliche Identität und Begehren festlegen müssen, und stattdessen Ambiguitäten, Mehrdeutigkeiten stärker akzeptiert, dann würde das möglicherweise auch zu weniger irreversiblen Lösungen führen, etwa körperlichen Eingriffen, um den eigenen Körper gemäß der binären Geschlechterlogik umzugestalten. Wünschenswert wäre aber auch ein bisschen mehr Alltagspragmatismus.

Wie könnte der aussehen?
Häufig reden die Leute aneinander vorbei oder schaffen sich Gegner, wo sie gar keinen brauchen. Man kann durchaus die Meinung vertreten, dass es nur zwei biologische Geschlechter gibt. Und trotzdem akzeptieren, dass nicht alle Menschen sich darin wiederfinden. Und man muss umgekehrt sehen: Quer durch die Gesellschaft, auch abseits vom Bildungsbürgertum, werden bestimmte Dinge gelebt, die nicht ins konventionelle Raster passen, ohne dass sie ein Label hätten oder problematisiert werden. Mehrere, parallele Sexualpartner, ohne dass es Polyamorie heißt. Oder eine Existenz zwischen den Geschlechtern, ohne dass sie einen Namen bräuchte.

Das klingt versöhnlich. Und vernünftig. Trotzdem glaube ich, dass wir als Eltern unseren Kindern oder Jugendlichen nicht wirklich helfen, wenn wir empfehlen, den Ball flach zu halten. Also: die eigene Identität nicht zu thematisieren oder, wenn es um ein Geschlechtsthema geht, sich bitte schön mit dem eigenen Körper abzufinden. Deshalb hat an dieser Stelle jetzt eine Frau das Wort, die in einer Online-Diskussionsrunde auftritt[7], die ich am Bildschirm verfolge: Tessa Ganserer, eine der ersten offen transidenten Abgeordneten im Bundestag, die dort für Die Grünen sitzt.

Über die Chat-Funktion ist es möglich, den Teilnehmenden Fragen zu stellen, also tippe ich ein: »Woher kommen Hass und Diskriminierung von queeren Menschen, und was können wir als Gesellschaft dagegen tun?«

Ihre Antwort lautet (leicht gekürzt): »Trans- und Homophobie sind eine Form gruppenbezogener Menschenfeindlichkeit, das Muster ist immer dasselbe: Eine Gruppe definiert ein ›wir‹, und alle, die diese Kriterien nicht erfüllen, werden abgewertet, benachteiligt, diskriminiert. Wichtig wäre, dass alle sich für ein besseres gesellschaftliches Miteinander einsetzen, und das ist nicht Aufgabe der Betroffenen allein. Und wenn es Rechtspopulisten gibt, denen ein tolerantes, offenes Deutschland ein Dorn im Auge ist, müssen wir uns dagegenstellen.«

Ganserer weiß, wovon sie spricht, sie hat selbst viel Hass erfahren, im Parlament, im Netz, in ihrem Umfeld.[8] Und ich denke: Als Eltern könnten wir da mit gutem Beispiel vorangehen. Unabhängig davon, welche Windungen der individuelle Weg unserer Kinder nimmt. Sollte meine Tochter* sich in zehn Jahren doch als cis und hetero definieren, würde das nichts an meiner Einstellung ändern: Jetzt ist es so, später ist es vielleicht anders.

Aber zu jedem Zeitpunkt gibt es viele andere Kinder und Jugendliche, die Menschen brauchen, die ihnen sagen, dass sie okay sind, wie sie sind. Ob das zwei queere Sozialarbeiterinnen in einem Jugendzentrum sind, die eigene Großmutter, die vielleicht die Begrifflichkeiten nicht kennt, aber ihr Enkelkind ermutigt, zu sich zu stehen – oder Christiane und ich als Autorinnen und Mütter.

Im nächsten Kapitel hat Christiane wieder das Wort. Jetzt geht es darum, welche wirkmächtigen gesellschaftlichen Glaubenssätze bunte Vielfalt so schwer machen.

Bleibt alles anders – Lust und Liebe im kulturellen Wandel

Soweit wir denken können, war es doch einfach und klar: Es gibt Mann und Frau, und wenn sie einander lieben, entspringen aus dieser Verbindung Kinder. Das ist doch normal, für – und seit – immer und ewig. So weit der Glaubenssatz, den vermutlich viele Menschen unterschreiben. Doch ganz so einfach ist es nicht.

Ich möchte Ihnen in diesem Kapitel erst den kulturellen Wandel, den Sie selbst miterleben, klarer zeigen und Sie dann in die weite Welt entführen. Denn: Es gibt und gab zu allen Zeiten und an allen Orten Variationen, Veränderungen, andere Verhältnisse im Geschlechter- und Liebesleben. Es gibt keine »richtige«, »natürliche« weibliche und männliche Sexualität und Identität. Liebe, Geschlecht und Geschlechterverhältnisse, auch das Begehren werden und wurden immer wieder anders gelebt. Beständig, stellt man fest, ist nur der Wandel – ob in Bezug auf Geschlechterrollen, Sexualität oder Kindererziehung. Die bekannte Entwicklungspsychologin Heidi Keller, bis zu ihrer Pensionierung Leiterin der Abteilung Entwicklung und Kultur des Bereichs Humanwissenschaften an der Uni Osnabrück, bringt es ganz grundlegend auf den Punkt: »Kultur definiert die menschliche Natur.«[9]

Und tatsächlich: Wenn man sich darauf einlässt, wie unterschiedlich sich menschliche Kulturen entwickeln, kommt man aus dem Staunen nicht heraus. Und das alles auf Grundlage ein- und derselben biologischen Voraussetzungen! Im Tierreich fällt es uns leichter zu akzeptieren, dass schwule Pinguine und heterosexuelle Seepferd-Männchen (wobei: Wer weiß schon, ob oder wie sie sich in Kategorien einordnen) Junge aufziehen oder dass manche Tiere das Geschlecht nach Temperatur oder Nahrungsangebot wechseln.

Dass manche Affenarten die Erziehung der Jungtiere kollektiv regeln, unabhängig von leiblicher Elternschaft. Und dass Treue, oder jedenfalls Monogamie, oft kein Maßstab ist.

Zuerst also berichte ich von den Faktoren, die den Kulturwandel in den letzten Jahrzehnten in unserem Kulturkreis rund um das Thema sexuelle Identität bestimmen. Im zweiten Teil stelle ich eine Auswahl an Gesellschaften vor, die alternative Modelle der sexuellen Identität gefunden haben. Dabei möchte ich nichts davon als ideal oder richtig darstellen, sondern nur Vielfalt vorstellen. Auf dass wir unser Denken daran schulen und erkennen, wie relativ Normen sind.

Was sind die Gründe für den Wandel im Lauf der Zeit?

Schauen wir uns beim Geschlechterverhältnis die stereotypen Ansichten zu Mann und Frau an. Sie werden seit Jahrhunderten vor allem von Umweltbedingungen, Besitzverhältnissen, Glaubens- und gesellschaftlichen Vorstellungen bestimmt, und von der Frage, ob körperliche Macht in gleichem Maß Handlungsmacht bedeutet – all diese Faktoren bestimmen die gesellschaftliche Ordnung mehr als die Biologie. Wäre alles Natur, müsste es ja auf der ganzen Welt nur eine Gesellschaftsordnung geben. Aber so ist es nicht. Die vermeintlich unverrückbare göttliche oder natürliche Ordnung wird von Menschen festgeschrieben.

Die Ethnologie, die Soziologie und verwandte Gesellschaftswissenschaften haben viele Faktoren für die Ausbildung von kulturellen Vorstellungen ausgemacht:

* Die Art des Lebens mit der Natur und ihrem Angebot (wie etwa die Nutzung der natürlichen Ressourcen und die Inbesitznahme der Natur durch nomadische Lebensweise im Gegensatz zur Sesshaftigkeit mit Eigentum und Landbesitz),

* Kulturtechniken von Ackerbau und Viehzucht bis zur Erfindung von Maschinen und der Nutzung fossiler Energien,

* religiöse Vorstellungen,

* wissenschaftliche Erkenntnisse und medizinische Möglichkeiten prägen den Umgang der Geschlechter, wie Kenntnis von Hormonen, dem weiblichen Zyklus, der Fruchtbarkeit und der menschlichen Psyche.

Inzwischen verstehen wir, wie sehr die Beurteilung von Menschen nach Hautfarbe, Herkunft, Geschlechtsidentität und sexueller Orientierung abhängig ist von Glaubenssystemen. Das von Kimberlé Crenshaw entwickelte Konzept der Intersektionalität[10] zeigt und erfasst, wie sich Diskriminierungen entlang mehrerer Dimensionen kreuzen und überlagern können, wie Geschlecht und Hautfarbe oder Geschlecht und Klasse. Wir arbeiten noch an der Umsetzung gleicher Rechte für alle.

Nun möchte ich Beispiele für Wandel geben, dem wir alle im Leben begegnen, etwa in Vorstellungen unterschiedlicher Generationen oder sozialer Gruppen zum jeweiligen Thema:

Ein leibliches Kind? Mit dem Vererben von Besitz, also mein Land, dein Land, mein Geld, dein Geld, wird es wichtig abzusichern, ob ein Nachkomme ein leibliches Kind einer Person ist. Kein Wunder, dass die Jungfräulichkeit und eheliche Treue passend dazu über Jahrhunderte oberste Priorität hatten, bis hin zur besitzanzeigenden Aussage: Die Frau gehört mir. Bis ins Jahr 1958 durfte ein bundesdeutscher Ehemann entscheiden, ob »seine« Frau arbeiten durfte, und dazu über ihren Verdienst bestimmen. Ein anderes Beispiel: Laut Deutschem Reichsgesetz von 1875[11] durfte eine geschiedene oder verwitwete Frau erst nach Ablauf von zehn Monaten nach einer vorherigen Ehe wieder heiraten. Nicht, dass ein falscher Erbe untergeschoben würde. Beim Erben und Wissen um die eigene Herkunft würde man vielleicht spontan sagen: Das ist richtig, man will wissen, woher man stammt. Trotzdem gibt es Gegenbeispiele von Gesellschaften, in denen das weniger wichtig ist.

Die Macht über die Empfängnis. Es ist sicher kein Zufall, dass das Wissen um eine sicherere Verhütung und die Verbreitung und Nutzung von Hormonen und Kondomen das Geschlechterverhältnis und die Sexualität verändern. Wenn Männer die Zeugung verhindern und Frauen die Empfängnis verhüten können, entsteht bei beiden Geschlechtern mehr Macht und Selbstbestimmung über den eigenen Lebensweg und sexuelle Kontakte. Kein Mann muss eine Frau heiraten, nur weil bei einem erotischen Moment ein Kind entstanden ist. Keine Frau ist gezwungen, nach gelebter Sexualität automatisch Mutter zu werden, zumindest wo Verhütungsmittel verfügbar sind.

Das Bild von Weiblichkeit. Wir kennen es, das Bild von der Frau, die dem Mann unterlegen ist, die geschont werden muss. »Sie« ist ja so empfindsam. Das schwache Geschlecht. Immer sozial. Dem kann man entgegenhalten: Für Mägde und Arbeiterinnen, die in der frühen Industrialisierung darbten, für Bäuerinnen oder Frauen, die im Krieg mangels Männern harte Arbeit leisten mussten, heutige Soldatinnen, Genossinnen in sozialistischen Systemen genau wie die sagenumwobenen Amazonen aus dem Stamm der Skythen in vorchristlicher Zeit galt und gilt die Schonung des schwachen Geschlechts nicht. Zugleich gab es immer wieder knallharte Herrscherinnen, die über Leichen gingen.

Anders herum setzt sich die Erkenntnis durch, dass Frauen ebenso kreativ, künstlerisch begabt und intelligent sind wie Männer. Von Dichterinnen wie der antiken Sappho über Annette von Droste-Hülshoff bis zu den Nobelpreisträgerinnen Selma Lagerlöff, Toni Morrison und Annie Ernaux und von Bildenden Künstlerinnen wie Hildegard von Bingen, Catharina Treu (die im Jahr 1776 Professorin an der Kunstakademie Düsseldorf wurde) über Paula Modersohn-Becker bis zum aktuellen Superstar Marina Abramović und den quasi letzten künstlerischen Gipfelstürmerinnen männlicher Bastionen, den Dirigentinnen, wird klar: Es gibt keinen Unterschied in Kreativität, Ausdruckskraft und Intelligenz. Wie sind Frauen also wirklich im Verhältnis zu Männern?

Haltung zu Lust und Liebe. Sexuelles Vergnügen können (heute) anerkanntermaßen alle Geschlechter ausleben, egal wer mit wem, alle können Orgasmen genießen, Sexspielzeug nutzen. Auch wie Sexualität gelebt werden darf, ist wandelbar. Das ist heute anerkannter als vor Jahrzehnten. Und nein, es wird nicht immer alles offener, manchmal wird das Rad der sexuellen Offenheit auch zurückgedreht, zum Teil richtigerweise, zum Teil nicht. »Wer zweimal mit derselben pennt, gehört schon zum Establishment« war der Slogan der freien Liebe, den die 68er propagierten. Das hört man heute selten, aber Lebensabschnittspartner*innen sind die Regel, heute wird Sexualität unbekümmerter gelebt. Die Versorgungsgemeinschaft bis zum Tod stirbt eher aus, Scheidungen sind alltäglich. Zugleich achten gerade polyamore Menschen, die mit mehreren Partner*innen offen Liebesbeziehungen pflegen, auf Grenzen und Regeln – so, wie mit den jeweiligen Partner*innen festgelegt, um diese nicht zu verletzen.

Der besorgniserregende Trend der Teenager-Schwangerschaften – auch eine Facette davon, wie Sexualität gelebt wird – erlebte einen Höhepunkt in den 90ern, heute verhüten die meisten Jugendlichen zuverlässig, vermutlich dank besserer Prävention: Eltern, Schule und Umfeld versorgen sie mit mehr Wissen zum Thema Verhütung und Partnerschaft, außerdem wird heute dann doch selbstverständlicher über Sexualität gesprochen.

Die Normalisierung von homosexuellen Beziehungen inklusive Ehe für alle verändert auch den Blick auf Sexualität zwischen Gleichgeschlechtlichen. Wo sie nicht mehr in geheimen Bars oder Toilettenhäusern ausgelebt werden muss, wird sie nicht mehr als gefährlich, sondern als gleichwertig wahrgenommen.

Nichtbinär, inter* und trans*. Je mehr darüber geredet wird, desto eher kommt an: Die Geschlechter lassen sich nicht in zwei Schubladen pressen. Was es gibt, das gibt es. Mit medizinischem und psychologischem Wissen um das menschliche Sein, Gene und Gefühle erkennen wir, dass die Identitäten weder Wahl noch Wahn sind, sondern für Menschen eine existenzielle Notwendigkeit. Queeres Leben wird sichtbar, auch das ändert Ansichten.

Alternative Möglichkeiten sexueller Identität in anderen Kulturen

In einigen Kulturen gibt und gab es andere Rollenbilder, die gesellschaftliche Akzeptanz genießen, mit fließenden Übergängen der Geschlechtsidentität oder sexuellen Orientierung. Manchmal sind sie prominent und anerkannt, manchmal existieren sie nur in einer Nische.

Es geht hier nicht darum, Vorbilder darzustellen. Denn oft bringen Kulturen eigene Zwänge für Individuen, die darin leben, hervor. Gemeinsam ist den hier vorgestellten Identitätsangeboten aber, dass sie eine kollektive Antwort auf Bedürfnisse jenseits des binären Kraftfeldes bieten.

»Ethnologische Studien über Gesellschaften, in denen andere Geschlechterordnungen als die Zweigeschlechterordnung von Mann und Frau (…) vorhanden sind, finden sich weltweit: in Nord-, Mittel-

und Südamerika, in vielen Teilen Asiens, in Afrika sowie in Polynesien, Melanesien und auch in Teilen Europas«, erklärt Geschlechterforscher*in Carsten Balzer[12], der, beziehungsweise die sich auch Carla LaGata nennt. Viele davon sind allerdings inzwischen ausgelöscht durch Kolonialisierung und Missionierung, leider: Sie sind dem sogenannten westlich-christlichen Wertekanon zum Opfer gefallen. Trotzdem zeigen sie, dass Diversität universell menschlich ist.

Frauenmacht und freie Liebe: die Mosuo in China

Das Volk der Mosuo im Südwesten Chinas wird oft zitiert, weil es eine Ausnahme von der scheinbaren Regel darstellt, dass Männer den Vorrang haben und eine patriarchale Gesellschaft entsteht. Die Mosuo sind matrilinear organisiert, Besitz wird über die weibliche Linie vererbt. Die vormoderne Bauernkultur lebt von einer Tauschwirtschaft, die Bildung ebenso unnötig macht wie lange Reisen. Die Mosuo leben in Großfamilien mit einer weiblichen Haushalts-Vorständin, die über die Weitergabe ihrer Aufgaben und Macht durch das symbolische Übergeben des Schlüssels für die Vorratskammer entscheidet. Frauen treffen die wirtschaftlichen Entscheidungen, Männer die politischen.

Liebe funktioniert als freie Wahl, es gibt auch keine institutionalisierte Ehe zwischen Mann und Frau. Ein solches Arrangement würden die Mosuo tatsächlich als Gefahr für die Familie betrachten. Stattdessen besuchen gegengeschlechtliche Partner einander, sind aber nicht festgelegt und brauchen keine offizielle Bestätigung dafür. Trotz dieses Konzeptes einer freien Liebe leben viele Mosuo in langen Beziehungen – nur nicht im selben Haushalt. Die Kinder bleiben im Haus der Mutter und werden von ihren Onkeln mit aufgezogen, die somit zuständig sind für Kinder, mit denen sie Gene teilen. Für die Mütter ist es offenbar dennoch wichtig, den Vater nennen zu können, die Kinder besuchen ihn und die Tanten zu

Neujahr und erweisen dem Haushalt so die Ehre. Größere matrilineare Gesellschaften findet man auch bei den Minangkabau auf der indonesischen Insel Sumatra, in Nordostindien bei den Khasi oder bei den Tuareg in Nordafrika.

Zwischen den Geschlechtern: die Hijra in Indien

Hijra oder Hidschra[13] ist im Raum Indien, Pakistan und Bangladesch die Bezeichnung für eine Person, die zwischen den Geschlechtern steht. Das Konzept ist in mehreren südasiatischen Ländern in unterschiedlichen Erscheinungsformen und Bezeichnungen bekannt. Die Hijras werden als weder vollständig männlich noch weiblich angesehen, sondern auf der spirituellen Ebene als männlich und weiblich zugleich und besitzen seit Jahrhunderten eine eigene hinduistische Schutzgöttin, die man in heutigen Begrifflichkeiten als genderfluid, non-binär, trans* bezeichnen könnte. Meist leben sie in einer Wohn- und Wirtschaftsgemeinschaft zusammen mit einer Guru-Mutter, einige sind aus eigener Entscheidung Eunuchen. Vielen wurde bei der Geburt das männliche Geschlecht zugewiesen, doch ihre Familien lehnten sie wegen ihres femininen Verhaltens ab. Manche führen feste Beziehungen zu Männern, die jedoch eher geheim gehalten werden. Unsere Vorstellungen von Geschlechtsidentität und sexueller Orientierung sind für die Hijras nicht passend. Sie haben oft männliche Körper und Haare, aber einen weiblichen Gestus und Kleidung.

Ihre Lage ist jedoch prekär, viele leben am Rand der Gesellschaft. Einst hatten die Hijra religiöse Aufgaben als Diener*innen in den Tempeln der Muttergöttin, sie führten Segnungen und Rituale auf Tauffeiern und Hochzeitsfesten durch. Heute ist ihre Existenz zwar akzeptiert, aber sie sind vom normalen Arbeitsleben ausgeschlossen und müssen betteln. Sexarbeit ist häufig, für religiöse Aufgaben werden sie eher abgelehnt – eine Folge von Ausgrenzung und Verboten der Britischen Kolonialherrschaft, der ihre Existenz ein Dorn im Auge war. Inzwischen sind sie in Indien, Pakistan und Nepal offiziell als drittes Geschlecht anerkannt. Sie erleben häufig Gewalt und Diskriminierung, es gibt aber auch Versuche, neuen Raum in der Gesellschaft für sie zu erobern.

Mannhafte Jungfrauen: Burrneshas in Albanien

Burrnesha ist das albanische Wort für Mannfrau. Diese Frauen sind aber nicht im eigentlichen Sinn transident und auch keine Transvestiten. Die Option, das Geschlecht zu wandeln, entwickelte sich im Gebirge, wo der sogenannte »Kanun« galt, das mündlich überlieferte Gewohnheitsrecht aus dem 15. Jahrhundert. Dieser Moralkodex regelt die soziale Ordnung, die Rituale, die Familienhierarchie und Sühne auch per Blutrache. In dieser archaisch-patriarchalen Welt haben Männer alle Rechte, Frauen praktisch keine, Söhne erben und verteidigen den Besitz.

Der Kanun allerdings erlaubt einer Frau ein Leben als Mann zu führen, wenn es keine männlichen Nachfahren gibt, oft eine Folge der Blutrache. Burrnesha zu werden ist quasi eine soziale und wirtschaftliche Chance und Notwendigkeit für die Familie, um deren Besitz und Lebensgrundlage zu erhalten sowie das eigene Land weiter zu bewirtschaften.[14] Die betroffenen Frauen müssen schwören, jungfräulich zu leben und nicht zu heiraten, weshalb man sie auch als Schwurjungfrauen bezeichnet. Spannend ist, dass sich damit auch ihre Identität wandelt, sie entwickeln sich im Habitus und Aussehen stark zum Männlichen und erhalten fast alle Privilegien, die Männer besitzen. Gesellschaftlicher Wandel hat dafür gesorgt, dass es heute fast keine Burrneshas mehr gibt.

In der Gegenrolle: die Two-Spirits der Native Americans

Das Wort Two-Spirits ist eine moderne Erfindung und steht für Personen in indigenen Völkern in Nordamerika, die als Beispiel für ein drittes Geschlecht interpretiert werden, dokumentiert bei 155 von etwa 400 indigenen Völkern. Viele dem Anschein nach männliche Two-Spirits übernahmen die weibliche Geschlechtsrolle, wie wir heute sagen würden, kleideten und verhielten sich entsprechend und verrichteten als weiblich geltende Arbeit. Es gab auch angesehene bei Geburt weiblich zugeordnete Personen mit diesem Status, die männlich konnotierte Aufgaben wie Jagd und Kriegsführung übernahmen. Die vorherrschende heterosexuelle Orientierung war davon nicht angetastet, wobei es akzeptierte sexuelle Handlungen zwischen Männern gab, die nicht im westlichen Sinn kategorisiert wurden. Die Tradition war lange abgerissen; heute wird sie vereinzelt wiederbelebt. Die Werte der europäischen Einwanderer zerstörten die Lebensgrundlagen, nahmen das Land und rotteten die indigenen Völker praktisch aus. Mit ihnen verschwand auch die angesehene Stellung der Two-Spirits.[15]

Das sind vier bedeutende, gut erforschte Beispiele. Und nun möchte ich noch eines hinzufügen, das ich erst während der Recherche kennengelernt habe: sogenannte Femminielli, die es offenbar bis heute in Kampanien in Italien, vor allem in Neapel, gibt. Femminielli bedeutet in etwa Frauchen oder Weibchen. Sogar die Tourismuszentrale von Neapel wirbt[16] stolz mit den »uomini che sentono e vivono comme donne«; Männer, die sich so fühlen und leben wie Frauen, zwischen Transgender und Crossdresser, mit homosexuellen Anklängen. Diese Männer mit weiblichem Geschlechtsausdruck sind Teil der Kultur der ärmeren Stadtteile in Neapel, wo sie nicht abgewertet werden, sondern im bunten, bevölkerungsreichen Alltag aufgehen und eine eigene Stellung einnehmen, mit eigenen Riten und sogar einer Prozession im 60 Kilometer entfernten Santuario di Montevergine bei Avellino. Katholisch, natürlich. Was der Vatikan wohl davon hält?

Wer sagt es Oma? Lifehacks für Familien

Sich nicht verstecken, zu sich selbst stehen, sich aber auch nicht unnötig in Gefahr begeben oder Diskriminierung aussetzen – das ist für queere Kinder und ihre Familien oft ein Spagat. Denn, klar: Sie helfen Ihrem Teenager nicht, wenn Sie ihm raten, bloß nicht aufzufallen. Aber auch nicht, indem Sie ihn ermutigen, ins kalte Wasser zu springen, ohne vorher gemeinsam zu überlegen, wie man darin schwimmt. In diesem Kapitel haben wir die wichtigsten Tipps für alle Lebensbereiche zusammengestellt, die über die enge Familie hinausgehen, und Christiane gibt Tipps für die offene Kommunikation nach außen, für Eltern wie Jugendliche.

Wichtigste Grundregel: Fragen Sie immer erst Ihr Kind, bevor Sie kommunizieren. Besprechen Sie ganz genau, was es wann wie über sich sagen möchte, was Sie aussprechen dürfen oder sollen, wem gegenüber, und was auf keinen Fall. Achtung, hier besteht große Verletzungsgefahr.

Oft ist übrigens Beratung durch Profis oder Betroffene erst einmal besser, als das Thema mit Friends und Family zu besprechen, die sich mit diesen Fragen nicht auskennen. Sonst ist die Gefahr groß, dass Allgemeinplätze und verletzende Vorurteile ausgesprochen werden.

Überlegen Sie mit Ihrem Kind, ob ein Coming-out in der Strategie von »alles auf einmal« oder nach dem Konzept »nach und nach«, zum Beispiel in konzentrischen Kreisen, verlaufen soll. Das Umfeld jedoch über einen längeren Zeitraum nur so halb zu informieren, das ist keine gute Idee.

Und noch eines: Sie brauchen nicht immer und überall alles begründen oder kommentieren. Wenn Sie für sich damit durch sind, sagen Sie fest und klar: So ist es. Menschen, denen Sie nichts erklären wollen, müssen Sie nichts beweisen, sie nicht überzeugen.

Verwandte, Nachbarn, Großeltern

Wenn Ihr Teenager mit Ihnen als Eltern über seine Selbstfindung, vielleicht auch seine inneren Kämpfe und Zweifel sprechen kann, dann haben Sie einiges richtig gemacht: Das zeugt von Vertrauen und einer guten Gesprächskultur. Und in der engeren Familie sollte das in der Regel auch kein Geheimnis sein, etwa gegenüber Geschwistern. Auch wenn diese meist ebenfalls etwas Zeit zur Umgewöhnung brauchen – etwa wenn der kleine Bruder plötzlich nicht mehr der Hahn im Korb ist, weil die vermeintliche Schwester sich als trans* entpuppt –, nehmen sie es in der Regel am coolsten auf, wenn Geschwister zu ihrer queeren Identität stehen. Aber als Eltern fragen Sie sich vielleicht: Müssen wir das jetzt allen Verwandten, Großeltern, Nachbarn sagen? Oder eher das Kind vor sich selbst schützen, weil noch vieles im Fluss ist?

Faustregel: Die Teenager bestimmen das Tempo – und nicht Sie. Es geht um deren Intimleben, deren Identität, und sie allein entscheiden, wie sie beim Familienfest auf die Frage des Ü-70-Großonkels antworten, ob sie denn schon »einen Freund« oder »eine Freundin« haben. Ob sie dieses Fass aufmachen wollen oder sich das Leben leichter, wenn sie ahnen, dass die Reaktion verständnislos oder gar abwertend sein könnte und sie den Mann ohnehin nur alle zwei Jahre sehen, wenn überhaupt. Und wenn sie (noch) gar nicht wollen, dass Mütter und Väter gegenüber Freunden, Verwandten, Nachbarn das Thema anschneiden, vielleicht auch, weil sie selbst noch auf der Suche sind nach ihrer Identität, dann wäre ein Zwangs-Outing keine Hilfe, sondern ein Vertrauensbruch.

Umgekehrt gilt allerdings auch: Wenn ein Mädchen eine feste Beziehung zu einem anderen Mädchen hat und daraus nirgends ein

Geheimnis macht, die Mutter aber im Freundeskreis versichert, sie sei eine Spätentwicklerin oder habe »den Richtigen« noch nicht gefunden, dann fällt sie ihrer Tochter damit in den Rücken.

Schwieriger ist die Situation bei transidenten Jugendlichen, die ihren Namen und/oder ihre Pronomen ändern. Hier sind Eltern deutlich stärker gefragt, zu erklären und zu vermitteln, vor allem, wenn das Kind es möchte und darunter leidet, falsch adressiert zu werden. Dazu braucht es gutes Standing, denn mit Gegenwind (»Was ist denn das für eine komische Laune?«), Ferndiagnosen (»Er/sie will doch bloß Aufmerksamkeit!«) und Abwertung ist zu rechnen.

Schule und Ausbildungsplatz

Für queere Jugendliche ist Schule leider oft der schlimmste Ort der Welt. Umso mehr gilt: Nichts darf gegen den Willen der Betroffenen geschehen. Sie bestimmen das Tempo und den Umfang, in dem sie sich öffentlich machen. Und wissen selbst am besten, was klug ist: etwa, weil sie ihre Klassenkamerad*innen am besten kennen und am besten abschätzen können, ob sie mit einem Coming-out eher Applaus bekommen oder sich monatelanges Mobbing einhandeln.

Ob und wie die Jugendlichen im Schulalltag unterstützt werden, hängt enorm vom Schulklima ab und von der Wichtigkeit, die dem Thema zugemessen wird. Fangen wir mit dem etwas einfacheren Szenario an: Ein Teenager empfindet sich als schwul, lesbisch, bi, ist vielleicht sogar in jemanden von der selben Schule verliebt. Wie werden andere reagieren? Im Zweifel empfiehlt es sich, das Gespräch mit Vertrauenspersonen zu suchen – Schulpsycholog*innen, Vertrauenslehrer*innen, Klassen- und Schulleitung, Schüler*innenvertretung – und gemeinsam zu überlegen, wie man im Einzelfall damit umgeht. Es kann zum Beispiel helfen, Mitglieder einer Initiative an die Schule einzuladen, die Workshops zu dem Thema veranstalten (Adressen siehe Anhang). Oft spricht es sich unter Jugendlichen auch herum, wenn einzelne Schulen besonders vorbildlich handeln – unter Umständen ist auch ein Schulwechsel eine Option, wenn man an der eigenen Schule auf zu wenig Unterstützung gegen Mobbing und Diskriminierung stößt. Überlegen Sie sich je nach Alter und Temperament des Kindes gemeinsam: Was kannst du allein schaffen, wo soll ich dir den Weg bereiten (etwa durch ein Elterngespräch mit der Klassenleitung)?

Besonders empowernd kann es sein, wenn die Initiative zu einem toleranteren Schulklima von innen angestoßen wird. Aktivist Paulino Kirschner, der sich in Ulm in der queeren Jugendarbeit engagiert, auch an Schulen, erzählt von einem Fall, in dem ein Mädchen aus der Community sich aktiv an eine Initiative wandte. Weil sie sich mehr Aufklärung für alle wünschte, Mitschüler*innen, Kollegium, Schulleitung. Mit Erfolg: »Ihre ganze Schule hat mitgezogen, wir haben verschiedene Aktionen gemacht. Wir bekamen zum Beispiel eine Wand auf dem Schulhof zur Verfügung gestellt, an die wir die verschiedenen Flaggen und Symbole gesprayt haben, um zu erklären, was für was steht. Heute, Jahre später, sind die immer noch da – und keiner hat etwas zerstört oder andere Graffiti dazugefügt. Da ist ganz viel Respekt entstanden, der vorher nicht so da war.«

Die Initiative kann aber auch von Lehrer*innenseite kommen: In der Bildungsinitiative »Teach out«[17] zeigen sich Pädagog*innen, die zur LGBTQIA+-Gruppe gehören, und sind dadurch oft wichtige Role Models für Schüler*innen, die sich vor diesem Schritt fürchten.

Bei trans* Jugendlichen stellt sich das Problem noch mal verschärft, verglichen mit schwulen, lesbischen und bisexuellen: Hier ist es wichtig, zu handeln, um das Kind nicht ständiger Demütigung auszusetzen. Manche Schulen – gerade die weiterführenden – lehnen es ab, Namen und Pronomen anzupassen, etwa im Klassenbuch oder Zeugnis, wenn (noch) keine offizielle Personenstandsänderung vorliegt, andere sind offen. Es ist nicht ausdrücklich verboten, das zu tun, und Schulen können einen rechtlichen Freiraum nutzen. Tun sie es nicht, kann es den Betroffenen ergehen wie dem oben erwähnten Paulino Kirschner, Anfang 20, der selbst trans* ist: Weil seine frühere Schule sich weigerte, seine Zeugnisse auf seinen männlichen Vornamen umzuschreiben, ist er bis heute gezwungen, sich in Job-Bewerbungsgesprächen sofort zu erklären und seine Geschichte auf den Tisch zu legen. Eine enorme Belastung in einer ohnehin angespannten Situation, die noch Jahre nach einem Coming-out und sogar nach einer abgeschlossenen Transition immer wieder zur Hürde werden kann.

Was können Sie als Eltern dagegen tun? Fürs Erste hilft im Alltag und gegenüber der Schule ein unbürokratischer Ergänzungsausweis, wie ihn die Deutsche Gesellschaft für Transidentität und Intersexualität e. V. anbietet.[18] Mit dem Selbstbestimmungsgesetz, das – hoffentlich! – im zweiten Halbjahr 2023 verabschiedet werden wird (siehe Kapitel »Alles, was Recht ist« in Teil 3), soll die Personenstandsänderung auch für Kinder und Teenager deutlich leichter und unkomplizierter werden. Dann gibt es auch eine rechtliche Handhabe gegenüber Lehrpersonen, Ausbilder*innen etc., die absichtlich »misgendern«, also den abgelegten »Deadname« und die alten Pronomen benutzen. Das, so hoffen es LGBTQIA+-Verbände, wird ein weiteres, essenzielles Problem entschärfen: Bislang waren trans* Jugendliche auf das Wohlwollen der Schulen oder Ausbildungsstätten angewiesen, wenn sie die entsprechenden Toiletten und Umkleidekabinen nutzen wollten. Ob das nach der Gesetzesänderung problemlos möglich sein wird, bleibt abzuwarten - Stand heute (Frühsommer 2023) sind noch längst nicht alle Details geklärt.

Öffentlichkeit

Queeren Jugendlichen, so wie queeren Menschen überhaupt, steht ihre Identität nicht ins Gesicht geschrieben. Deshalb machen sich Pöbeleien, Beleidigungen, aber auch tätliche Angriffe an Äußerlichkeiten fest – selbst, wenn nicht einmal klar ist, was sie nun wirklich über die Identität aussagen sollen. Nach einer Messerstecherei in Kiel, bei der ein 23-Jähriger lebensgefährlich verletzt wurde[19], stellte sich heraus: Der Anlass für die Gewalttat waren seine lackierten Fingernägel. Daraufhin wurde im Netz ausgiebig gemutmaßt, ob der Mann überhaupt schwul war oder »nur« einen bestimmten Stil mochte.

Die Antwort darauf kennen auch wir nicht, sie ist aber auch nicht wichtig. Wichtig ist: Je mehr ein Mensch äußerlich durch Stilmerkmale auffällt, die LGBTQIA+-Personen zugeschrieben werden, desto eher läuft er Gefahr, bepöbelt oder angegriffen zu werden. Kim de l'Horizon, non-binäre*r Träger*in des Deutschen Buchpreises, beschreibt einen solchen Angriff in der NZZ[20]: Dey (so lautet das selbst gewählte Pronomen) steht morgens um neun in Berlin auf dem S-Bahnsteig, trägt Jeans, Pulli und etwas Lippenstift, als ein anderer Wartender unvermittelt zu einem Faustschlag ausholt, mit den Worten: »Normale Schwuchteln kann ich mittlerweile schlucken, aber du bist mir einfach zu viel.« Kim de l'Horizon zieht den Schluss: »Er bestrafte mich dafür, dass ich mir Schönheit jenseits des Erlaubten erlaubte. Er bestrafte mich dafür, dass ich mich frei bewegte.«

Paulino Kirschner, den wir weiter oben schon zitiert haben, weist darauf hin, dass verschiedene Gruppen unterschiedlich viel – ungewollte! – Beachtung bekommen: »Ich glaube, junge Schwule haben es am schwersten, wenn sie in der Öffentlichkeit Zärtlichkeiten austauschen. Da habe ich es als trans* Mann sogar leichter, ich falle ja auf den ersten Blick nicht auf.« Aber am Ende hängt es sehr an der oder dem Einzelnen und der jeweiligen Situation, was bemerkt wird, bewertet wird, anderen unangenehm aufstößt, und was nicht.

Was heißt das nun, wenn unsere Jugendlichen sich frei bewegen wollen, ohne sich zu verstecken – und eben auch so auftreten, dass sie von Unbeteiligten als queer identifiziert werden können? Tags in der Stadt, abends beim Ausgehen, auf Reisen, ja, selbst an einem öffentlichen, belebten Ort wie einem S-Bahnhof? Wie man leider feststellen muss, reicht es ja schon, nach landläufigen Vorstellungen so *auszusehen*, als könnte man schwul, lesbisch, trans* sein, um sich in Gefahr zu bringen.

Der beste Rat, den Eltern ihren Teenagern geben können: sich nicht verstecken – aber sich auch nicht zusätzlich in Gefahr bringen. Denn ob man mit seinem Aussehen aneckt, ist immer eine Frage der Umgebung, der Tageszeit, des Anlasses. Und es sollte kein junger Mensch allzu heldenhaft auftreten, wenn er oder sie ahnt, dass Gefahr droht. Was am effektivsten gegen Übergriffe schützt, ist die Gesellschaft von anderen – Freund*innen, Verwandten, Schulkamerad*innen. Das Selbstbewusstsein, zu sich zu stehen – woran Eltern einen großen Anteil haben. Ein Gespür für brenzlige Situationen. Und auch die Gewissheit: Ich kann mir Hilfe holen, ohne Angst zu haben, Vorwürfe oder verletzende Kommentare zu kassieren. Das gilt auch für die Polizei. Viele queere Menschen berichten von diskriminierenden Erlebnissen mit staatlichen Vertretern, aber einzelne Bundesländer, etwa Berlin, haben bereits spezielle Ansprechpartner, an die Betroffene von Gewalt sich wenden können.[21]

Und ein letzter Punkt zum Thema Öffentlichkeit: Es ist auch nicht zu unterschätzen, was es für LGBTQIA+-Jugendliche bedeutet, wenn sie von offizieller Stelle wahrgenommen und stolz als Teil der Gesellschaft gezeigt werden. Wenn Behörden queere Sichtbarkeit unterstützen. Ob Pride-Parade, Regenbogenfahnen vor dem Rathaus – oder rund ums Ulmer Münster[22]. Mittendrin im Leben. Symbolpolitik? Manchmal, vielleicht. Aber auch ein Anfang.

Internet

Zum Thema Medienerziehung gelten für LGBTQIA+-Teenager dieselben Grundsätze wie für alle anderen auch: Es liegt an Ihnen als Eltern, dass Ihr Kind zum Thema Datensicherheit, Weitergabe von persönlichen Informationen, Bildern und anderem aufgeklärt wird. Nur weil unsere Kinder in der digitalen Welt aufwachsen, kennen sie noch lange nicht all deren Gefahren, und obwohl Experten wie der Leiter des Instituts für Cyberkriminologie, Dr. Thomas-Gabriel Rüdiger, seit Jahren davor warnen, dass das Internet gerade für Kinder und Jugendliche ein weitgehend rechtsfreier Raum ist, wird zu wenig reguliert. Die einschlägigen Tipps gelten für Eltern und Jugendliche ganz unabhängig von der Identität: informieren (unaufgeregt und kompetent ist etwa die Website der Regierungs-Initiative »schau hin!«, www.schau-hin.info, oder das Portal www.klicksafe.de), Kinder und Jugendliche mit dem Smartphone nicht ständig allein lassen, sondern sich Inhalte zeigen lassen, ins Gespräch kommen, das ist im Zweifelsfall effektiver gegen Datenklau und »Cybergrooming«, also das Anbahnen von sexuellen Kontakten mit Minderjährigen, als technische Filter oder Zeitbeschränkungen. Wichtig ist zu wissen, dass vor allem im Netz nicht jede Person die ist, die sie behauptet zu sein, auch wenn Foto und Text auf einen (zunächst) harmlosen, wohlgesinnten Menschen schließen lassen.

Es gibt allerdings eine Besonderheit im Umgang mit LGBTQIA+-Jugendlichen: Für viele ist das Netz nicht nur Zeitvertreib plus Ergänzung zum analogen Sozialleben, es ist die zentrale Anlaufstelle, um Gleichgesinnte zu finden. Erst recht auf dem Land, wo die Kontaktmöglichkeiten geringer sind. Klar: Weil Algorithmen so funktionieren, bekommen junger User*innen auf der Suche nach Unterhaltung und Information zu Gay-Themen immer mehr desgleichen angezeigt – so wie bei allen anderen Themen auch. Das muss aber kein Problem sein, im Gegenteil. Stefanie Fichter, Erziehungswissenschaftlerin bei ABQueer, einer Initiative für Bildungsangebote zum Thema sexuelle und geschlechtliche Vielfalt, sagt es im Interview so: »Vor allem für Jugendliche, die keine Anlaufstellen in ihrer Nähe haben und sich nicht trauen, mit anderen über diese Themen zu sprechen, kann das Internet eine gute Möglichkeit bieten, sich anonym zu informieren und sich erst mal unerkannt zu vernetzen (…) Heute muss, im Vergleich noch zu der eher jüngeren Vergangenheit, keine junge Person mit Internetzugang mehr von sich selbst denken, sie sei die einzige queere Person auf der ganzen Welt.«[23]

Auch Fichter weist auf Gefahren hin, weiß aber ebenso um den wohltuenden Effekt, den Netzinhalte haben können, die zeigen: Hier gibt es andere, die so fühlen und leben wie ich. Von Coming-out-Videos auf TikTok bis zu Influencern aus der Community, die informieren und Mut machen. Darunter ist nicht nur privater Content, auch Stellen wie das Bundesfamilienministerium haben eigene Infoseiten dazu (siehe Anhang).

Und was das Thema Hass im Netz angeht, höre ich sowohl von meiner Tochter* als auch von Menschen aus der Beratung: So verletzend die Kommentare auf großen Social-Media-Portalen sein können, gerade queere Jugendliche haben oft ihre eigenen Netz-Nischen, in denen der Ton im Gegenteil besonders freundlich und zugewandt ist. Vor diesem Hintergrund sollten Sie, auch wenn Sie generell den Medienkonsum Ihrer Kinder beschränken möchten, diese nicht ganz von einer Quelle abschneiden, die sie – bei allen Vorsichtsmaßnahmen – gut unterstützen kann. Und Ihrem Heranwachsenden mit den entsprechenden technischen Einstellungen dabei helfen, dass private Inhalte auch so privat bleiben wie gewünscht, etwa, wenn man sie nur für eine klar definierte Gruppe enger Freund*innen sichtbar macht.

Auf eine Elternsorge wollen wir an dieser Stelle noch eingehen: Die Vorstellung, Jugendliche könnten »verführt« werden, unter

»schlechten Einfluss« geraten, anonymen Vorbildern nacheifern. Gerade im Netz. Reale Gefahren – wie etwa Cybergrooming – sind nicht von der Hand zu weisen. Schließlich sind queere Teenager eine verletzliche Gruppe, und es ist nicht auszuschließen, dass jemand gezielt Kontakt zu einsamen Jugendlichen auf der Suche nach Zuwendung aufnimmt, ob aus pädosexueller Neigung heraus oder als derber, fehlgeleiteter Spaß. Darüber muss man aufklären.

Auf einem anderen Blatt steht die Idee, Jugendliche würden durch »Verführung« oder »soziale Ansteckung« umgepolt – und was sollte sich da besser eignen als das unübersichtliche Internet mit seinen Schmuddelecken? Tatsächlich ist das ein ziemlich altes (und ebenso falsches) Erklärungsmuster, aber es hält sich hartnäckig: Noch bis in die 60er-, 70er-Jahre galt »Verführung« als Grund für das Verbot einer Sichtbarkeit (meist männlicher) Homosexualität. In den aktuellen Debatten um das Thema trans* gibt es eine auffällige Parallele, wenn bestimmte Kreise den Verdacht äußern, »unsere Kinder« würden »manipuliert«.

Dahinter steckt eine ziemlich holzschnittartige Vorstellung von Gut und Böse, rein und unrein – hier »unsere unschuldigen Kinder«, dort die abgefeimten Verführer. Lassen Sie sich nichts erzählen: Nicht einmal das Internet wird Ihrem Jugendlichen auf Dauer etwas einreden, was nicht auf eine Empfindung für die eigene Sexualität oder das eigene Geschlecht trifft, die aus dem Inneren kommt. Was natürlich passieren kann: Dass Ihr (cis und hetero) Sohn sich nach ausgiebigem Genuss von »Gay TikTok« auch einmal die Nägel lackieren möchte und ausprobieren, wie ihm Röcke stehen. Herzlichen Glückwunsch, Sie haben alles richtig gemacht: Der Junge ist ganz vorn dabei und muss sich nicht über äußere Attribute seiner Männlichkeit versichern.

»Meine Familie sagte: Das ist Sünde!« – Lektionen von erwachsenen LGBTQIA+-Menschen

Hinterher ist man immer klüger. Deshalb habe ich, Verena, für unser Buch auch noch einige erwachsene Queers getroffen, die als Jugendliche ganz unterschiedliche Erfahrungen mit ihren Eltern gemacht haben. Vielleicht können wir daraus etwas lernen, Sie und ich.

Julia: »Jahrelang führte ich ein Doppelleben«

Los geht die Reise in einem Café an der Aachener Straße in Köln. Ich bin mit Julia Monro verabredet, und die sagt von sich, sie sei eigentlich eine schüchterne Person. Eine, die nicht besonders gern im Mittelpunkt steht, und ungern auf der Bühne. Aber das Leben hat es anders mit ihr gemeint, denn das, was sie zu sagen hat, ist zu wichtig, und außerdem kann sie gar nicht anders, als aufzufallen. 1,92 Meter groß, blonde Mähne, beneidenswert lange Beine, Steppweste im Metallic-Look – als sie durch die Tür tritt, zieht sie Blicke auf sich.

Manchmal genießt sie diese Momente auch. »Kürzlich hat ein Mann in einer Warteschlange sich zu mir umgedreht und gesagt: ›Wow, so eine große Frau habe ich ja noch nie gesehen!‹«, erzählt sie, »das ging runter wie Öl.« Weil da jemand ganz selbstverständlich wahrgenommen hat, was auch sie beim Blick in den Spiegel sieht: eine Frau, was auch sonst.

Julia Monro ist Anfang 40, Referentin und Beraterin. Sie war außerdem geschäftsführender Vorstand im Bundesverband Trans* und leitete bis vor Kurzem die Öffentlichkeitsarbeit der Deutschen Gesellschaft für Transidentität und Intersexualität e. V. Ich habe sie um ein Treffen gebeten, weil ich von ihr wissen möchte: Was können wir als Eltern von denen lernen, die ihre Identitätskämpfe schon hinter sich gebracht haben? Was hat ihnen rückblickend geholfen, zu sich zu stehen, was stand ihnen im Weg?

Ihr (unfreiwilliges) Outing als trans* Frau liegt nicht einmal ein Jahrzehnt zurück – und wenn sie von ihrer Kindheit und Jugend erzählt, bekommt man eine Ahnung, was sie durchgemacht hat. Dabei ist die Frau mit der Metallicweste und dem dunklen Timbre nicht der Typ für Schuldzuweisungen, für Schwarz-Weiß-Denken. Aufgewachsen ist sie in einer streng religiösen Familie, und das hatte seine helle, seine warme Seite. »In meiner Kindheit gab es viel Gemeinschaftsgefühl und Geborgenheit. Ich habe mich geliebt gefühlt, Selbstbewusstsein bekommen, das mir auch heute hilft, den Rücken gerade zu machen. Auch den Glauben an einen Gott, der zu mir steht, habe ich mir bis heute bewahrt.«

Gestohlene Momente nach dem Gottesdienst

Aber es gab auch eine dunkle Seite, etwas, was sie zwang, ein Geheimnis zu bewahren. Denn sie wurde bei ihrer Geburt als männlich identifiziert, als Junge erzogen, und es gab nur wenige, gestohlene Momente, in denen sie das Mädchen sein konnte, das sie war. Beinahe solange sie denken konnte.

Ausgerechnet sonntags nach der Kirche, wenn die Erwachsenen noch zusammenstanden und redeten, schlich sie sich manchmal ins elterliche Badezimmer, experimentierte mit dem Make-up ihrer Mutter. Zehn, fünfzehn Minuten »Me-Time«. Einmal blieben Lippenstiftspuren im Waschbecken zurück, die Mutter stellte sie zur Rede, und vielleicht ahnte sie schon damals, dass etwas Besonderes war an dem vermeintlichen Sohn. »Es wurde immer signalisiert: Was du da tust, ist Sünde, dafür kommst du in die Hölle!«, erinnert sich Julia Monro. Eine unklare Bedrohung der vermeintlich gottgewollten Ordnung, für die weder Eltern noch Kind die passenden Worte hatten. »Ich hatte damals alle gegen mich«, sagt sie, »die Kirche, die Gesellschaft, die Familie.«

Die Folge war ein jahrelanges Doppelleben, auch noch als Erwachsene, schließlich ein schmerzvolles Fremd-Outing mit Mitte 30, das zu schweren Verwerfungen in ihrem Leben führte. Aber auch neue Türen öffnete. Bald danach begann Julia Monro, bei einer Initiative mitzuarbeiten, die Workshops an Schulen zu LGBTQIA+-Themen anbietet. »Immer und immer wieder habe ich von meinem Coming-out erzählt. Am Anfang musste ich mich jedes Mal überwinden. Aber irgendwann habe ich Mut gefasst, weil ich gemerkt habe: Hier bin ich mit meiner Expertise gefragt. Das hat viel bewirkt für meinen persönlichen Reifungsprozess. Das, was ich als meine größte Schwäche empfunden habe, ist heute meine größte Stärke.« Mittlerweile ist Monro eine gefragte Gesprächspartnerin für Medien, Politik und Firmen, die sich um das Thema Diversity bemühen. Aber wenn man sie nach ihrem schönsten Moment fragt, dann ist es die Begegnung mit einem trans* Jungen in einer Schulklasse, der bei einer Veranstaltung zu ihr sagte: »Ich bin wie du. Nur umgekehrt.« Als eine, die selbst kein Vorbild hatte als Kind, konnte sie selbst zum Vorbild werden. Eine Frau, die weiß, wer sie ist, und zu sich steht. Eltern und queeren Jugendlichen empfiehlt sie zweierlei: mehr miteinander reden, aber auch, sich Hilfe zu holen.

»Manchmal hilft es cis und hetero Eltern, sich besser in ihre Kinder hineinzuversetzen, wenn sie sich Alltagssituationen ausmalen, in denen sie sich in die Rolle des Gegenübers versetzen: Stell dir vor, du bist schwul und willst deinen Partner deiner Familie vorstellen, was sagst du?«, regt Monro an. »Oder sich zu fragen: Wenn man sich die körperlichen Merkmale wegdenkt, was macht dich eigentlich zur Frau beziehungsweise zum Mann? Hast du nicht eine Menge Eigenschaften, Vorlieben, Interessen, die nicht zur landläufigen

Vorstellung vom Mann- oder Frausein passen? Und ist Geschlecht dann wirklich so eindeutig bestimmbar?«

Auch Beratung von außen kann unterstützen. »Ideal sind Stellen, bei denen sowohl die Jugendlichen als auch die Erwachsenen ihre Erfahrungen mit dem Thema austauschen können.« Voneinander getrennt, im Vertrauen einer Gruppe, die niemanden vorurteilt, aber im Bewusstsein: Wir wollen alle gemeinsam das Beste.

»Du musst dich jetzt mal entscheiden!« – Dana und Stefan

Szenenwechsel. Ein paar Wochen später bin ich in Berlin mit zweien verabredet, die gut befreundet sind und darüber hinaus noch eine Gemeinsamkeit haben: Dana und Stefan, ebenfalls in den Vierzigern, definieren sich beide als bisexuell. Oder, besser: Bi+, ausgesprochen »Bi plus«, weil sie diesen Begriff als inklusiver verstehen. Unser Treffpunkt, klärt Dana mich auf, ist ein ganz besonderer Ort: Der »Sonntagsklub« war ein legendärer Treffpunkt der Schwulen- und Lesbenszene Ostberlins zu DDR-Zeiten, auch wenn er mehrmals den Ort gewechselt hat. Bis heute ist das Lokal nahe der Gethsemanekirche ein einschlägiger Hangout mit leicht gealterten Stammgästen. Während ich draußen vor der Tür im Herbstniesel stehe, gesellt sich eine ältere Dame mit akkurat geföhnter blonder Innenwelle und einem kleinen Hund an der Leine zu mir, und ich lasse meine Gedanken schweifen: Auf wen sie wohl hier wartet, und ob sie weiß, welche Geschichte die unauffällige Eckkneipe hat?

Die Antwort bleibt nicht lang aus: Fünf Minuten später kommt ein jüngerer Mann mit nicht minder akkurat getrimmtem Bart dazu, umarmt die Frau und stellt sich mir vor: »Hi, ich bin Stefan, und ich habe meine Mutter mitgebracht.« Rosi, Ende 60, will nämlich erzählen, wie das war in den 90ern, mit einem Teenagersohn, der schon früh herausfand, dass sein Begehren nicht an ein Geschlecht gebunden ist. Da bin ich gespannt! Wenige Augenblicke später ist Dana bei uns, platinblonde Mähne, elegant in Schwarz gekleidet, und wir lassen uns im Hinterzimmer der Kneipe nieder.

Fangen wir mit Danas Geschichte an, denn diese spielt nicht in der Metropole Berlin, sondern in einem Dorf in Sachsen-Anhalt. »Eigentlich hätte ich schon mit 12 wissen können, dass ich anders ticke als andere in dem ostdeutschen Dorf, in dem ich aufgewachsen bin«, erzählt sie. »Da hat jemand im Jugendklub einen Porno aus Westdeutschland eingeschleppt, und ich fand die Frauen darin viel aufregender als die Männer. Aber ich habe das gar nicht hinterfragt, ich dachte, das geht allen so. In meinem Umfeld war schlicht nichts anderes denkbar als gegengeschlechtlicher Sex, und irgendwann hatte ich meine ersten Beziehungen mit Jungs.« Erst später, nach dem Umzug in die Hauptstadt, wurde ihr klar: Das entschiedene Sowohl-als-auch ist das Leitmotiv für ihr Liebesleben, sowohl was die Auswahl ihrer Lebens- und Liebespartner*innen angeht als auch die Beziehungsform. Heute ist Dana mit einem Mann verheiratet, die beiden leben polyamor, also in einer Beziehung mit mehreren Menschen. Genau ihr Ding, sagt Dana: »Ich habe noch nie so stabile und erfüllte Beziehungen gehabt, mich noch nie so sicher gefühlt.« Auch wenn sie sich nach wie vor häufig rechtfertigen muss: »Es ist dieses Uneindeutige, Fluide, das viele Menschen irritiert und herausfordert. Oft kommen Sätze wie: Du musst dich mal entscheiden, für Männer oder Frauen, für einen einzelnen Partner oder eine Partnerin! Und man bekommt auch Vorurteile von beiden Seiten ab, der Mehrheitsgesellschaft wie der queeren.«

Ihre Familie nimmt Dana davon aus: »Ich kann meiner Mutter nichts vorwerfen, sie hat immer hinter mir gestanden. Wenn überhaupt, dann hat sie das Thema ein bisschen ausgebremst: Ja, mach du mal, wie du meinst, ich verstehe davon ja nichts.« Eher Berührungsängste als Vorurteile.

Bis heute, sagt Dana, sei es für Jugendliche und junge Erwachsene in ländlicher Umgebung oft schwieriger, sich zu outen – und auch für ihre Eltern komplizierter. Denn die Kinder können irgendwann ausziehen oder nach dem Weihnachtsbesuch wieder verschwinden. Mütter und Väter müssen damit leben, wenn Nachbarn tuscheln. Vor allem, wenn die Kinder ihre Identität auch offen sichtbar machen, mit Frisur, Kleidung, Auftreten signalisieren: Ich bin, was ich bin, I am what I am! Dana erzählt, dass manche versuchen, mit ihren Kindern zu verhandeln: Zieh dich wenigstens unauffälliger an, binde es niemandem auf die Nase, schließlich müssen wir das hier jeden Tag am Gartenzaun ausbaden, du nicht.

Verständlich, aber die Leisetreterei kann zu einer ewigen inneren Spannung führen, die niemandem guttut. »Mir war irgendwann klar, wenn ich mich öffentlich äußere, dann muss ich vorher meine Familie ins Boot holen. Auch wenn das für sie ebenfalls eine Art Coming-out bedeutet«, erinnert sich Dana. Mit Erfolg: Heute, erzählt sie, feiert ihre Mutter schon auch mal ausgelassen auf dem Straßenfest zum Christopher Street Day mit und freut sich, wie viel herzliche und inspirierende Menschen sie dort trifft.

Wie so oft liegt der Schlüssel zu mehr Verständnis ganz einfach darin: mitmachen, dabei sein, die Freund*innen der Kinder kennenlernen. Gemeinsamkeiten finden, so unterschiedlich der Lebensstil sein mag, das Outfit, die Zukunftspläne. Und feststellen, dass man trotz allem Schnittmengen findet: eine Nagellackfarbe, einen Song, der auf die Tanzfläche zieht, und das Bewusstsein, dass wir alle ähnlich fühlen, verletzbar sind, voller Sehnsüchte und auf der Suche nach Glück.

»Sag Bescheid, wenn die Kondome alle sind!«

Eine, die ebenfalls gern auf dem CSD mitfeiert, ist Stefans Mutter Rosi. Sie und ihr Sohn erzählen wieder eine andere Geschichte –

eine, die verblüfft. Weil sie zeigt: Es führt keine gerade Linie aus einer verklemmten Vergangenheit in ein liberales Heute. Früher war nicht zwangsläufig alles schwieriger, so wenig wie LGBTQIA+-Personen heute im Toleranz-Paradies leben. Sondern es gab auch vor Jahrzehnten schon Nischen, in denen ein Aufwachsen jenseits der Hetero-Norm nicht zum Problem gemacht wurde – genau so, wie es umgekehrt noch heute Jugendliche gibt, die alleingelassen und verächtlich gemacht werden.

Aber jetzt zu Stefan. »Ich wusste schon sehr früh, mit 15, 16, dass Geschlecht für mich nicht das Entscheidende dabei ist, in wen ich mich verliebe«, erinnert er sich. Das war in den Nachwendejahren im Prenzlauer Berg, eine Zeit großer Umbrüche und gleichzeitig großer Freiheiten. »Ich war früh im Nachtleben unterwegs, in den einschlägigen Klubs.« Für Rosi, groß geworden in den 60ern und 70ern in der DDR, war das kein Thema: »Ich hab zu ihm gesagt: ›Pass auf, Kondome liegen im Spiegelschrank, und wenn die ausgehen, sag Bescheid, dann kaufe ich neue. Die sind teuer, ich möchte nicht, dass du dir aus Sparsamkeitsgründen eine Krankheit einfängst, und Oma werden will ich auch noch nicht. Sag Bescheid, wenn es mal später wird.‹« Mehr Worte brauchte es nicht, um zu vermitteln: Egal, was du tust und wen du liebst, du bist und bleibst unser Sohn.

Einmal mehr staune ich als Kind der alten Bundesrepublik über die Lässigkeit und Freizügigkeit, mit der manche Menschen mit Ost-Background von Körperlichkeit, Liebe und Sex erzählen – nichts, was sich einfach verallgemeinern ließe, aber auch nicht das erste Mal, dass es mir auffällt. »Ich bin ja selbst schon sehr frei aufgewachsen«, sagt Rosi, »im Sommer mit der Familie am FKK-Strand, und meine Eltern sind selbstverständlich nackt durch die Wohnung gelaufen.«

Ein unverklemmtes Erbe, das sich auch im Gesetzbuch der DDR wiederfand. Sicherlich war der Arbeiter- und Bauernstaat kein Paradies für Menschen, die vielfältiger liebten als die Mehrheit. Aber anders als in der alten BRD wurde der Paragraf 175, der schwulen Sex unter Strafe stellte, bereits 1968 gestrichen – nach der Wiedervereinigung musste der Westen nachziehen. Gesetze drücken eben nicht nur bestimmte Werte aus, sie bestimmen und befördern sie auch.

Wenn Stefan und Rosi sich an die Jahre von Stefans sexueller Selbstfindung erinnern, fällt aber vor allem eines auf: die Selbstverständlichkeit, mit der die Mutter bereit war, für ihren Sohn in die Bresche zu springen. An eines erinnert sich Stefan besonders eindrücklich. »Ich war vielleicht 14 oder 15 und mit Freunden auf einer Party, als dort Nazis auftauchten und uns drohten. Da habe ich meine Mutter angerufen, und sie hat sich nachts um zwei im Morgenrock ins Auto gesetzt, um uns schnell abzuholen. Ich wusste immer, dass ich mich auf sie verlassen konnte.«

So viel Unterstützung gibt ein breites Kreuz. Heute ist Stefan selbst Vater eines kleinen Sohnes. Der ist sieben und hat sich neulich Glitzernagellack gewünscht. Klar, dass Stefan für ihn losgezogen ist und ein Fläschchen gekauft hat, in leuchtendem Blau. Und auch wenn es nicht sein Style ist: »Na klar würde ich mir auch für ihn meine eigenen Nägel lackieren, wenn er sich dann sicherer damit fühlt. Und ihm zu zeigen, dass er völlig richtig ist, so wie er ist.« Ganz egal, als was das Kind sich später definiert: als Bi plus, als schwul, als trans* – oder cis und hetero.

Alles, was Recht ist – Sexualität im Wandel von Geschichte und Gesetzen

Philosophische und wissenschaftliche Entwicklungen finden sich auch in den Regeln unserer Gesellschaft wieder. In diesem Kapitel schauen wir uns Gesetze sowie Reformen und ihre Ursachen an – von der Liberalisierung homosexueller Liebe über die »Ehe für alle« bis zum Selbstbestimmungsgesetz[24].

Um noch eine große Linie zu ziehen: Dass die Selbstdefinition überhaupt in den Vordergrund tritt, beginnt im 18. Jahrhundert, als nach und nach nicht mehr die soziale Stellung einen Menschen definiert, sondern er, sie oder es als individuelle Persönlichkeit wahrgenommen wird. Seitdem bekommt die Selbstbestimmung in westlichen Nationen immer mehr Raum.

Auch wenn wir mit Gesetzen aus dem 1871 gegründeten Deutschen Kaiserreich starten: Nichtheterosexuelles Handeln und Leben jenseits der Geschlechternormen waren auch zuvor praktisch ausgeschlossen und verboten.

* **1872 Einführung des § 175.** Das Reichsstrafgesetzbuch tritt in Kraft und stellt sexuelle Handlungen zwischen Männern unter Strafe. Weibliche Homosexualität ist kein Thema, offenbar wirkt sie weniger bedrohlich für die patriarchale Geschlechterordnung.

* **Liberalisierungsbemühungen.** Schon zu dieser Zeit werden Vorkämpfer aktiv für die Anerkennung von Homosexualität und »Zwischenstufen«, wie Karl Heinrich Ulrichs (1825–1895) sie nannte. Der Jurist und Journalist kämpft in den 1860er- und -70er-Jahren für die rechtliche Gleichstellung von Homosexuellen. Der (erste!) Sexualwissenschaftler Magnus Hirschfeld (1868–

1935) wirkt ab der Jahrhundertwende in Berlin und versucht, die Streichung des § 175 zu erreichen. Er gibt 23 Jahre lang das »Wissenschaftliche Jahrbuch für Zwischenstufen« heraus und gründet ein Institut für Sexualwissenschaft, das erste seiner Art.

* **1921 Erste internationale Tagung für Sexualreform.** Auf sexualwissenschaftlicher Grundlage von Hirschfeld, der mit seinen Weggefährt*innen gegen einen bevormundenden Staat in Fragen der Sittlichkeit eintritt.

* **1922 Erste geschlechtsangleichende Operationen.** Transgeschlechtlichkeit und Intersexualität werden seit der Antike beschrieben, bleiben aber ein gesellschaftliches Tabu. 1922 gibt es erste operative Versuche am Institut für Sexualwissenschaft.

* **1933 bis 1945 Verschärfung des § 175.** Während des Nationalsozialismus werden der Homosexuellenparagraf verschärft und Homosexuelle (wie auch inter* und trans*geschlechtliche Personen) stärker verfolgt – es gibt um die 50 000 Verurteilungen, etwa 10 000 Männer werden in Konzentrationslager verschleppt, viele kommen dort um oder werden getötet.

* **Ab 1940 Neue Behandlungsmethoden für transidente Menschen.** Der junge Arzt Harry Benjamin emigriert 1913 in die USA, nimmt aber in den 20ern an Veranstaltungen des Berliner Institutes für Sexualwissenschaft teil. Er erkennt (an), dass das körperliche Geschlecht und die Identität auseinanderfallen können, und behandelt mit ersten Hormontherapien.

* **1949 Zwei Staaten, zwei Weltsichten.** Das Grundrecht der BRD basiert auf den 1948 erklärten allgemeinen Menschenrechten

wie freie Entfaltung der Persönlichkeit und Menschenwürde, Gleichberechtigung von Mann und Frau. Dennoch bleibt der § 175 im Wortlaut der Nationalsozialisten in Kraft und wird gnadenlos angewendet. Auch Frauenrechte bleiben weit hinter den Grundrechten zurück.

* **Die DDR gibt sich 1949 und 1968 neue Verfassungen.** Die Gleichberechtigung und Erwerbsarbeit der Frau werden gefördert, Leitbilder wie das der Hausfrau und das des Familienernährers verschwinden. Der § 175 wird zunächst wieder in der etwas milderen Fassung der Weimarer Zeit formuliert und 1968 gestrichen. Homosexuelle werden deutlich weniger heftig als in der Bundesrepublik verfolgt. Dennoch bleibt das binäre Ideal von Ehe und Familie in beiden Staaten die Norm, unter Ausgrenzung aller Alternativen.

* **1958 Coccinelle und der Durchbruch in der Vaginoplastik.** Die französische Travestie-Künstlerin Coccinelle, 1931 geboren als Jaques-Charles Dufresnoy, fühlt sich von Kindheit an weiblich und verzweifelt an ihrem Körper. Sie beginnt 1952, Hormone zu nehmen, und unterzieht sich 1958 einem neuen OP-Verfahren des Arztes Georges Burou aus Casablanca. Der Staat gewährt ihr die Namensänderung und sie heiratet 1960 im weißen Kleid von Dior in Notre Dame den Journalisten Francis Bonnet. Sie tritt in vielen Filmen und Revuen auf, unternimmt Tourneen und lebt von 1978 bis 1987 in Berlin.

* **1969 Abschaffung der Strafbarkeit einvernehmlicher homosexueller Handlungen unter Erwachsenen.** Es ist heute kaum mehr vorstellbar, dass bis dahin schon ein Kuss unter Männern mit Gefängnis bestraft wurde. Bestehen bleibt eine strenge

Einschränkung für ältere Jugendliche aus Angst, sie würden zu Homosexualität verführt und »umgepolt«.

* **1969 Christopher Street Day.** Die heute weltweit zelebrierten Pride-Paraden gehen zurück auf eine Polizeirazzia am 28. Juni 1969 in der Bar *Stonewall Inn* in der New Yorker Christopher Street. Erstmals wehren sich die Besucher, überwiegend Homo- und Bisexuelle sowie trans* Frauen of colour, mit einem solidarischen Aufstand gegen ungerechte Gesetze und das harte Vorgehen der Polizei. Am 27. Juli 1969 formiert sich der erste Gay March in New York, ein Jahr darauf findet die erste Gay-Pride-Parade statt. Heute wird weltweit gefeiert.

* **1978 Erfindung der Regenbogenfahne.** Harvey Milk aus San Francisco, der erste offen schwule Politiker, gibt sie beim Künstler und Aktivisten Gilbert Baker in Auftrag. Heute wird manchmal als Dreieck die Farbe Schwarz und Braun gegen Rassismus hinzugefügt, weiß, rosa und hellblau für trans* Rechte, gelb mit Kreis für inter*.

* **1970er und 80er Neue Sichtbarkeit.** Es ist eine Zeit der politischen Emanzipation und Solidarisierung: Gleichgesinnte wie transidente Menschen, Homosexuelle und Frauen finden sich zu Selbsthilfegruppen und Vereinen zusammen, zu überregionalen und internationalen Organisationen, und werden öffentlich aktiv. Ihre Anliegen bleiben dennoch bis Anfang der 80er Tabuthemen.

* **1981 Transsexuellengesetz.** Als eines der ersten Länder schafft Deutschland eine rechtliche Regelung für Menschen, die sich nicht dem bei Geburt zugewiesenen Geschlecht zugehörig füh-

len. Möglich ist jetzt die offizielle Angleichung des Geschlechts in der Geburtsurkunde und in offiziellen Ausweisdokumenten. In der Folgezeit werden jedoch viele darin enthaltene Bedingungen (z. B. eine Pflicht zur Genitalangleichung, zur Sterilisation und zur Scheidung einer bestehenden Ehe) vom Bundesverfassungsgericht als verfassungswidrig erklärt und aufgehoben. Bis heute – Stand Frühsommer 2023 – sind für eine Personenstandsänderung nach TSG allerdings zwei kostenpflichtige Gutachten notwendig, die die Betroffenen oft entwürdigenden Befragungen unterziehen – etwa zum eigenen Masturbations- und Sexualverhalten.

* **1985 Erster Antrag zur ersatzlosen Streichung des § 175.** Ins Parlament eingebracht von der noch jungen Partei der Grünen, was die Diskussion antreibt. In beiden deutschen Staaten wächst das Bewusstsein für homosexuelle Orientierung und Akzeptanz.

* **1990 Homosexualität wird normalisiert.** Nach langen Kämpfen gegen die Pathologisierung und damit einhergehende Stigmatisierung gilt Homosexualität laut der Weltgesundheitsorganisation WHO endlich nicht mehr als Krankheit. Der deutsche Schwulenverband, heute LSVD, fordert erstmals die Öffnung der Ehe für Homosexuelle.

* **1991 Trans*Pride-Flagge.** Eine weitere Flagge entsteht: blaue Streifen stehen für Männlich-, rosa für Weiblichkeit, weiße für non-binäre und in Transition befindliche Menschen.

* **1994 Streichung des § 175.** Erst jetzt werden einvernehmliche homosexuelle Handlungen und sexuelle Kontakte so behandelt wie heterosexuelle.

* **1991 Erste eingetragene Partnerschaften.** In Hamburg können sich gleichgeschlechtliche Paare erstmals in ein Partnerschaftsbuch eintragen, allerdings ohne Rechte und Pflichten.

* **2001 Lebenspartnerschaftsgesetz.** Die rot-grüne Bundesregierung führt das Recht einer legalen Bindung für gleichgeschlechtliche Paare ein, ohne Adoptionsrecht, mit Anpassungen im Steuer- und Beamtenrecht. Nun kann man sich verpartnern.

* **2013 Personenstandsgesetz.** Erkämpft wird, dass bei intergeschlechtlichen Personen auf den Geschlechtseintrag im Pass verzichtet werden kann.

* **2017 Die Ehe für alle.** Ein Meilenstein. Im Bürgerlichen Gesetzbuch steht nun: *»Die Ehe wird von zwei Personen verschiedenen oder gleichen Geschlechts auf Lebenszeit geschlossen.«*[25] Im Abstammungs- und Adoptionsrecht gibt es dennoch offene Fronten.

* **2018 Der Geschlechtseintrag »divers«.** Er wird als Wahlmöglichkeit (lat. diversus wie ungleichartig, verschieden) beigefügt, um eine positive Anerkennung von Geschlecht jenseits der binären Kategorien zu ermöglichen. Zur Wahl steht – aber bis zur Einführung des Selbstbestimmungsgesetzes nur für intersexuelle Personen – m/w/d oder das Kürzel auszulassen.

* **2018 Trans* als Identität akzeptiert.** Die WHO erkennt an, dass Transidentität keine Krankheit ist. Geschlechtsinkongruenz wird als »condition«, also quasi als Zustand eingeführt.

* **2020 Verbot von Konversionstherapien.** Die sogenannte »Therapie« zur »Umerziehung«, die in den 60ern für homosexuelle

Männer noch gerichtlich angeordnet wurde, ist endlich verboten. Schon der Begriff ist falsch, es gibt nichts zu therapieren, weder sexuelle Orientierung noch Geschlechtsidentität sind per Wille oder Gespräch zu ändern.

* **2021 Act out 185+.** Die folgenden zwei Aktionen sind keine Gesetze, aber dennoch Meilensteine: Am 06.02.2021 outen sich 185 Schauspieler*innen im Magazin der Süddeutschen Zeitung für mehr Sichtbarkeit, Anerkennung und Diversität in Film und Fernsehen. Sie fordern, auch im Netz unter www.act-out.org, dass sexuelle Identität nicht länger über Karrieren und Rollen entscheiden soll – wie bei hetero-binären Kolleg*innen auch.

* **2022 Out in Church.** 100 queere Katholik*innen gehen an die Öffentlichkeit, inzwischen sind es 500. Der Slogan und die ARD-Dokumentation dazu heißen: »Wie Gott uns schuf«. Siehe auch www.outinchurch.de.

* **2023 oder später: Das Selbstbestimmungsgesetz.** Laut Ampel-Koalition soll es noch 2023 zur Abstimmung kommen. Trans- und intergeschlechtliche sowie nichtbinäre Menschen sollen künftig den Geschlechtseintrag durch eine einfache Erklärung beim Standesamt ändern lassen können, ohne langwierige, teure und diskriminierende Gerichtsgutachten.

  Jugendliche ab 14 Jahren sollen die Erklärung gemeinsam mit den Sorgeberechtigten vornehmen können, vor dem Alter von 14 Jahren entscheiden die Eltern. Gibt es Unstimmigkeiten, entscheidet das Familiengericht mit Blick auf das Kindeswohl. Für Minderjährige und ihre Familien soll eine sachkundige, ergebnisoffene und kostenlose Beratung etabliert werden.

  Hier ist es wichtig, noch einmal zu betonen: Das Selbstbestimmungsgesetz bezieht sich ausschließlich auf den rechtlichen Status einer Person und auf ihren standesamtlichen Geschlechtseintrag. Es regelt dagegen nicht die medizinische Seite und damit die Frage, ob jemand körperliche Maßnahmen wie Hormonbehandlungen oder operative Eingriffe in Anspruch nimmt. Viele trans* und inter* Menschen sowie entsprechende entsprechende Beratungsstellen begrüßen die geplante Gesetzesänderung als positiven Meilenstein, weil sie das Potenzial hat, den Alltag deutlich zu verbessern – etwa, weil durch den korrekten Geschlechtseintrag verhindert wird, dass Menschen beim Arzt, in der Schule, im Praktikum, auf dem Amt etc. mit dem abgelegten Namen und den alten Pronomen angesprochen werden.

Trendfarbe Regenbogen – Queerness und Jugendkultur

Nach so vielen harten Fakten hat Verena zum Abschluss noch etwas Leichteres für Sie: einen Ausflug in die Popkultur, zu einer Drehbuchautorin, und ein paar Tipps für gemeinsame Popcornabende auf dem Sofa.

Erinnern Sie sich an den Anfang dieses Buches? Da haben eine Reihe von Eltern uns erzählt, was ihnen durch den Kopf ging, als sie von unserem Thema hörten. Ungefiltert, aus eigener Erfahrung und Beobachtung. Eine Mutter fasste stellvertretend in Worte, was wir immer wieder hören, im Freundeskreis, in Talkshows, an Elternstammtischen: »Das ist doch eine Mode! Ein Hype! In den 80ern, 90ern, Nullerjahren waren wir Popper, Gruftis, Grunge-Girls und -boys oder Emos. Jetzt meinen Teens, sie wären bi, lesbisch, trans*, weil es gerade Trend ist!«

Nachdem wir nun über viele Seiten dargelegt haben, dass sexuelle und geschlechtliche Vielfalt Realität ist, wie sie zustande kommt und wie fluide gleichzeitig Identitäten und Orientierungen sein können, wäre es nun ein Leichtes, zu sagen: An dieser These ist nichts dran, sie stellt Teenager auf einer schwierigen Orientierungssuche als beeinflussbare, verwirrte Menschen dar, verwechselt Ursache und Wirkung. Kein junger Mensch »wird« schwul, bi, trans*, wenn ihm solche Charaktere zunehmend in Streaming-Serien begegnen, als TV-Entertainer*innen, in Castingshows – und die, die es sind, fühlen sich durch diese Sichtbarkeit endlich bestätigt und angenommen.

Damit könnte man das Thema abschließen. Oder man geht einen Schritt weiter und sagt: Und wenn es so wäre, mit dem Trend – wäre es so schlimm? Ist doch gut, wenn das Hinterfragen der eigenen Sexualität und der eigenen Geschlechtsidentität gerade »in« ist – als Zeichen für mehr Reflexionsfähigkeit, Toleranz, Empathie. Man könnte auch zurückfragen: Warum sollte ein Teenager im Zuge seiner Selbstfindung nicht genauso mit Labels für Sexualität und Geschlecht jonglieren wie mit Sneakers-Marken und Musikgeschmack? Und selbst wenn es bei manchen »nur« ein Teil der Jugendkultur wäre, ein bestimmter Look, aber auch eine bestimmte Haltung – was wäre daran verkehrt?

Zwischen Identität und Abgrenzung

Jede Generation braucht ihre Abgrenzung gegenüber den Eltern, ihre eigenen Codes und Labels, die die Älteren oftmals nicht verstehen. Das ist Teil des Spiels seit Menschengedenken, so war es in den 70ern, als »Halbstarke« ihre Eltern noch mit langen Haaren und Rocksongs schockieren konnten, und umgekehrt in den 80ern, als Popper in cremefarbenen Pullundern und mit geföhntem Stufenschnitt ihre grünwählenden, jutetaschentragenden Gemeinschaftskundelehrer*innen befremdeten.

Nun nehmen die offenen Konflikte zwischen Eltern und Jugendlichen in den letzten zwanzig Jahren zwar immer mehr ab, so legt es der Vergleich der regelmäßig erhobenen Shell-Jugendstudien nah. 4 von 10 Jugendlichen, 42 Prozent, verstehen sich bestens mit ihren Eltern, die Hälfte kommt trotz gelegentlicher Meinungsverschiedenheiten immerhin mit ihnen klar, und fast drei Viertel sagen: Ich würde meine Kinder genauso oder zumindest ähnlich erziehen.[26]

Aber nur weil es weniger Konfliktlinien gibt, heißt das noch lange nicht, dass Jugendliche eins zu eins das Leben ihrer Eltern weiterleben und nicht trotzdem nach eigenen Wegen suchen, nach Merkmalen, um sich von ihnen zu unterscheiden und ihre Duftmarke in der Welt zu hinterlassen. Mode und Musik eignen sich nur bedingt in Zeiten, in denen Mütter ihren Töchtern die Shirts aus dem Schrank mopsen und Väter mit ihren Söhnen zum Gamingduell antreten oder deren Playlists spielen – also weicht man dorthin aus, wo die Großen nicht so schnell hinterherkommen, sich nicht auskennen. Zum Beispiel ins Internet, auf Server, Social-Media-Angebote, Games, Chatgruppen, die die Mütter und Väter noch nicht für sich erobert haben. Auf Ernährungsstile, mit denen man bei der Familienfeier aneckt, weil's keine vegane Option gibt.

Oder eben: auf das Thema Geschlecht, Geschlechterrollen und sexuelle Orientierung. Das setzt wohl kaum jemand bewusst ein: »Ich schockiere jetzt mal Mama und behaupte, ich stehe auf Mädchen und Jungs!« Aber: Wenn Queerness in manchen Schulklassen, Cliquen und Jugendgruppen gerade ein großes Ding ist, dann kann das viele Ursachen zugleich haben: Dass es für einige wirklich ein Lebensthema ist; dass der Lieblings-Serienstar sich gerade auf TikTok als lesbisch, schwul, non-binär geoutet hat; dass man einfach einen bestimmten Look mag. Und es ist von außen tatsächlich nicht ersichtlich: Geht es um den inneren Kern eines Menschen oder um ein Spiel mit Attributen?

Vielleicht aber genießen unsere Kinder auch klammheimlich die Verunsicherung, die eine gestandene Deutschlehrerin oder einen Patenonkel überfällt, wenn der 16-Jährige plötzlich eine Schluppenbluse à la Harry Styles trägt oder zumindest Perlenkette. Oder die 13-Jährige mit blau gefärbtem Kurzhaarschopf zu Doc Martens und Karohemd auf dem Schulhof aufläuft. Schwul? Lesbisch? Trans*? Oder will das Kind nur spielen? So ist das zum Beispiel mit meinem Patensohn: Er ist ein wenig jünger als meine Tochter*, lebt in Süddeutschland in einer Kleinstadt, hatte neulich die erste Freundin und fühlt sich, soweit ich weiß, ganz und gar als Junge. Er lackiert sich trotzdem die Nägel, mal schwarz, mal rot. Einfach, weil er's schön findet. Sehr cool, oder, wie meine Kinder sagen würden: Ich feier's.

Pop war nie ganz hetero

Entsprechende Role Models gibt es heute mehr denn je, ob im Netz, im Kosmos von Filmen und Serien, in Musik und TV. Dabei ist der Dreiklang von Queerness, Jugendkultur und Popkultur gar nichts ganz Neues. Im Gegenteil: Entertainment war von jeher eine Nische, in der es gesellschaftlich akzeptabel war, sich außerhalb der Hetero-Norm zu bewegen. Und die gleichzeitig die Mehrheitsgesellschaft beeinflusste, indem sie Grenzen infrage stellte und Trends setzte. Eine Paradiesvogelwelt, in der alles Mögliche erlaubt war. Zum Teil, weil es eine klar vom Alltag getrennte Sphäre war, in der Künstler*innen Narrenfreiheit genossen. Zum Teil, weil die Mehrheitsgesellschaft die subtilen Codes gar nicht wahrnahm, Eingeweihte aber sehr wohl.

»Musik ist die Kunst des unterschwelligen Ausdrucks, versteckt hinter dem Paradoxen und Widersprüchlichen«, schreibt Sasha Geffen, nichtbinäre*r Autor*in und Expert*in für Popkultur[27], »deshalb diente sie immer als Zufluchtsort für den Ausdruck nonkonformer Geschlechtsidentität und Sexualität.«

Dafür findet man eine erstaunliche Menge an Beispielen – und zwar zum Teil weit zurückliegende. Glauben Sie nicht? Wir wetten mit Ihnen, dass Sie das ein oder andere davon kennen …

- In den 20er-Jahren des 20. Jahrhunderts avancierte Paul O'Montis zum Kabarett-Star der Weimarer Republik mit Zeilen wie »Was hast du für Gefühle, Moritz – sind's schwüle oder kühle?« Zur selben Zeit unterschrieben in den USA die Schwarzen lesbischen Bluessängerinnen Gertrude »Ma« Rainey und Bessie Smith beim großen Plattenlabel Columbia und sangen offen über Frauenliebe, vermutlich ohne dass es Nichteingeweihten sonderlich auffiel.

* Ausgerechnet während der Nazizeit schuf der schwule Textdichter Bruno Balz Welthits für Zarah Leander – und die wurde mit tiefer, rauchiger Stimme, Anzug und Texten wie »Ich weiß, es wird einmal ein Wunder gescheh'n« zu einer Ikone der Schwulenszene, lang vor Marianne Rosenberg und Barbra Streisand.[28]

* Einer der berühmtesten Filme der deutschen Nachkriegszeit, *Mädchen in Uniform* mit den Stars Romy Schneider und Lilli Palmer von 1958, gilt heute als Klassiker unter den wenigen lesbischen Liebesfilmen – und er erzählt relativ unverhohlen von einer Romanze zwischen einer Internatsschülerin und ihrer Lehrerin. Nur, dass es keine*r thematisierte – die damals einflussreiche Jugendzeitschrift BRAVO sah darin nur einen Film über ein strenges preußisches Internat.[29]

* »I'm just a sweet transvestite from transsexual Transsylvania« – die *Rocky Horror Picture Show*, erst Musical, später Film, wurde in den 70er-Jahren zum Kult als schräge Mischung aus Vampirfilmsatire und märchenhaftem Kommentar zur sexuellen Befreiung. Motto: »Don't dream it – be it!« Seit Juni 1977 bis heute (Stand 2023!) steht der Film auf dem Spielplan des Münchner Kinos *Museums-Lichtspiele*. Auch in der Popkultur dieser Jahre war das Spiel mit Androgynität und sexueller Uneindeutigkeit ein großes Thema, etwa bei David Bowie oder Boy George.

* Auf *Purple Rain*, dem berühmten und vielverkauften Debutalbum von Prince, finden sich 1984 die Zeilen: »I'm not a woman/I'm not a man/I am something that you'll never understand« (Ich bin keine Frau/ich bin kein Mann/ich bin etwas, das du niemals verstehen wirst). Lange ehe man über nichtbinäre Geschlechtsidentität sprach, stellte das musikalische Multita-

lent in seinen Texten und seinem Auftreten die traditionelle Geschlechterordnung infrage.

* Madonnas Superhit *Vogue* wurde 1990 inspiriert von der schwulen Ballroom-Kultur New Yorks – die zugehörige Tanzform, »Vogueing«, für eine Zeit lang auch beim hetero Publikum populär, wobei die Ursprünge den wenigsten bewusst waren.[30] 2003, bei den MTV Video Music Awards, fiel die Sängerin damit auf, dass sie vor laufender Kamera die jüngeren Kolleginnen Britney Spears und Christina Aguilera öffentlichkeitswirksam auf den Mund küsste und mal wieder aller Welt Rätsel aufgab: nur Show, oder mehr?

* *Matrix*, der berühmte Sci-Fi-Actionfilm von 1999, setzte im Kino neue visuelle Maßstäbe und stellte philosophische Fragen. Später outeten sich die beiden Filmemacherinnen, damals noch als »Wachowski-Brüder« bekannt, als trans* Frauen. Später erklärte eine von ihnen, Lilly Wachowski: »Der Film handelt vom Wunsch nach Transformation.« Es sei ihre ursprüngliche Absicht gewesen, eine Parabel über Transidentität zu erschaffen.[31]

Queerness in der Kunst und Popkultur gibt es also schon lange und heute umso mehr, mit einem gewichtigen Unterschied: Das Versteckspiel, die erzwungene Doppeldeutigkeit, das Codieren und Decodieren ist größtenteils vorbei.

Und das ist eine gute Nachricht. Weil sich dann nämlich alle miteinander weniger allein fühlen müssen – sowohl unsere Kinder als auch wir als ihre Eltern. Zwar gab es auch in vergangenen Jahrzehnten schon hin und wieder massentaugliche Stars, die offen zu ihrer Identität standen und auch für die Rechte queerer Menschen eintraten. Etwa Jimmy Summerville, den offen schwulen Sänger der britischen Band *Bronski Beat,* der schon 1984 seinen autobiografisch angehauchten Song *Smalltown Boy* veröffentlichte. Die lesbische Sängerin Beth Ditto, auch ein frühes Vorbild für »Body Positivity«, die in den Zehnerjahren ihrem voluminösen Körper ebenso selbstbewusst eine Bühne bot wie ihrer Liebe zu Frauen. Aber das waren, wie gesagt, noch Ausnahmen.

Mit Schlagertexten für mehr Buntheit

Heute geben auch mehr und mehr Künstler*innen LGBTQIA+-Menschen eine (zusätzliche) Stimme, die sich selbst nicht dieser Gruppe zuordnen. Als »Allies«, als solidarische Unterstützer*innen. Ob man sie nun musikalisch schätzt oder nicht: Vielleicht haben Sängerinnen wie Sarah Connor, die über die Angst vor einem schwulen Coming-out singt *(Vincent),* oder Helene Fischer, die im Duett mit der lesbischen Schlagersängerin Kerstin Ott die *Regenbogenfarben* der Liebe feiert, mindestens ebenso viel für das Selbstbewusstsein von Jugendlichen getan, die anders fühlen und lieben als die Mehrheit, wie Demonstrationen und Podiumsdiskussionen.

Und möglicherweise auch für uns Eltern: »Ein Lied kann eine Brücke sein«, wie es so kitschig wie treffend im Schlager heißt. Aber auch, dass am Sonntagabend zur besten Sendezeit der genderfluide Polizeiruf-Kommissar aus Frankfurt an der Oder ganz beiläufig Rock und Kajal trägt (übrigens ohne dass es zwangsläufig eine Aussage über seine sexuelle Orientierung wäre)[32] oder sein Berliner Tatort-Kollege in einem Mordfall mit seiner männlichen Jugendliebe konfrontiert wird[33]. Die Aufregung über beide Filme hielt sich in Grenzen, zum Skandal taugte nichts davon. Warum sollten wir uns dann noch fragen, was die Nachbarn denken, wenn unsere Tochter* abends am Gartenzaun ihre Freundin küsst?

Der Vollständigkeit halber: Mir ist klar, dass in der LGBTQIA+-Community nicht nur ungeteilte Freude herrscht darüber, wie ihr

Leben für die Mehrheitsgesellschaft aufbereitet wird, etwa in Liedtexten oder TV-Plots. Von »straight acting« spricht man, wenn vor allem die Gemeinsamkeiten mit dem Hetero-Alltagsleben betont werden. Quasi: den perfekten Hetero-Lifestyle imitieren, inklusive Reihenhauskredit und Gartengrill, nur eben mit einer Person des gleichen Geschlechts.

Nun: Als Teil der Mehrheitsgesellschaft will ich niemandem seine Irritation absprechen, aber mir scheint das Glas eher halb voll als halb leer. Ich empfinde es erst mal als Fortschritt, wenn Mann plus Frau, Junge und Mädchen nicht mehr die einzigen Blaupausen für Songtexte und Drehbücher sind. Und für mich und meine Tochter* war es gut für den Austausch, für das Reden über unsere Gefühle, dass wir immer wieder gemeinsam Shows, Filme und Serien gesehen oder Hörbücher gehört haben, in denen LGBTQIA+-Charaktere eine Rolle spielen. Ob reale Menschen – wie etwa trans* Models oder das Team der quietschbunten Umstyling-Show *Queer Eye Germany* – oder erfundene Charaktere.

Die Auswahl ist groß, von Jahr zu Jahr erscheinen mehr Jugendbücher, Graphic Novels oder Streamingserien, die Vielfalt feiern. Von den Fantasy-Romanen des US-Autors Rick Riordan *(Percy Jackson)*, der ganz selbstverständlich Figuren mit nichtgenderkonformen Identitäten oder homosexuellen Liebesinteressen schuf, bis zu Teenie-Kinokomödien, die sich in fast nichts vom gängigen Strickmuster unterscheiden. Bis auf die Tatsache, dass es nicht um »Boy meets Girl« geht, sondern »Boy meets Boy« oder »Girl meets Girl«.

Wiedererkennen macht Freude

Raus aus der Nische, rein in den Mainstream. Ohne, dass es ein großes Thema wäre, ohne, dass es vor allem als tragischer Konflikt inszeniert wird wie noch in Filmen aus den Nuller- und Zehnerjahren (etwa *Boys don't cry* oder *Transamerica*). Oder suggeriert wurde, dass eine lesbische Frau im Grunde doch nur noch nicht den richtigen Kerl gefunden hat *(The kids are alright)*.

Das Wort dafür lautet »representation« – vorkommen, gesehen werden, sich wiederfinden, ob als Haupt- oder Nebenrolle. Und zwar egal, ob Sexualität oder geschlechtliche Identität das dramatische Hauptthema einer Figur ausmacht oder ob sie einfach nur eine von vielen Eigenschaften ist (etwa: Kommissarin, liebt Thaifood, fährt Lastenrad, ist bi). Was Repräsentation bedeutet und warum das Fehlen ein Problem ist, kann man sich umgekehrt leicht vorstellen, wenn man die Gegenprobe macht: Wie würde ich mich fühlen, wenn ich in Literatur und Film keine cis und hetero Frauen finden würde, keine arbeitenden Mütter, keine, die so aussehen wie ich – blond, hellhäutig, nordeuropäisch?

Dass das Thema zumindest auf dem Weg in die Mitte der Gesellschaft ist, zeigte auch der Filmemacher Florian David Fitz im Kinofilm *Oskars Kleid*: Er inszenierte die Geschichte um eine dysfunktionale Familie mit einem trans* Kind nicht als Drama, sondern eher als Komödie über Vorurteile und Identität, Selbstfindung und Zugehörigkeit. Klar, dass mich das als Journalistin interessierte, auch wenn die Art von überdrehtem Popcornkino nicht ganz mein Ding ist. Allein schon, weil ich es interessant fand, dass das komplexe Thema in einem Wohlfühl-Segment gelandet ist, in dem es sonst eher um Junggesellenabschiede, Hetero-Beziehungsreigen, Freundschaftsstress oder Mantafahrer geht.

In einem Interview, das ich mit Florian David Fitz dazu geführt habe, sagte er: »Ich wollte eine Geschichte erzählen von einem Kind, das ganz gradlinig sagt: Ich bin so, wie ich bin. Und alle anderen werden darüber verrückt. Wenn die Leute aus dem Kino kommen und sagen: Hey, ich habe Fragen, Widersprüche, Debatten in mir, wenigstens für die nächste Viertelstunde, dann ist doch schon etwas erreicht.«[34]

Man muss einschränkend sagen: Geschichten wie diese stoßen nicht überall auf Begeisterung, sie polarisieren eher auf die gewohnte Art und Weise. Während von rechtskonservativer Seite über »Verschwulung« geklagt wird, nicht nur in autoritär regierten Staaten, auch in Deutschland, ärgern sich andere über den Schulterschluss, Tenor: gut gemeint, schlecht gemacht. Nach dem Kinostart von Fitz' Film wurde der Titel *Oskars Kleid* kritisiert, weil er das trans* Kind misgendert, also den Namen nennt, den die Filmfigur für sich abgelegt hat. Das Filmkind ist eben ein Mädchen und hat sich den Namen Lilli ausgesucht – sie ist nicht Oskar und sie ist nicht männlich.

Ist das also unglücklich gewählt? Oder doch notwendig, weil es schon im Titel einen Kontrast anlegt, einen Widerspruch, der neugierig macht? Fitz selbst sagt dazu: »Es ist gerade eine hocherhitzte Zeit, auch wenn diese Debatte wahrscheinlich große Teile der Gesellschaft gar nicht tangiert. Die Progressiven zerfleischen sich gegenseitig und vergessen, dass die Rechten sich dabei die Hände reiben (…) Menschen sind unterschiedlich, sie haben auch unterschiedliche Interessen, ob sozial begründet oder biologisch. Sie sind nicht gleich. Aber gleichwertig. Fertig. Die Unerbittlichkeit, die Radikalisierung der Debatte macht mir ein bisschen Sorge.«

Für meine Tochter* und mich war die öffentliche Auseinandersetzung um den Film und seinen Titel jedenfalls eine neue Steilvorlage für abendfüllende Diskussionen – genauso wie die Kontroverse um Harry-Potter-Schöpferin J. K. Rowling, die seit einigen Jahren durch öffentliche Kommentare auffällt, die, vorsichtig ausgedrückt, ins Transfeindliche lappen. Wir sind beileibe nicht immer der gleichen Meinung, meine Tochter* und ich, zum Beispiel an dieser Stelle – anfangs habe ich J. K. Rowling noch verteidigt (später eher nicht mehr). Aber ich kann für mich sagen: Diese Debatten, diese Themen sind für mich auch ein Geschenk, sie sorgen dafür, dass wir in Verbindung bleiben. Aus dieser Erfahrung heraus kann ich nur jedem Elternteil mit einem queeren Teenager raten: Beschäftigt euch gemeinsam mit solchen Geschichten, solchen Büchern und Themen – es gibt kaum eine bessere Möglichkeit, voneinander zu lernen und sich näherzukommen.

»Nicht nur trans*, vor allem begehrenswert« – Gespräch mit einer Drehbuchautorin

Mit der beste Film – genauer gesagt, die beste Serie! –, die ich mit meiner Tochter* geschaut habe, war *Druck*, eine Produktion von *funk*, dem Online-Medienangebot des ZDF. Die Serie war mehrfach für den Grimme-Preis nominiert und erzählt buchstäblich diverse Geschichten von Jugendlichen, wie man sie vorher in Deutschland nicht kannte. Im Hinblick auf Herkunftskulturen, Religion, Hautfarbe, soziale Schicht, aber eben auch in Bezug auf sexuelle Orientierung und geschlechtliche Identität.

Der Stoff war ursprünglich die Adaption der norwegischen Serie *Skam*, ging aber von Staffel zu Staffel freier mit der Vorlage um, und erzählt die Geschichten einer Clique in einer fiktiven Berliner Abiturklasse, wobei jede Staffel die Perspektive einer oder eines Jugendlichen einnimmt.

Es sind gute, ehrliche Geschichten ohne Weichzeichner und mit viel Wiedererkennungswert, ideal, um sie sich gemeinsam mit Teenagerkindern anzuschauen. Denn auch wenn sich viele Themen geändert haben, kommt einem als Mutter und Vater vieles andere total bekannt vor, die Suche nach Liebe, der eigenen Identität, Zukunftspläne, Ablösung vom Elternhaus. Die Gemeinsamkeiten und die Unterschiede – hier springen sie einem förmlich ins Auge.

Es gibt viele berührende Momente – aber mein Kind und mich hat wenig so sehr bewegt wie die fünfte Staffel.

Sie erzählt eine zarte Liebesgeschichte zwischen zwei Jungen, einen Tanz aus Annäherung, Zurückweisung und erneuter Annäherung, die beinahe an einem Geheimnis scheitert: Denn während einer von beiden, Matteo, allmählich seine Homosexualität entdeckt und lernt, dazu zu stehen, trägt der Zweite, David, schwer an etwas, was er nur mit Mühe offenbart. Denn David ist trans* – so wie der junge Schauspieler Lukas von Horbatschewsky, der David verkörpert.

Auf einer der Reisen, die ich für dieses Buch unternommen habe, habe ich Julia Penner in ihrem Büro in Berlin besucht, die als Headautorin unter anderem an dieser Staffel mitgewirkt hat. Ich wollte wissen: Wie kommt man auf eine solche Geschichte – und wie waren die Reaktionen darauf? Das erklärt sie hier in einem Interview.

Julia, wenn ich für mein Buch mit Jugendlichen aus dem LGBTQIA+-Spektrum gesprochen habe, kannten viele eure Serie, und die meisten können zitieren, was David zu Matteo sagt, als er ihm anvertraut hat, dass er mit weiblichen Geschlechtsmerkmalen geboren ist …
»Ich bin ein Junge. Ich muss mich nur mehr dafür anstrengen.« Das war *die* Line der Staffel, die Lukas selbst mit eingebracht hat. Dabei war nicht von Anfang an klar, dass Lukas in seiner Rolle als David einmal der Publikumsliebling der Staffel werden würde, im Gegenteil.

Warum, was ist passiert?
Am Anfang der Staffel hatten die Zuschauer*innen andere Erwartungen, da die Figur im Original von einem weißen Model verkörpert wurde. Lukas, der selbst eine Person of Color ist, bekam daraufhin böse Kommentare auf Social Media, im Sinne von: »Wir hoffen, du stirbst.« Mit der Zeit hat sich das geändert. Die Zuschauer*innen verliebten sich gemeinsam mit Matteo in den Charakter »David«, und damit auch in den Schauspieler Lukas. Wobei ich sagen muss, dass die Figur David und der Schauspieler nicht unterschiedlicher sein könnten! Schließlich waren die Fans so involviert, dass sie uns Autorinnen böse waren, als David in der Serie von seinem Sportlehrer geoutet

wurde. Jetzt, ein paar Jahre später, würde ich vielleicht einiges in der Geschichte noch differenzierter erzählen, und ich würde auch dafür sorgen, dass eine queere Person im Drehbuchteam dabei ist. Wir haben allerdings für die Recherche mit vielen queeren Menschen gesprochen, und Lukas selbst war eine unfassbare Hilfe. Damals, 2018/19, war es wirklich noch revolutionär, in einer Jugendserie eine Liebesgeschichte zwischen zwei Jungen zu erzählen, von denen einer trans* ist.

War das in der Vorlage auch so?
Nein, im norwegischen Original war das anders. Zwar gab es die Story mit den beiden Jungen, die sich verlieben, aber da war der zweite nicht trans*, sondern psychisch krank, bipolar. Unsere Idee, die als Impuls von den Fans kam, änderte natürlich alles. Auch bei uns im Team, in den Köpfen. Wir recherchierten viel und haben uns oft gemeinsam gefragt: In was verliebt man sich eigentlich bei einem Menschen, wenn man den Körper, die Genitalien wegdenkt? Und was macht unser eigenes Geschlechtsempfinden aus?

Die Hasskommentare haben irgendwann aufgehört?
Es schlug mehr und mehr ins Positive um. Irgendwann bekamen wir Dankesschreiben aus aller Welt, Australien, den USA, weil Menschen so glücklich waren, dass jemand vorkommt, der ist wie sie und nicht als Opfer gezeigt wird, sondern als *love interest*. Da wurde mir richtig klar, was *representation* bedeutet: Wenn man eine queere Person im Film zeigt, sollte es eben nicht nur um Gewalt, Diskriminierung, Probleme gehen, sondern es ist für viele Jugendliche ein Aha-Erlebnis, zu sehen: Das ist jemand, den ein anderer toll findet, in den man sich verlieben kann!

Eure Serie ist nach der Staffel mit Matteo und David noch diverser und bunter geworden: Es gab eine lesbische Liebesgeschichte und eine

Figur, die sich am Ende als nichtbinär verortet. Hattet ihr das Gefühl, ihr müsst noch einen drauflegen?
Ja, zumal Diversität eben in jeder Hinsicht wichtig ist, nicht nur in punkto Hautfarbe und Herkunftskultur. Und wir haben anhand von Umfragen geschaut, was bei den Jugendlichen in Resonanz geht. Das heißt, wir haben beim Casting für die zweite Generation von *Druck*, also die nächste fiktive Abiturklasse, gleichzeitig Interviews geführt, aus denen sich Themen ergeben haben. Uns hat überrascht, was die Jugendlichen bewegt. Alkoholkranke Eltern war zum Beispiel ein großes Thema oder Mentale Gesundheit und Therapie. Aber eben auch Geschlechtsidentitäten und Sexualität. Wir versuchen dabei bewusst, gegen Klischees anzuschreiben.

Kannst du ein Beispiel geben?
Ich habe die siebte Staffel als Autorin nicht mehr betreut, aber ich finde, dass es den Kolleg*innen toll gelungen ist, das Porträt eine*r nichtbinären Protagonist*in mit türkischem Hintergrund so zu zeichnen, dass es eben nicht so ist, wie man klischeehaft erwarten könnte. Die türkischen Eltern schämen sich nicht für ihr non-binäres Kind, im Gegenteil, sie sind sehr einfühlsam und liebevoll – unterstützen, dass Izzy sich schminkt, Schmuck und farbenfrohe Kleidung trägt. Der unangenehme Antagonist ist ein spießiger Nachbar.

Mal provokant gefragt: Bringen LGBTQIA+-Themen die beste Quote?
Ganz deutlich: nein! Am besten laufen immer noch die Staffeln, die als Hauptperson ein weißes cis Mädchen haben. Wir machen das also ganz sicher nicht aus Marketing-Überlegungen. Ich persönlich habe total von der Arbeit profitiert – nicht nur, weil zwischen Lukas von Horbatschewsky und mir eine echte Freundschaft entstanden ist, auch, weil ich viel gelernt habe. Die Staffel wird immer einen besonderen Platz in meinem Herzen haben!

*Manche Zuschauer*innen sind auch vom Boom queerer Stoffe in Kino, Fernsehen, Büchern genervt und sagen: Das ist eine Minderheit, aber sie nimmt immer mehr Raum ein.*

Na ja, es wird eben selbstverständlicher, diese Realität zu zeigen. Und es ist auch normal, dass das Pendel mal zur einen, mal zur anderen Seite ausschlägt, schließlich fanden sie ja lange Zeit fast gar nicht statt. Was stimmt, ist, dass wir in unserer Serie bisher keine Staffel hatten, die aus der Sicht eines hetero cis Jungen erzählt wurde. Und das wäre auch interessant. Aber am Ende denke ich: Es geht in unseren Geschichten um Gefühle, und die sind anschlussfähig, egal, wer oder was du bist.

Word! Oder, altmodischer ausgedrückt: So isses! Genau so ging es mir beim Zuschauen, und meiner Tochter* auch. Alle Staffeln gibt es zum Nachgucken auf YouTube. Und weil's so schön war, haben wir noch eine kleine Liste für Sie und Ihre Kinder – Klassiker und Neueres, Bücher, noch mehr Serien und Filme, zum Verschenken, gemeinsam oder getrennt lesen, ins Gespräch kommen und sich intelligent unterhalten zu lassen … inklusive ein paar älterer Vorschläge, die aber gut gealtert sind. Achtung: Das hier ist die Abteilung »Unterhaltung« für Erwachsene und Teenager. Wenn Sie eher nach Büchern für weitergehende *Informationen* zum Thema Jugendliche, sexuelle Orientierung und Geschlechtsidentität suchen, finden Sie diese am Ende des Buches.

Klassiker – zum Anschauen …

* **Brokeback Mountain (Kinofilm).** Zwei Cowboys im ländlichen Amerika der 60er- und 70er-Jahre erleben miteinander die Liebe ihres Lebens, trauen sich aber über einen Zeitraum von 20 Jahren nicht, wirklich zueinander zu stehen, bis es zu spät ist. Großes Kino über verpasste Chancen und heimliche Leidenschaften,

das 2005 als einer der ersten Mainstreamfilme eine schwule Liebesgeschichte ins Hollywood-Kino brachte.

* **Yentl (Kinofilm).** Deutlich früher, 1984, verfilmte Barbra Streisand mit sich selbst in der Hauptrolle die Geschichte einer jungen jüdischen Frau aus der osteuropäischen Provinz rund um die vorletzte Jahrhundertwende, die sich als Mann ausgibt, um an einer Thoraschule studieren zu dürfen, und im weiteren Verlauf für reichlich verwirrte Gefühle sorgt – bei ihrem Kommilitonen, dessen Verlobter und bei sich selbst. Ein Beispiel dafür, wie man in den 80ern einen subtilen Film über »Gender Trouble« und Coming-out drehen kann, ohne offen das Thema anzusprechen – und ihn so für ein breites Publikum konsumierbar zu machen. Außerdem: schöne Bilder und zeitlos raffinierte Dialoge.

* **The Rocky Horror Picture Show (Kinofilm).** Männer in Strapsen, eine sexuell enthemmte Schlossgesellschaft und ein spießiges englisches Pärchen, das die große sexuelle Freiheit entdeckt, sind ein echter Klassiker. Erstaufführung des Musicals, das bald darauf verfilmt wurde, war 1973 in London. Achtung, ist voll von ziemlich derb-direkten sexuellen Anspielungen – eher was für ältere Jugendliche.

… zum Lesen

* **Rick Riordan, Percy Jackson, ders., Magnus Chase (Buchreihen).** An der Schwelle zum modernen Klassiker sind die Jugendbücher des US-Autors Rick Riordan, erstmals erschienen 2005, in denen ein ganzes, von griechischen bzw. nordischen Sagen inspiriertes Paralleluniversum erschaffen wird, in dem alles möglich ist und vieles ganz selbstverständlich – lesbische, schwule

und non-binäre Teenager mit göttlichen Eigenschaften inklusive. Auch toll in der Hörbuchfassung, gelesen von Marius Clarén.

* **David Leavitt, Die verlorene Sprache der Kräne (Roman).** Doppelleben, Lügen, Geheimnisse – als der Sohn eines älteren Ehepaares sich mit Mitte 20 endlich offen als schwul outet, bringt er damit ein Familiensystem ins Wanken, das nur durch Schweigen und Wegsehen aufrechterhalten wird. 1986 erschien dieser Klassiker der schwulen Literatur, und auch wenn er von einer lang vergangenen Zeit erzählt, erscheint er in den Schilderungen verschiedener Milieus erstaunlich modern.

* **Michael Chabon, Die Geheimnisse von Pittsburgh (Roman).** Eine raffiniert gebaute Dreiecksgeschichte, ein Junge zwischen einem Mädchen und einem Jungen – Coming-of-Age-Roman und Zeitgemälde über einen verrückten Sommer zwischen Collegeabschluss und dem Beginn des Erwachsenenlebens, erstmals erschienen in den 80er-Jahren und häufig verglichen mit US-amerikanischen Klassikern wie *Der Fänger im Roggen.*

Aktuelle Serien und Filme

* **Heartstopper (Serie).** Zwei englische Schuljungen entdecken ihre Gefühle füreinander – fürchten aber die Reaktionen der Mitschüler*innen und wagen sich erst langsam aus der Deckung. Die Serie nach einer gleichnamigen Graphic Novel ist sensibel, witzig, unterhaltsam, optisch interessant gemacht – und die Eltern darin fast schon zu gut und verständnisvoll, um wahr zu sein …

* **Sex Education (Serie).** Schon fast ein Klassiker ist die Netflix-Serie um den nerdig-schüchternen Sohn einer promiskuitiven

Sexualtherapeutin, der so ganz anders ist als seine Mutter und dann doch gemeinsam mit einer Schulkameradin in ihre Fußstapfen tritt: Gemeinsam starten sie einen amateur-sexualtherapeutischen Dienst für gequälte Mitschüler*innen. Ein modernes Märchen übers Erwachsenwerden in sexuell herausfordernden Zeiten.

* **Young Royals (Serie).** Als Zweitgeborener im liberalen schwedischen Königshaus, sollte man da nicht lieben können, wen man will, jedenfalls heutzutage? So denkt jedenfalls Wilhelm, nachdem er sich im Internat in einen attraktiven Mitschüler verguckt hat, und der in ihn. Doch dann kommt der ältere Bruder ums Leben, der Prinz ist plötzlich nächster in der Thronfolge, die Pflicht ruft – und die Welt sieht ganz anders aus …

* **Call me by your name (Kinofilm).** Ein heißer Sommer in Italien in den 80ern, ein Landhaus, ein gelangweilter 17-Jähriger und ein um wenige Jahre älterer Student, der zu Besuch kommt, um den Vater bei einem Forschungsvorhaben zu unterstützen – das sind die Zutaten zu diesem elegisch erzählten, bittersüßen Liebesfilm ohne Happy End, aber mit unerwarteten Wendungen.

* **Love, Simon (Kinofilm).** Wer ist der geheimnisvolle Typ, den der 17-jährige Simon im Internet kennenlernt und mit dem er emotionale Nachrichten auszutauschen beginnt? Der Schüler aus einer amerikanischen Kleinstadt will es genauer wissen. Aber das soll ein Geheimnis bleiben – und auch, dass Simon schwul ist. Ob das wohl gut geht? Auch die Romanvorlage ist lesenswert.

Aktuelle Bücher

* **Lena Hach, Fred und ich (Roman).** Anni und Fred nähern sich behutsam an, und Anni erfährt, dass Fred trans* ist. Auf einmal braucht es neue Wörter, weil die alten falsch oder verletzend sein können. Ein sensibler, lebensbejahender Roman über die erste Liebe, in der sich alles neu und wunderschön anfühlt.

* **Saundra Mitchell, The Prom (Roman).** Ein witziger und temporeicher Roman über eine Liebe zwischen zwei Mädchen, die sich ausgerechnet in einer bigotten US-amerikanischen Kleinstadt bewähren muss.

* **Morgan Rogers, Honey Girl (Roman).** Turbulent und unerwartet geht es zu in diesem Liebesroman, der von zwei jungen Frauen handelt: Grace als strebsame Schwarze Astronomin hat ihr Leben fest im Griff, bis sie eines Morgens in Las Vegas neben Yuki erwacht – und die ihr eröffnet, dass die beiden gestern in Vegas geheiratet haben. Wie kann das sein – und kann das gut gehen?

* **Kacen Callender, Felix Ever After (Roman).** Der 17-jährige Alex war noch nie verliebt und glaubt, dass ihm das auch nicht so schnell passieren wird – Schwarz, trans*, queer, das sind zu viele Ausschlusskriterien. Oder? Nach einem qualvollen Outing an seiner Schule entsteht aus einem flüchtigen Kontakt etwas, was er nicht für möglich gehalten hätte …

Statt eines Nachworts: Lektionen einer Reise

Ein Januarnachmittag, der Abgabetermin für unser Buch naht. Während ich, Verena, noch ein paar Zahlen nachrecherchiere, kommt meine Tochter* ins Wohnzimmer.

»Mama?«
»Ja?«
»Mir ist was aufgefallen. In letzter Zeit stört es mich nicht mehr so, wenn Leute mich für ein Mädchen halten und als Mädchen ansprechen.«
»Fühlst du dich denn auch weiblicher?«
»Mal so, mal so, das hat sich nicht geändert. Aber als ich für mich entdeckt habe, was ich bin, so mit zwölf, dreizehn, da war es mir total wichtig, äußerlich jungenhaft rüberzukommen, mit Hoodie und kurzen Haaren. Da hat es mich richtig gestört, wenn andere ein Mädchen in mir gesehen haben. Obwohl ich mich auch nie als reiner Junge gefühlt habe.«
»Und jetzt?«
»Na, schau mich doch an. Halblange Haare, Nagellack, ich könnte mir auch vorstellen, mal wieder einen Rock zu tragen. Aber eher so, wie ein Mann einen Rock tragen würde. Einfach, weil es ein schönes Kleidungsstück ist. Verstehst du?«
»Jedenfalls verstehe ich dich besser als früher. Auch wenn du völlig anders bist als ich.«
»Aber weißt du, was ich am coolsten finde? Wenn andere mich anschauen und sich keinen richtigen Reim drauf machen können, was mein Geschlecht ist. Daran habe ich echt Spaß.«
»Weißt du was? Ich mittlerweile auch. Jedenfalls habe ich nicht mehr das Bedürfnis, anderen zu erklären, wer und was du bist.«

»Das hat doch sicher mit dem Buch zu tun, das ihr schreibt, du und Christiane. Oder?«

So unterhalten wir uns an diesem nieseligen Tag, kurz nach ihrem 17. Geburtstag, mal wieder nicht im Sinne von: Wir müssen mal ein ernstes Gespräch führen, sondern so, wie wir uns auch über Streaming-Serien, Kohleausstieg und Berufspläne unterhalten. Und als sie da so vor mir steht, denke ich: Ja. Du hast recht. Wir beide, so verschieden, wie wir sind, sind uns deutlich näher gekommen in dem Jahr, das vergangen ist, seitdem ich zum ersten Mal mit Christiane und unserer Lektorin über die Idee gesprochen habe, ein Buch zu schreiben für Eltern, die ähnliche Fragen umtreiben wie mich.

Ich glaube nicht, dass ich auf alle Fragen Antworten gefunden habe. Vieles ist im Fluss, vieles noch unerforscht, und vieles wird vielleicht immer eine Frage von Weltsicht bleiben, von grundsätzlicher Offenheit und Veränderungsbereitschaft. Trotzdem hoffe ich, hoffen Christiane und ich als Autorinnen gemeinsam: dass Sie, die Sie dieses Buch lesen und sich aus welchem Grund auch immer mit dem Thema auseinandersetzen, am Ende schlauer aus widersprüchlichen Gefühlen und Informationen herauskommen und die vielen Puzzleteile zu einem Gesamtbild zusammenfügen konnten. Dass Sie Ihr eigenes Kind – oder Ihre Schüler*innen, Ihre Enkel*innen, Nichten oder Neffen, Kinder von Freunden – besser verstehen, annehmen und unterstützen können.

Denn das ist wohl die größte Erkenntnis für mich: wie wichtig es gerade in dieser sich wandelnden, stark polarisierten Welt ist, dass wir als Eltern oder andere Sorgepersonen uns stabil hinter unsere Kinder stellen und ihnen vermitteln: Bei mir bist du sicher, ich liebe dich, wie du bist. Und wie wichtig, dass wir uns genau dafür die Ressourcen holen, die wir brauchen – eigene Auseinandersetzung mit dem Thema, Beratung, vielleicht auch Coaching oder Psychotherapie, wenn wir merken, dass uns diese Stärke und Klarheit fehlen oder jedenfalls schwerfallen. Denn das sind wir uns schuldig, genauso, wie wir es unseren Kindern schuldig sind. Und wir dürfen es uns und ihnen gönnen.

Wohin die Reise wohl geht, in Zukunft? Bei meiner Recherche sind mir immer wieder Menschen begegnet, die sich wünschen, dass wir alle ganz neu über Geschlecht und Sexualität denken. Dass wir die binäre Ordnung überwinden, die uns alle prägt.

Ich kann nachvollziehen, dass Menschen, die geschlechtliche Zuschreibungen selbst als einengend und anstrengend empfinden, eine solche Zukunftsvision haben. Und muss doch ehrlich sagen: So weit gehe ich nicht mit. Weil für viele andere, mich eingeschlossen, damit auch ein positiver Teil der eigenen Identität wertlos würde. Ich bin gerne Frau, auch wenn das nur ein Teil dessen ist, was mich ausmacht, und während meine Tochter* sich gesehen fühlt, wenn ihr Gegenüber sie nicht einordnen kann, wäre es mir äußerst unangenehm, nicht als weiblich erkannt zu werden. Und ja, ich mag auch den altmodischen Balztanz zwischen Mann und Frau, solange er auf gegenseitigem Respekt beruht und mit Leichtigkeit geführt wird.

Aber, wer weiß: Vielleicht wird die nächste Generation das tatsächlich ganz anders empfinden, und ich werde endgültig zu einer alten, weißen Frau, die schulterzuckend in der Ecke sitzt und die Welt nicht mehr versteht. Was völlig in Ordnung ist: Jede Generation macht sich die Welt, in der sie leben möchte, und muss sich dennoch mit dem Erbe auseinandersetzen, das die Älteren ihr hinterlassen haben, im Guten wie im Schlechten.

Zum Abschluss dieser Reise möchte ich mich zuerst bei den zwei Menschen bedanken, ohne die sie wohl niemals stattgefunden hätte. Bei meiner Tochter*, die mich herausgefordert hat, mich mit neuen

Gedanken und Begriffen konfrontiert hat, mit ihrem Mut und ihrem Selbstbewusstsein beeindruckt – mein liebes Kind, ich hoffe für dich, dass ich dir mit meinem Verständnis, soweit ich es konnte, aber auch mit meinen vielen Fragen eine gute Mutter gewesen bin und weiterhin sein kann. Danke, dass es dich gibt! Und bei Christiane, meiner Mitautorin, für ihre gute, kompetente, fundierte Reiseleitung, ihre sachlichen Einwände, ihr großes Fachwissen und die gemeinsame Begeisterung für unser Thema – es ist ein Glück, dich zur Freundin und Kollegin zu haben!

Und nun würde mich interessieren: Was war deine wichtigste Erkenntnis, Christiane – und was möchtest du den Leser*innen noch mit auf den Weg geben?

*Liebe Verena, liebe Leser*innen,*
auch dir vielen Dank für die Idee und noch mehr dafür, dass du mich ins Boot geholt hast!

Ich habe eine kleine und eine große Erkenntnis, die ich teilen möchte. Die kleine Erkenntnis gebe ich zuerst mit: Es ist die banale Beobachtung, dass wir zu schnell trennen in »wir« und »die« – »die anderen«, die wir eher ablehnen und die eigene Bezugsgruppe. Meist passiert das, weil wir »die« nicht kennen. Mein Learning ist: Wir sollten uns »die« ans Herz wachsen lassen, indem wir ihre Gefühle und Geschichten an uns heranlassen – indem wir sie anhören und verstehen lernen, wie es dieses Buch mehrfach ausbuchstabiert. Mit Erzählungen von Verenas Tochter*, von Alex, Julia, Stefan, Paulino, aber auch aus anderen Biografien. Tatsächlich muss man dazu offen sein, Sehgewohnheiten verändern und über sich hinausdenken, wenn man eine Person oder ein Kind trifft, das nicht stimmig in die für uns bislang selbstverständliche Männlich/Weiblich/Heterosexuell-Schablone passt oder anders liebt als wir. Aber um das zu erreichen, schreiben wir ja dieses Buch.

Jetzt noch zur größeren Erkenntnis, die ich ganz kurz auf den Punkt bringe mit dem Satz: Männer sind auch nur Menschen. Frauen auch, und alle queer lebenden und liebenden Menschen ebenso. Denn je länger ich mich mit dem Thema beschäftige, umso faszinierender wird es. Ich denke immer wieder darüber nach: Wie unterschiedlich sind wir wirklich (natürlich nicht nur Männer)? In mich war zum Beispiel von klein auf eingewebt, dass Männer ganz anders sind. Dass die Geschlechter einander nie verstehen werden, weil die einen scheinbar von der Venus stammen, die anderen vom Mars. Auf der anderen Seite habe ich mir als Frau viel darauf eingebildet, feinfühliger, sozialer, verständnisvoller zu sein und so weiter.

Doch je älter ich werde, je mehr ich darüber nachdenke, desto klarer wird mir, das ist Quatsch. Okay, ein bisschen Wirkung haben Testosteron und Östrogen schon. Aber daraus ein zementiertes System abzuleiten, von dem ich in meinen 20igern noch überzeugt war, erscheint mir immer weniger richtig. Denn selbst innerhalb der beiden großen Geschlechterkategorien gibt es so viele Unterschiede. Und viele davon sind gelernt, stelle ich fest, aber die Gefühle und Urteile dazu tief in uns verankert. Und sie engen uns ein.

Mein Fazit daraus – vor allem wenn ich an die Kinder und Eltern denke, für die wir dieses Buch schreiben – lautet: Die Mann-Frau-Kategorie ganz abzuschaffen, scheint mir kaum möglich, aber es ist höchste Zeit, den Sog der hetero-binären Matrix zu verringern. Weil es unsäglich ist, wenn das Wort »schwul« auch heute noch ständig herabwürdigend über den Schulhof schwirrt oder Klischees reproduziert werden, die dafür sorgen, dass unsere Kinder unter ihren Möglichkeiten bleiben. Ganz platt auch: Jungen sollen kochen lernen, Mädchen, dass sie nicht für alles und jenes sorgen müssen. Alle sollen lernen, sozial verträglich mit Gefühlen und Aggression umzugehen, und akzeptieren, dass sie einander in Rechten und Pflichten gleich sind.

Ein Vorteil davon ist, dass dann alle, weiblich, männlich, divers, queer endlich gleichwertig behandelt werden. Der zweite, dass Menschen, die sich im hetero-binären Konstrukt nicht wiederfinden, nicht mehr ständig dagegen ankämpfen müssen.

Mein Credo ist darum: Lasst uns die Gemeinsamkeiten sehen, das Menschliche, das uns einander näherbringt, statt die Differenzen als Scheinriesen voller Gefahr an die Wand zu malen. Männer, Frauen und alle darüber hinaus sind auch nur Menschen.

Dieses Buch ist dazu da, Verständnis zu wecken, und soll Eltern und allen, denen unsere Kinder am Herzen liegen, helfen, eine differenzierte eigene Haltung zu finden. Und zeigen: Sie sind nicht allein! Wenn wir das gemeinsam geschafft haben, dann haben wir einen großen Schritt in die richtige Richtung getan.

Danksagungen

Zu allererst möchten wir uns gemeinsam beim Team des Beltz-Verlages bedanken, insbesondere Bettina Brinkmann, die als Erste ein offenes Ohr für unsere Idee hatte, Carmen Kölz, die uns in der Konzeptionsphase und bei den ersten Entwürfen mit vielen guten Ideen und einer sehr klaren Haltung zur Seite stand, unseren geduldigen Lektorinnen Petra Dorn und Viktoria Hausmann, unseren beiden Sensitivity Reader*innen Noah Stoffers und Saskia Dreßler sowie Tanja Wendenius, die unsere Pressearbeit übernommen hat – auch Journalistinnen brauchen einen Profi an ihrer Seite!

Außerdem vielen Dank an Heike Wilhelmi, die uns als Agentin vertreten hat und eine stets geduldige und meinungsstarke Ansprechpartnerin auch für komplexe Fragen war, und an unser wunderbares gemeinsames Autorinnennetzwerk, mit dem schon viele gemeinsame Projekte entstanden sind – Anne Otto, Inka Schmeling, Alexandra Frank, Esther Langmaack, Bettina Laude und Susanne Klein.

Verenas Dank gilt all ihren Gesprächspartner*innen, an erster Stelle all denen, die sich privat mit ihren Geschichten für dieses Buch geöffnet haben (und deren Namen wir teils aus Schutzgründen geändert haben), sowie auch den vielen Profis aus Medizin (ganz besonders Dr. Achim Wüsthof) und aus Psychologie, Beratung/Selbsthilfe, Soziologie und Medien.

Christiane dankt allen Menschen, die ihr Leben menschlich und inhaltlich in aller Vielfalt rund ums Thema Sexualität bereichert haben: Jonas Hamm, Janosch Iselhorst, dem Jahrgang ASW 2015, dem Lehr-Team der Hochschule Merseburg mit Esther Stahl und den Professor*innen Konrad Weller, Maika Böhm und Heinz-Jürgen Voß. Ihrer Bürogemeinschaft mit den Bürokolleg*innen Susanne und Dirk, Axel und Holger, Britta und Anne, der netteste Schreibplatz seit Langem. Ihrer ehemaligen Stuttgarter Wohngemeinschaft, weil mit Stefan und Peter klar wurde, dass Labels verblassen, weil vor allem der Mensch zählt. Ihrem Bruder Alexander, bei dem sich die Labels echter Kerl und großer Kümmerer nicht ausschließen.

Und last but not least möchten wir uns bei denen für ihre Geduld, Liebe und Unterstützung bedanken, die uns ganz nah am Herzen liegen. Verena: meiner Tochter* (noch einmal!), meinem Sohn, der mir in vieler Hinsicht ähnlicher ist als meine Tochter* und dann auch wieder ganz anders; meinem Mann, der unseren gemeinsamen Kindern der beste Vater ist, den man sich vorstellen kann; und meiner Mutter, die sich auch im Älterwerden ihren neugierigen Geist und ihren Willen, Dinge zu hinterfragen, bewahrt hat. Christiane: meinem liebenswerten Mann Daniel, der fest an meiner Seite steht, und meinen wunderbaren Töchtern. Alle drei fordern mich immer wieder heraus und lassen mich an ihrer Weltsicht und dem Wandel von Geschlechtern und Liebe teilhaben.

Danke dafür.

Zum Weiterlesen

Focks, Petra: *Starke Mädchen, Starke Jungen. Genderbewusste Pädagogik in der Kita.* Freiburg: Herder, 2016.

Kolb, Christiane: *Aufklärung von Anfang an. Mit Kindern über Körper, Gefühle und Sexualität sprechen.* München: Kösel, 2022.

Siever, Ravna Marin: *Was wird es denn? Ein Kind! Wie geschlechtsoffene Erziehung gelingt.* Weinheim: Beltz, 2022.

Für und mit jüngeren Kindern bis 14

Becker, Linda & Wenzel, Julian: *Was ist eigentlich dieses LGBTIQ*? – Dein Begleiter in die Welt von Gender und Diversität.* Hamburg: migo, 2021. Kindgerechte Einführung in das Thema und Plädoyer gegen Mobbing, für Selbstermächtigung und die Auseinandersetzung mit den eigenen Gefühlen, nominiert für den Deutschen Jugendliteraturpreis 2023.

Nachtsheim, Katharina & Harmann, Lisa: *Wir alle sind Familie. 10 echte Familien laden uns in ihr Leben ein.* Frankfurt: Fischer/Sauerländer, 2022. Von Patchwork über Regenbogenfamilie bis zur Adoptivgeschichte lädt dieses berührende Buch schon Kinder ab fünf Jahren dazu ein, in den Familienalltag der unterschiedlichsten Familien zu schauen, und zwar in echte Familien. So vielfältig kann Zusammenleben sein. Von den Autorinnen des Blogs StadtLandMama.

Simonetti, Riccardo & Rammensee, Lisa: *Raffi und sein pinkes Tutu.* Köln: Community Editions, 2019. Buch für mehr Toleranz rund um Geschlechterrollen für die Vorschul- und Grundschulzeit.

Strübin, Patricia & Locher, Daria: *Was glitzert denn da? Ein Buch über Menschen, Körper, Wachsen und sich Gernhaben.* Wien: Achse, 2023. Ein brandneues Bilderbuch, das jüngeren Kindern einen Überblick über Diversität von Körpern, Identitäten und Sexualität vermittelt.

Für und mit Jugendlichen ab 14

Lili-Elbe-Bibliothek Privat kuratierte Online-Sammlung von trans* Büchern, Filmen, Musikvideos und Podcasts. https://lili-elbe.de/

Dawson, Juno: *How to be gay: Alles über Coming-out, Sex, Gender und Liebe.* Frankfurt: Fischer, 2020. Ehrlicher und humorvoller Ratgeber – unterhaltsam und locker erklären Jugendliche aus dem LGBTQIA+-Spektrum, wie sich Liebe, Sex und Co aus Regenbogenperspektive anfühlen.

Giese, Linus: *Ich bin Linus. Wie ich der Mann wurde, der ich schon immer war.* Weinheim: Beltz, 2023. Offen erzählt Linus Giese von seinem Weg als trans* Mann und warum sein Leben heute nicht einfacher, aber sehr viel glücklicher ist.

Köller, Kathrin & Schautz, Irmela: *Queergestreift – alles über LGBTIQA+.* München: Hanser, 2023. Das Buch gibt nicht nur reichlich Informationen über queere Geschichte, Biologie und rechtliche Fragen, sondern ist auch ausnehmend schön gestaltet. Ab 11 Jahren.

Melzer, Benjamin: *Endlich, Ben: Transgender. Mein Weg vom Mädchen zum Mann.* Hamburg: Eden Books, 2020. Ben Melzer, Model, Fitness-Coach und Transgender-Aktivist war der erste trans* Mann auf dem Cover des Lifestyle-Magazins *Men's Health* und erzählt von seinem Weg in den männlichen Körper.

Pickert, Nils: *Prinzessinnenjungs. Wie wir unsere Söhne aus der Geschlechterfalle befreien.* Weinheim: Beltz, 2020. In seinem Buch denkt Pickert über das Rollenverständnis nach, mit dem Jungen heute aufgezogen werden. Dabei ist die Frage nicht, ob Jungen heutzutage noch Jungen sein dürfen. Die Frage lautet vielmehr, ob jeder Junge er selbst sein darf?

Sicardi, Arabelle: *Queer Heroes – 53 LGBTQ-Held*innen von Sappho über Freddie Mercury bis Helen De Generes.* München: Prestel Junior, 2020. Unterhaltsamer Streifzug durch die Welt queerer Rollenvorbilder – macht stark und dabei auch noch schlau.

Simonetti, Riccardo und Anna: *Mama, ich bin schwul – was mein Coming-out für uns bedeutete.* München: Goldmann, 2021. TV-Star und Influencer-Ikone Riccardo Simonetti und seine Mutter erzählen von Coming-out, Genderzweifeln und Selbstbehauptung in einer konservativen Kleinstadt – und wie eine katholisch geprägte Mutter und ein flamboyanter, freigeistiger Sohn neu zusammenfanden. Berührend, ehrlich, nachvollziehbar.

Lesetipps zu Romanen sowie Serien- und Filmtipps finden Sie am Ende des Kapitels »Trendfarbe Regenbogen« in Teil 3.

Beratung und Information

Eine Reihe von Verbänden, Vereinen und Organisationen bieten Information, Vernetzung und weiterführende Adressen an. Weil wir nicht jede Beratungsstelle oder Initiative aufführen können, nennen wir hier vor allem die bundesweit tätigen und Adressen, die Eltern und Kinder teils von weit her versorgen. Am Ende finden Sie Notfallkontakte für akute Situationen.

Surfen und Wissen sammeln

Regenbogenportal. Informationspool der Bundesregierung zu gleichgeschlechtlichen Lebensweisen und geschlechtlicher Vielfalt. Mit Informationsartikeln, Listen von Beratungsstellen, Selbsthilfegruppen, Interessenverbänden und Freizeitangeboten im gesamten Bundesgebiet: www.regenbogenportal.de

Genderdings. Website mit Informationen rund um Vielfalt, Hass und Gegenstrategien von Dissens, Institut für Bildung und Forschung e. V.: https://genderdings.de/

Liebesleben. Website der Bundeszentrale für gesundheitliche Aufklärung (BZgA) rund um Sexualität, Safer Sex, Geschlechter und Vielfalt. Gute Basisinfos und Beratungsstellenfinder: www.liebesleben.de

Spezialisierter Rat und Kontakt

Lesben- und Schwulenverband Deutschland (LSVD). Macht sich stark für LGBTQIA+-Anliegen von Rechtsberatung, politischer Lobbyarbeit bis zur Suche nach den richtigen Ansprechpartnern in der Nähe. Hier finden Eltern auch alle Landesverbände für Kontakte in der näheren Umgebung: www.lsvd.de

Pro familia. Gesetzlich geförderte, rechtebasierte Beratung für alle Fragen der Sexualität, auch Geschlechtsidentität und sexuelle Orientierung. Mit Beratungsnetz bis in ländliche Bereiche und gut vernetzt, eine gute erste Anlaufstelle. Häufig auch Bildungsangebote für Eltern, Kitas, Schulen: www.profamilia.de

*Bundesverband Trans** Er setzt sich ein sowohl für die Rechte von Menschen, die sich dem Stichwort trans* zuordnen auch für solche die sich genderqueer, nicht-binär oder als Crossdresser zuordnen. www.bundesverband-trans.de

Elternberatung. Sprechstunden und Gruppen für Eltern von LGBTQIA+-Kindern werden an vielen Orten von lokalen Trägern angeboten – etwa in Hamburg vom Magnus Hirschfeld Centrum (MHC): https://www.mhc-hh.de/beratungsstelle/

Trans-Kinder-Netz (TraKiNe). Ein Zusammenschluss von und für Eltern von Kindern und Jugendlichen aus dem trans* Spektrum, die sowohl gemeinsame Aktivitäten organisieren als auch mit praktischem Rat und Adressen zur Hand sind – eine Erstberatung ist kostenlos: www.trans-kinder-netz.de

Lambda. Das Jugendnetzwerk wendet sich an alle, die jung und queer sind, und bietet Kontaktmöglichkeiten und Aktivitäten, von Workshops bis zu Reisen und Filmprojekten, sowie gegenseitige Unterstützung im Netz und Peer Support. Adressen nach Bundesländern auf der Website: www.lambda-online.de

Courage.* Beratungsstellen in Österreich zu allen queeren Themen: www.courage-beratung.at

Du bist Du. Beratungsangebot und Infopool für queere Jugendliche in der Schweiz, mit jungen Berater*innen, Vernetzung zu lokalen Treffs und Events: https://du-bist-du.ch/

feel-ok.ch. Schweizer Angebot zu allen möglichen Gesundheitsthemen für Jugendliche und Eltern mit guter Sektion zu queeren Themen sowie vielen Vernetzungs- und Filmtipps: www.feel-ok.ch

Deutsche Gesellschaft für Transidentität und Intersexualität (DGTI). Fachgesellschaft, vor allem auch Selbsthilfe(gruppen) für Eltern, Kinder und Familien, auch für nichtbinäre und agender Menschen, Rechtsberatung (z. B. zum Ergänzungsausweis). Broschüren und Hilfestellungen zum Download, u. a. zu Schule, Ausbildung, Alltag: www.dgti.org

Internationale Vereinigung Intergeschlechtlicher Menschen IVIM/OII Deutschland, Dachverband von Inter*-Menschenrechtsorganisationen, hier die deutsche Vertretung: https://oiigermany.org

BiNe. Der Bundesverband Bi+ ist das Netzwerk von bi+-Personen, -Gruppen und -Vereinen aus dem deutschsprachigen Raum und setzt sich auf der bundespolitischen Ebene für bi+-Belange ein: www.bine.net

Schulprojekte. Einige Vereine bieten auf Landesebene Workshops für Schulen, unterstützen Lehrkräfte bei der Aufklärung zu LGBTQIA+-Themen und leisten Einzelberatung. Besonders aktiv ist SCHLAU NRW in Nordrhein-Westfalen mit einem Überblick über queere Jugendgruppen in NRW: https://www.schlau.nrw

Intergeschlechtliche Menschen Bundesverband. Der Verein vermittelt Wissen, Beratung und Selbsthilfe für intergeschlechtliche Menschen und kämpft gegen die Tabuisierung von Intergeschlechtlichkeit: www.im-ev.de/

SHG Interfamilien. Selbsthilfegruppe (SHG) und Anlaufstelle für Familien, die Intergeschlechtlichkeit betrifft: http://interfamilien.de/

FTM Portal. Größte deutschsprachige Transmänner-Plattform (female to male) mit Chatgruppen zu Problemstellungen und lebenspraktischen wie medizinischen Fragen: www.ftm-portal.net

Anders und Gleich. Initiative für queere Themen in Nordrhein-Westfalen, mit sympathischer Website: www.aug.nrw

Medizinische Anlaufstellen

Viele große Kliniken in Deutschland bieten mittlerweile Spezialsprechstunden für Kinder und Jugendliche an, die unter unter ihrem bei der Geburt zugewiesenen Geschlecht leiden. Viel Erfahrung (und leider oft lange Wartezeiten) haben die Mediziner*innen und Psycholog*innen in:

Hamburg. Spezialambulanz für Sexuelle Gesundheit und Transgender-Versorgung am UKE: www.uke.de

Berlin. Spezialsprechstunde an der Charité für Fragen der Geschlechtsidentität im Kinder- und Jugendalter: www.charite.de

Münster. Hier eröffnete 2022 das erste interdisziplinäre Gesundheitszentrum »Center for transgender Health« am Uniklinikum. Es verfolgt einen ganzheitlichen Ansatz zwischen Medizin und psychischer Versorgung: www.ukm.de/zentren/center-for-transgender-health

Für den akuten Notfall

Nummer gegen Kummer. Hilft anonym und kostenlos bei allen Fragen, Sorgen und Problemen, auch online:
Tel. 116 111 für Kinder und Jugendliche
Tel. 0800 111 0 55 0 Elterntelefon, www.nummergegenkummer.de

Telefonseelsorge Deutschland. Beratung in Krisen, gemeinsames Angebot der evangelischen und katholischen Kirche, kostenlos, anonym, mit Schweigepflicht. Auch per Chat und online:
Tel. 0800 111 0 111 oder 111 0 222, https://online.telefonseelsorge.de/

Krisenchat. Virtuelle Seelsorge für Menschen unter 25 Jahren: www.krisenchat.de

Telefonseelsorge Österreich. Tel. 142, www.telefonseelsorge.at

Rat auf Draht. Österreich Beratung für Kinder, Jugendliche (und Bezugspersonen): Tel. 147, https://www.rataufdraht.at

Die dargebotene Hand Schweiz und Liechtenstein. Beratung und Hilfe per Telefon, Mail oder Chat: Tel. 143
Beratung für Jugendliche: Tel. 147, www.143.ch

Quellen

1. https://www.jetzt.de/lgbt/dalia-studie-zu-lgbt-anteil-in-der-bevoelkerung
2. U. a. Interview mit dem Endokrinologen und Facharzt für Kinder- und Jugendmedizin Achim Wüsthof.
3. Kolb, Christiane: Aufklärung von Anfang an. Mit Kindern über Körper, Gefühle und Sexualität sprechen. Kösel 2022.

Warum fühlst du so anders als ich?

1. https://www.zeit.de/campus/2018/01/sexualitaet-sexualmedizin-volkmar-sigusch-interview
2. Eine gute Anleitung zum Gendern gibt die Seite https://geschicktgendern.de
3. https://www.lsvd.de/de/ct/5449-Schutz-intergeschlechtlicher-Kinder-vor-medizinischen-Eingriffen, abgerufen am 19.09.2022, und https://www.selbstverstaendlich-vielfalt.de/im-e-v/ oder https://im-ev.de/
4. https://de.wikipedia.org/wiki/Erkl%C3%A4rungen_und_Resolutionen_der_Vereinten_Nationen_%C3%BCber_die_sexuelle_Orientierung_und_geschlechtliche_Identit%C3%A4t
   Schubert, Karsten: Sexuelle und geschlechtliche Selbstbestimmung als Menschenrecht, siehe: Bundeszentrale für Politische Bildung, https://www.bpb.de/themen/recht-justiz/dossier-menschenrechte/231493/sexuelle-und-geschlechtliche-selbstbestimmung-als-menschenrecht/, abgerufen am 30.01.2023.
5. https://www.unicef.de/informieren/ueber-uns/fuer-kinderrechte/un-kinderrechtskonvention
6. Spiegel.de, 16.8.22, Interview von Heike Kleen.
7. https://www.ipsos.com/sites/default/files/ct/news/documents/2021-06/lgbt-pride-2021-global-survey-ipsos.pdf
8. Selbst geführtes Interview am 28.9.22.
9. DER SPIEGEL, Sonderheft 35a, 31.8.2022.
10. Diamond, Lisa M.: Sexual Fluidity – understandig women's love and desire. Harvard University Press 2009.

11. https://journals.sagepub.com/doi/abs/10.1111/j.0956-7976.2004.00750.x
12. https://www.forschung.sexualaufklaerung.de/forschungsthemen/jugendsexualitaet-im-ueberblick/jugendsexualitaet-9-welle-zentrale-ergebnisse/
13. https://www.theatlantic.com/membership/archive/2018/11/whats-causing-the-sex-recession/575890/
14. Seavey, Carol A. et al.: Baby X. The effect of gender labels on adult responses to infants, in: Sex Roles 1/1975, S. 103–109.
15. Mondschein, E. R.; Adolph, K. E.; Tamis-LeMonda, C. S. (2000): Gender bias in mothers' expectations about infant crawling. Journal of Experimental Psychology, 77, S. 304–316.
16. Focks, Petra: Starke Mädchen, Starke Jungen. Genderbewusste Pädagogik in der Kita. Herder 2016, S. 9.
17. Stolzenberg, Heribert u. a. (2007): Körpermaße bei Kindern und Jugendlichen in Deutschland. Ergebnisse des Kinder- und Jugendgesundheitssurveys (KiGGS). In: Bundesgesundheitsblatt (50). Springer Medizin Verlag, S. 659–669. Siehe: https://edoc.rki.de/bitstream/handle/176904/421/23a6P5aAcd06.pdf?sequence=1&isAllowed=y. Folgende Beiträge diskutieren die sportliche Leistungsfähigkeit von Kindern: Bergmann, Julian (2008): Motorische Leistungsfähigkeit im Kindes- und Jugendalter, Akademie für Sport und Gesundheit. Siehe: www.akademie-sport-gesundheit.de/wissenschaft/816/motorische-leistungsfaehigkeit-im-kindes-und-jugendalter.html und Krombholz, Heinz: Die motorische Entwicklung im Kindesalter – empirische Ergebnisse. Siehe: www.familienhandbuch.de/babys-kinder/bildungsbereiche/bewegung/diemotorische-entwicklung.php sowie Müller-Lissner, Adelheid (2012): Mädchen und Jungen sind gleich stark. Auf www.tagesspiegel.de vom 26.06.2012. Siehe: www.tagesspiegel.de/wissen/sportunterricht-maedchen-und-jungen-sind-gleich-stark/6796404.html, alle abgerufen am 04.04.2023.
18. Rohrmann, Tim: Gender im Kontext der Arbeit mit Kindern in den ersten drei Lebensjahren. Verfügbar unter: https://www.kita-fachtexte.de/fileadmin/Redaktion/Publikationen/FT_Rohrmann_OV.pdf, abgerufen am 27.10.2022.
19. Volbert, Renate (1999): Sexualwissen von Kindern. In: Bundeszentrale für gesundheitliche Aufklärung (Hrsg.), Kinder. Forschung und Praxis

der Sexualaufklärung und Familienplanung, Band 13.1., S. 139–174. Köln: Bundeszentrale für gesundheitliche Aufklärung.

20. https://www.youtube.com/watch?v=4rFSotQ-RSo, abgerufen am 13.11.2022.
21. https://www.dji.de/fileadmin/user_upload/bibs2015/DJI_Broschuere_ComingOut.pdf
22. Kahl, H.; Schaffrath Rosario, A.; Schlaud, M. (2007): Sexuelle Reifung von Kindern und Jugendlichen in Deutschland. Ergebnisse des Kinder- und Jugendgesundheitssurveys (KiGGS). Bundesgesundheitsblatt – Gesundheitsforschung – Gesundheitsschutz, 50 (5–6), S. 677–685. Siehe: https://www.rki.de/DE/Content/Gesundheitsmonitoring/Gesundheitsberichterstattung/GBEDownloadsB/KiGGS_SVR.pdf?__blob=publicationFile, Seite 149.
23. Krell, Claudia und Oldemeier, Kerstin: Coming-out – und dann …?! Ein DJI-Forschungsprojekt zur Lebenssituation von lesbischen, schwulen, bisexuellen uns trans* Jugendlichen und jungen Erwachsenen. Deutsches Jugendinstitut (Hrsg.) 2015, Seite 12. Siehe file:///Users/user/Downloads/DJI_ComingOut_Broschuere-1.pdf oder www.dji.de/coming_out
24. A. a. O., S. 12.
25. Siehe z. B. Helmut Fend: Vom Kind zum Jugendlichen. Der Übergang und seine Risiken. Entwicklungspsychologie des Jugendalters, Hogrefe 1995.
26. A. a. O., S. 15.
27. https://www.daserste.de/information/politik-weltgeschehen/weltspiegel/sendung/schweden-geschlechtsneutrale-erziehung-100.html
28. https://www.dji.de/fileadmin/user_upload/bibs2015/DJI_Broschuere_ComingOut.pdf
29. Jetzt.de, 15.5.2020.
30. Mehr dazu siehe https://www.gender-glossar.de/post/coming-out
31. Der Spiegel 28/2022, 9.7.2022, Interview.
32. Rohrmann, Tim: Gender im Kontext der Arbeit mit Kindern in den ersten drei Lebensjahren, S. 2. Siehe https://www.kita-fachtexte.de/fileadmin/Redaktion/Publikationen/FT_Rohrmann_OV.pdf, abgerufen am 10.11.2022.
33. Rohrmann, S. 8.
34. Schmidt, Gunter: Das neue Der Die Das. Über die Modernisierung des Sexuellen. Psychosozial-Verlag 2014, S. 68 ff.

35. Z. B. siehe hier: https://www.psychotherapie-neumuenster.de/abwehrmechanismen/

Woher kommt das eigentlich?

1. https://www.spiegel.de/kultur/riccardo-simonetti-der-haltungs-unterhalter-a-3d13eea2-f84d-4d55-982e-79e9585aa1ee
2. Ainsworth, Claire: Sex Redefined, in: Nature 2015/518, S. 288–291. Auf Deutsch siehe Die Neudefinition des Geschlechts, in: Spektrum 2015, 9, auch Online auf spektrum.de
3. Siehe Voß, Heinz-Jürgen: Angeboren oder entwickelt? Zur Biologie der Geschlechtsentwicklung, in: Aus dem Bio-Baukasten – sexy Gene. Genethischer Informationsdienst GID, Spezial Nr. 9, Dezember 2009, S. 16.
4. Mehr Hinweise: In »Modellversuchen an Mäusen (wurden) mittlerweile ungefähr 1000 Gene als möglicherweise an der Geschlechtsentwicklung beteiligt beschrieben, von denen gerade einmal 80 etwas untersucht sind … Die allermeisten dieser Gene finden sich im Regelfall nicht auf dem X- oder dem Y-Chromosom. Bei einigen Säugetierarten konnte die Unterscheidung eines X- und Y-Chromosoms überhaupt nicht gezeigt werden«, schreibt Voß, Heinz-Jürgen in: Gender in der Biologie: Es gibt mehr als zwei Geschlechter, in: Tagesspiegel vom 31.03.2016, https://www.tagesspiegel.de/wissen/es-gibt-mehr-als-zwei-geschlechter-5211841.html, abgerufen am 10.01.2023.
5. Siehe Voß, Heinz-Jürgen: Angeboren oder entwickelt? Zur Biologie der Geschlechtsentwicklung, in: Aus dem Bio-Baukasten – sexy Gene. Genethischer Informationsdienst GID, Spezial Nr. 9, Dezember 2009, S. 13.
6. Ainsworths Artikel beschreibt zum Beispiel eine australische Schwangere, bei der Zellen mit dem Merkmal XX und XY gefunden wurden. Offenbar gab es Zellen eines männlichen Zwillings, die in der ganz frühen Entwicklung in ihre Anlagen integriert wurden. Bei einem über 70-Jährigen, der vier Kinder gezeugt hatte, wurde eine Gebärmutter entdeckt.
7. https://www.ethikrat.org/fileadmin/Publikationen/Stellungnahmen/deutsch/DER_StnIntersex_Deu_Online.pdf und https://www.bpb.de/shop/zeitschriften/apuz/135442/intersexualitaet-leben-zwischen-den-geschlechtern/
8. Hier findet man das Gesetz: https://www.bmj.de/SharedDocs/Gesetzge-

bungsverfahren/Dokumente/Bgbl_Varianten_der_Geschlechtsentwick lung.html, abgerufen am 10.01.2023.

9. United Nations Office of the High Commissioner for Human Rights (2015): Fact Sheet. Intersex, URL: https://www.unfe.org/wp-content/uploads/2017/05/UNFE-Intersex.pdf
10. Lee u. a.: Consensus Statement – Global Disorders of Sex Development Update since 2006: Perceptions, Approach and Care. In: Hormone Research in Paediatrics. Band 85, 2016, S. 158–180 (englisch).
11. https://www.bundesverfassungsgericht.de/e/rs20171010_1bvr201916.html#abs10
12. Williams Institute: How Many Adults and Youth Identify as Transgender in the United States? Siehe https://williamsinstitute.law.ucla.edu/publications/trans-adults-united-states/, Stand Juni 2022, abgerufen am 06.01.2023.
13. https://www.theatlantic.com/science/archive/2019/01/young-trans-children-know-who-they-are/580366/
14. https://gesid.eu/, erhoben wurde 2018 und 2019. Dazu kommt eine kleine Entschuldigung, dass hier Asexualität, Aromantik, Pansexualität und andere Orientierungen nur als Fußnote vorkommen. Sie sind schlicht noch weniger untersucht.
15. Archives of Sexual Behavior https://www.sueddeutsche.de/wissen/frage-der-woche-gibt-es-das-schwulen-gen-1.589374
16. Schulte von Drach, Markus C.: Gibt es das Schwulen-Gen?, Artikel in der Süddeutschen Zeitung vom 17.05.2010, siehe https://www.sueddeutsche.de/wissen/frage-der-woche-gibt-es-das-schwulen-gen-1.589374
17. Siehe Fine, Cordelia: Die Geschlechterlüge. Die Macht der Vorurteile über Mann und Frau, Klett-Cotta 2012.
    Und: Joel, Daphna; Berman, Zohar et al.: Sex beyond the genitalia: The human brain mosaic, in: Proceedings of the National Academy of Sciences 112/50 2015, S. 15468–15473.
18. Kurth, Florian et al. Brain Sex in Transgender Women Is Shifted towards Gender Identity in: Journal of Clinical Medicine 2022, siehe https://www.ncbi.nlm.nih.gov/pmc/articles/PMC8955456/ und Research on the Transgender Brain: What You Should Know, Brain & Spine, Cleveland Clinic

vom 27.03.2019 https://health.clevelandclinic.org/research-on-the-trans gender-brain-what-you-should-know/, abgerufen am 25.03.2023.

19. Shaw, Julia: Bi. Vielfältige Liebe, Hanser 2022 und Mich interessiert der Mensch, nicht seine Organe, Interview mit der Autorin im Magazin der Süddeutschen Zeitung vom 12.05.2022.
20. Spiewak, Martin: Inwiefern stimmen Sie der Aussage zu, dass es mehr als zwei biologische Geschlechter gibt?, in: Die Zeit vom 29.12.2022, Umfrage durchgeführt vom Martkforschungsinstitut Civey.
21. https://news.utexas.edu/2018/03/30/name-use-matters-for-transgender-youths-mental-health/
22. https://www.spiegel.de/gesundheit/keira-bell-sie-wurde-als-frau-gebo ren-war-dann-ein-mann-und-ist-jetzt-wieder-eine-frau-a-018a3a45-0002-0001-0000-000177330662
23. https://dgti.org/2022/02/09/jenny-wilken-detransition-fakten-und-stu dien-9-2-2022/
24. Alles ist im Fluss – Interview mit Dr. Viktoria Märker vom Universitätsklinikum Eppendorf in Hamburg, Brigitte, 12.2.2020.
25. Zusammenfassung hier: https://de.wikipedia.org/wiki/Lisa_Littman# Studie_zu_Rapid-Onset_Gender_Dysphoria_und_nachfolgende_Kontro verse, ausführliche Papers unter littmanresearch.com
26. TAZ, 23.4.2022.
27. https://www.ncbi.nlm.nih.gov/pmc/articles/PMC7012957/
28. https://www.volksverpetzer.de/aktuelles/welt-transfeindlichkeit-sendung-mit-der-maus/; https://www.welt.de/debatte/kommentare/plus239113451/Oeffentlich-rechtlicher-Rundfunk-Wie-ARD-und-ZDF-unsere-Kinder-indoktrinieren.html?icid=search.product.onsitesearch
29. Tweet vom 27.3.22.
30. https://denkfabrik-r21.de/kristina-schroeder/
31. DIE WELT, 18.7.22.
32. ZEIT Magazin, 14.7.22.
33. https://www.eviemagazine.com/post/angelina-jolies-daughter-shiloh-once-thought-she-was-a-boy-and-asked-to-john-outgrew
34. Erschienen im Ullstein Verlag, Frühjahr 2022.
35. https://www.ethikrat.org/mitteilungen/mitteilungen/2020/deutscher-

ethikrat-veroeffentlicht-ad-hoc-empfehlung-zu-trans-identitaet-bei-kindern-und-jugendlichen/
36. Unter tagesschau.de, 11.1.2023: https://www.tagesschau.de/faktenfinder/transfeindlichkeit-101.html

Wer sagt, was normal ist?

1. https://www.tagesschau.de/inland/gesellschaft/queer-schule-101.html
2. Zitiert nach: Timmermans, Stefan in: Sexuelle Vielfalt lernen – Schulen ohne Homophobie, Querverlag 2008.
3. https://www.bmi.bund.de/SharedDocs/pressemitteilungen/DE/2022/09/queerfeindleiche-hasskriminalitaet-bekaempfen.html
4. https://www.spiegel.de/politik/deutschland/sven-lehmann-legt-aktionsplan-gegen-queerfeindlichkeit-vor-a-73de40af-434a-47b3-b2a4-e1a277309566, 30.8.22.
5. Die Zeit vom 23.2.23, online https://www.zeit.de/gesundheit/2023-02/transgeschlechtlichkeit-psychische-gesundheit-depression-transition-selbstbestimmungsgesetz
6. https://www.sueddeutsche.de/meinung/uefa-muenchen-stadion-regenbogen-ungarn-1.5329619
7. https://www.spiegel.de/backstage/wie-tessa-ganserer-und-linus-giese-fuer-die-rechte-von-queeren-menschen-kaempfen-a-0c8f54ec-3b04-45a6-8bfd-30a0d21fb09e
8. https://www.brigitte.de/liebe/tessa-ganserer-spricht-ueber-transphobie-und-das-selbstbestimmungsgesetz-13336022.html
9. https://link.springer.com/chapter/10.1007/978-3-642-15303-7_3
10. Crenshaw, Kimberlé, 1989, Demarginalizing the Intersection of Race and Sex: A Black Feminist Critique of Antidiscrimination Doctrine, in: The University of Chicago Legal Forum 140, S. 139–167.
11. https://de.wikisource.org/wiki/Gesetz_%C3%BCber_die_Beurkundung_des_Personenstandes_und_die_Eheschlie%C3%9Fung
12. Siehe auch LaGata, Carla/Balzer, Carsten: Kulturelle Alternativen zur Zweigeschlechterordnung – Vielfalt statt Universalismus, 08.08.2018, unter https://www.bpb.de/themen/gender-diversitaet/geschlechtliche-vielfalt-trans/245271/kulturelle-alternativen-zur-zweigeschlechterordnung-vielfalt-statt-universalismus/ und https://de.wikipedia.org/wiki/Drittes_

Geschlecht#Gegenwart, eine Liste von Ländern, die ein weiteres Geschlecht kennen. Abgerufen am 17.01.2023.

13. Bruch, Peer: Hijras. Das dritte Geschlecht. Vom 23. Januar 2006, siehe: http://www.suedasien.info/analysen/683 und LaGata/Balzer.
14. Young, Antonia: Women who become men: Albanian Sworn Virgins. Bloomsbury 1999. Ein Fotoband: Sworn Virgins von Pepa Hristova, Verlag F.C. Gundlach 2013. https://www.stern.de/gesellschaft/frauen-in-albanien-das-leben-hat-sie-zu-maennern-gemacht-3561056.html, https://www.dw.com/de/albanien-frauen-werden-m%C3%A4nner/av-16703279, https://www.deutschlandfunk.de/schwurjungfrauen-in-albanien-leben-wie-ein-mann-um-frei-zu-100.html, https://maedchenmannschaft.net/albanien-wenn-frauen-als-maenner-leben/
15. Verweis auf: Lang, Sabine: Männer als Frauen, Frauen als Männer: Geschlechtsrollenwechsel bei den Indianern Nordamerikas. Wayasbah, Hamburg 1990.
16. https://www.napoli-turistica.com/femminiello-cultura-napoletana/ und https://gender.fandom.com/wiki/Femminiello, jeweils abgerufen am 17.01.2023.
17. www.teachout.de
18. https://dgti.org/2021/09/05/der-ergaenzungsausweis-der-dgti-e-v/
19. https://taz.de/Schwulenfeindlicher-Angriff-in-Kiel/!5890447/
20. https://www.nzz.ch/feuilleton/kim-de-lhorizon-fragt-ueli-maurer-warum-bekaempfen-sie-mich-ld.1707890
21. https://www.berlin.de/polizei/aufgaben/ansprechpersonen-fuer-lsbti/
22. https://www.swr.de/swraktuell/baden-wuerttemberg/ulm/young-queer-pride-march-ulm-100.html
23. https://www.schau-hin.info/tipps-regeln/geschlechtliche-und-sexuelle-vielfalt-in-medien-5-fragen-an-stefanie-fichter-bei-abqueer-ev
24. Quellen waren https://www.bpb.de/themen/gender-diversitaet/, www.lsvd.de, https://www.dhm.de/lemo/kapitel/ns-regime/ausgrenzung-und-verfolgung/homosexuellenverfolgung.html
25. https://www.gesetze-im-internet.de/bgb/__1353.html
26. Shell Jugendstudie 2019, https://www.shell.de/about-us/initiatives/shell-youth-study
27. Glitter up the Dark, University of Texas Press, 2020.

28. Quellen: siehe Fußnote 2 plus SZ-Magazin vom 11.3.2022.
29. Aufklärung und Aufregung – 50 Jahre Schwule und Lesben in der BRAVO, Erwin in het Panhuis, 2010, herausgegeben vom Berliner Archiv der Jugendkulturen, S. 113.
30. https://www.songfacts.com/facts/madonna/vogue
31. https://www.kino.de/film/matrix-1999/news/schoepferin-verraet-vor-matrix-4-darum-ging-es-wirklich-im-ersten-film/
32. https://www.stern.de/kultur/tv/tatort/-polizeiruf-110--heute-aus-frankfurt-oder--ein-neuer-sheriff-ist-in-der-stadt-31569176.html
33. https://www.daserste.de/unterhaltung/krimi/tatort/sendung/das-opfer-100.html
34. Interview in ELTERN family, Heft 2/23.